JONES BOLT

MATCH

JONES BOLT

MATCH

Bindung heilen.
Wahrheit finden.
Liebe leben.

Wichtiger Hinweis

Dieses Buch kann dir Klarheit geben, Mut machen und Türen öffnen. Es ersetzt jedoch keine ärztliche oder psychotherapeutische Behandlung. Die beschriebenen Inhalte dienen der Selbstreflexion, nicht der Diagnose oder Therapie psychischer Erkrankungen.

Wenn du Gewalt erlebst, dich selbst gefährdet fühlst oder psychisch stark belastet bist, suche bitte professionelle Unterstützung. In akuten Krisen wende dich an:

Deutschland

Telefonseelsorge: 0800 111 0 111

Hilfetelefon Gewalt gegen Frauen: 08000 116 016

Hilfetelefon Gewalt an Männern: 0800 123 99 00

Schweiz

Die Dargebotene Hand: 143

Österreich

TelefonSeelsorge: 142

Originalausgabe 2026

ShiftNow GmbH, München

Typografie: EB Garamond, Futura

Druckerei & Druckort siehe letzte Seite.

Consulting & Projektmanagement:
»Mr. Bestseller« Hartmut Paschke | www.hartmutpaschke.com

ISBN Hardcover 978-3-9822144-3-6

ISBN Taschenbuch 978-3-9822144-1-2

ISBN eBook 978-3-9822144-2-9

»Liebe ist das Ziel.
Das Leben ist die Reise.«

— *Osho*

1

IMMER

»RELATIONSHIP IS THE MIRROR
IN WHICH THE SELF IS REVEALED.«
— KRISHNAMURTI

Auf den ersten Blick seid ihr ein ganz normales Paar. Doch unter der Oberfläche brodelt es. Immer wieder die alten Diskussionen, die gleichen Muster und unsichtbaren Dynamiken – bis es wieder kippt: Spannung, Streit oder innere Starre. Unvorhersehbar, immer anders und doch irgendwie immer gleich. Es ist kein normaler Konflikt. Da passiert etwas zwischen euch, das geht euch beiden an die Nieren. Etwas trifft tiefer, als dass es einfach zu klären wäre. Ein kleines Missverständnis hier, eine falsche Bemerkung da und etwas eskaliert zwischen euch. Der Herzschlag wird schneller, die Brust wird eng, Feuer im Bauch. Es wird plötzlich essenziell. Die Gefühle werden laut oder leise, kochend heiß oder eiskalt. Ihr werdet richtig wütend, die Diskussion wird wild, die Gesten werden explosiv – oder ihr macht dicht, werdet hart, zieht euch zurück. Worte kommen mit gewaltiger Wucht. Sie lehnen die andere Person ab oder verteidigen bis aufs Blut. Es kommen Emotionen dazu, die sind hoffnungslos, ohnmächtig, übermächtig und viel intensiver, als die Situation es eigentlich verlangt. Im Streit sperrt ihr euch mit

Aussagen und Argumenten in Positionen, aus denen es keine Auswege mehr gibt. Diese Konflikte treffen euch tief und entfremden euch spürbar. Oft erschüttern sie euch für Tage oder sogar Wochen. Manchmal könnt ihr sie nie ganz vergessen.

Nach dem Streit wacht ihr wie aus einem Traum auf. Ist das gerade schon wieder passiert? Alles war gut, dann diese eine Anspannung und plötzlich entlädt sich ein Vulkan. Immer wieder denkst du, dass das nicht normal sein kann. Mitten im Streit bewegt ihr euch im dichten Nebel, davor und danach ist scheinbar klar, worum es geht. Doch das Gespräch darüber wird erneut zum Spießrutenlauf, denn die Gefahr ist groß, damit den nächsten Streit zu entfachen. Du pendelst zwischen Trennung und Hoffnung. Der Konflikt zieht dich aber auch an, weil du so nah dran bist, seine tiefere Botschaft zu entschlüsseln. Es gibt einen heißen Punkt, der kommt im Kampf immer wieder zum Vorschein. Dein Partner dürfte nur diese eine Abbiegung im Kopf nicht nehmen – dann wäre der Konflikt entschärft. Dieser eine Funke mehr Verständnis, und der Fluch wäre gebrochen. Doch genau da, wo du im Streit am meisten Annahme bräuchtest, um dich wieder zu fangen – genau da lehnt dich dein Gegenüber am stärksten ab. An dem Punkt, wo du einfach nur ein »Ja und Amen« bräuchtest, schüttet jemand Öl ins Feuer. Ein kleines »aber du auch« und die nächste Welle des Konflikts ist getriggert.

»Immer wieder das Gleiche«, denkst du dir. Im Schmerz willst du jetzt nur noch flüchten. Solche Situationen nie mehr ertragen. Am liebsten auswandern, noch einmal neu beginnen. Alles, Hauptsache nie mehr solche schlechten Gefühle erleben. Nie mehr soll dich jemand so verletzen, ablehnen, beurteilen! Du willst deinen Partner in der Luft zerreißen und gleichzeitig liebst du ihn. Genau das macht es so schwer, das Muster zu verlassen: Du weißt um euer Potenzial. Etwas zieht euch magisch an, nährt eure Leidenschaft und damit eure Konflikte. Du kennst diesen Sog. Es ist mehr als

reine Verliebtheit, mehr als das Bedürfnis nach Nähe. Es ist eine magnetische Anziehung, die du nicht steuern kannst. Sie zieht dich genau zu der Person, die auf Knopfdruck deine schönsten und deine schlimmsten Seiten aktiviert. Gerade das macht es so verwirrend. Dieser Mensch lässt dich aufblühen und bringt dich gleichzeitig an deine Grenzen. Eine unsichtbare Energie liegt zwischen euch. Mal elektrisierend, mal explosiv. Sie ist die magische Anziehung aus tiefer Vertrautheit und uraltem Drama, die euch immer wieder verzaubert.

Manchmal fühlt es sich an, als würde dein ganzes System nach dieser Reibung suchen. Als wäre es genau diese Spannung, die ein Teil in dir braucht. Du hältst fest, nur um wenig später wieder zu scheitern. Du kennst die Loopings eurer Achterbahn der Liebe. Sie rast hoch und runter. Sie ist anstrengend, doch du kannst nicht einfach aussteigen. Denn tief in dir weißt du: Dieser Mensch hält dir einen Spiegel vor, den du nirgendwo anders findest. Eure Verbindung ist deshalb so brenzlig, weil sie auf einer viel tieferen Ebene etwas berührt, das nur schwer in Worte zu fassen ist. Die Person, die mit magischer Hand deine intimsten Knöpfe drückt, elektrisiert dich. Alles, was es bräuchte, wäre diese eine Weichenstellung, die den Konflikt ein für alle Mal richtig lenkt. Dann wäre eure Beziehung ein rasender D-Zug der Liebe – ohne die Entgleisungen, die euch sonst immer wieder aus der Spur werfen.

Paare, die solche intensiven Konflikte erleben, erkennen sich sofort in diesen Zeilen. Wenn du das Wechselbad aus Liebe und Schmerz kennst, weißt du, wie zermürbend das Hin und Her in Beziehungen sein kann. Für die Auflösung genau solcher Themen ist dieses Buch geschrieben. Es gibt ein Geheimnis, das für die meisten Menschen ein Leben lang ungeklärt bleibt. Was, wenn ich dir sage: Diese Leidenschaft ist kein Zufall. Was, wenn ihr euch liebt, gerade weil es unter der Oberfläche etwas zu verstehen gibt?

Dass ihr ein Spiegel füreinander seid, der zeigt, worum es in Wirklichkeit tief persönlich geht?

Der Konflikt ist das Geschenk, denn er zeigt sich nicht grundlos in exakt eurer Kombination. Er hat das Potenzial für eure individuelle Heilung, für die Auflösung tieferer Lebensthemen, die euch in vielen weiteren Lebensbereichen ebenfalls einschränken. Diese Einschränkungen sind schmerzhafte Bindungswunden, tiefgreifende Emotionen, limitierende Lebenserfahrungen, alte Glaubenssätze und Verhaltensweisen, die seit vielen Jahren in euch wohnen. Sie bewirken, dass du dich weniger lebendig fühlst, kontrollierend, ängstlich oder zerstörerisch bist. Du traust dir weniger zu oder glaubst, dass das eben die Karten sind, die dir das Universum ausgeteilt hat. Der Konflikt in der Beziehung ist jedoch nur der Scheinwerfer, der Bewusstsein auf diese Wunden richtet und – wenn richtig navigiert – eine tiefe Verwandlung alter Muster und Verletzungen ermöglicht.

Wer deine Wunden berührt, ist dein Partner oder deine Partnerin – oder besser gesagt der Mensch, der dich berührt – ob männlich, weiblich oder divers. Dadurch wird dieser Mensch über 200 Mal in diesem Buch genannt. Ich greife einheitlich auf die maskuline Form von »dein Partner« zurück, um die Sprache klar und den Text lesbar zu halten. Gemeint ist damit jeder Mensch, unabhängig vom Geschlecht, denn letztlich sprechen wir hier nicht über Geschlechtsidentitäten, sondern über Polarität, über das Menschliche zwischen euch beiden. Lies »Partner« daher einfach als Platzhalter und ersetze ihn innerlich durch den Menschen, um den es bei eurer Kombination geht. Denn genau darum geht es: um das, was zwischen euch beiden passiert.

In diesem Buch helfe ich dir, eure zwischenmenschlichen Konflikte zu erkennen, ihre Bedeutung für dein Leben zu verstehen und mit der richtigen Methode zur Auflösung zu kommen. Schicht für Schicht nähern wir uns den Themen im Hintergrund und ihrer konkreten Lösung im Alltag. Mein Ziel ist nicht, dir alle möglichen Aspekte eines Beziehungsalltags zu erklären. Ich kann nicht beantworten, ob dein Partner der oder die »Richtige« für dich ist. Alle diese Fragen finden ihre Antwort in deiner Wahrheit, die du mit diesem Buch finden kannst. Dieser Prozess ist eine tiefgründige Reise für Paare, die mit dem Feuer ihrer brennenden Konflikte wachsen wollen. Es ist der bewusste Weg für präsente Auseinandersetzungen und eine tiefere Auflösung von schmerzhaften Themen – etwas, das selbst in Paartherapien nur wenige erleben.

2

ANFANG

»TWO SOULS DON'T MEET BY ACCIDENT.
IT IS THE PLAY OF EXISTENCE ITSELF.«
— OSHO

WO FANGEN WIR AN?

Wer von euch ist abhängiger? Wer hat die Macht? Wer ist die bewusstere Person? Wenn ich Paaren im Coaching diese Fragen stelle, entlarven sie fast jeden wiederkehrenden Streit einer Beziehung. Das Erste, was danach geschieht, sind Millisekunden voller Erinnerungen – entscheidende Momente aus dem Album der Beziehung ziehen vorbei. Man kann die Fragen im Kopf der Partner förmlich hören, während beide für einen kurzen Moment die inneren Bilder ihrer Streitszenen abspulen, Verletzungen und Emotionen in den Mix werfen, umrühren – und ein inneres Urteil fällen.

Was bewirken diese Fragen außerdem? Der größere Rahmen wird sofort sichtbar. Es zeigt sich, dass der Streit an der Oberfläche nur ein Symptom ist – er basiert auf etwas Tieferem. Die wirklich bedeutsamen Konflikte drehen sich selten um Haushalt, Ordnung, Finanzen oder die Wochenendplanung. Es geht nicht um die offene Zahnpastatube oder den vollen Mülleimer in der Küche. Natürlich streiten Paare manchmal auch darüber. Aber nur selten ist das sichtbare Thema auch das wahre Thema im größeren Zusammenhang. Paare, die in tiefen Konflikten stecken, streiten um Wesentliches: Eifersucht, Verlustängste, Einschränkungen, Verletzungen, Misstrauen, Betrug, Missverständnisse. Es geht um Themen, die näher an der Identität liegen. Näher am Kern jeder einzelnen Person.

Es wäre ein Kinderspiel, wenn sich das Thema Eifersucht genauso einfach lösen lassen würde wie die Diskussion über die Netflix-Serie am Abend. Es wäre leicht, wenn die Frage nach dem Beziehungsmodell so schnell geklärt wäre wie die Entscheidung über die Dekoration des Wohnzimmers. Es wäre so einfach, wenn sich die Frage nach sexueller Befriedigung, Offenheit oder dem Umgang mit anderen Sexualpartnern genauso leicht beantworten ließe wie: »Was kochen wir morgen?« Und wenn es im Streit wirklich nur um dieses eine kleine Wort oder diesen einen Satz ginge – oder um den Tonfall, in dem sie gesagt wurden – dann gäbe es in allen Beziehungen nur noch Friede, Freude, Eierkuchen.

Doch natürlich sind die wahren Themen alles andere als leicht. Unter der Oberfläche geht es um unsere Dynamiken, Persönlichkeiten, Erwartungen, Hoffnungen und vieles mehr. Wir streiten um Identität, um Werte, um Anerkennung und um Annahme. Es geht um tiefe Bedürfnisse, Lebensträume, Freiheit, Verbindung, Sicherheit, Wünsche – um Dinge, die für Menschen existenziell sind. Selbstverständlich wird es kompliziert, weil da noch eine andere Person ist, die mitredet. Die mitbestimmt.

MITBESTIMMT? MICH BESTIMMT? ICH SOLL FREMDBESTIMMT WERDEN?

So beginnt es meistens. Und wenn ein Streit in dieser Intensität an Fahrt aufnimmt, bauen sich Energien auf, mit denen man tausend Mal den Müll rausbringen könnte. Doch darum geht es längst nicht mehr. Es geht um Selbstbestimmung und Abhängigkeit. Um den Moment, wenn du spürst, wie dein Herz rast, weil dein

Partner nur eine Augenbraue hebt. Um die Szene, in der du dich wieder klein fühlst, obwohl es nur um eine Kleinigkeit ging. Es geht um Freiheit und Kontrolle, um Macht, Stolz, Selbstbestimmung. All diese Dimensionen spielen in Beziehungen eine wesentliche Rolle. Sie wirken oft unbewusst und bringen sich deshalb nur in Spitzen zum Ausdruck.

Wenn der aufkommende Streit zur Naturgewalt wird, helfen keine Tricks aus der Beziehungsratgeber-Kiste. Ein tägliches Kompliment oder die berühmten »Sprachen der Liebe« sind dann wie ein Feuerlöscher im Flächenbrand. Natürlich kann ein Feuerlöscher grundsätzlich Feuer löschen. Aber die Intensität und das Ausmaß der Flammen bestimmen seine Wirksamkeit – nicht umgekehrt. Anders gesagt: Wenn ein Konflikt in der Beziehung die Dimension einer Naturkatastrophe erreicht, geht es ums Ganze.

Die Energie, die dann zwischen uns entsteht, ist pures Brennmaterial. Eigentlich könnte sie uns antreiben: zu Klarheit, zu echtem Selbstausdruck, zu dieser rohen, unausgesprochenen, aber befreienden Wahrheit. Eigentlich. Wären da nicht dieses Ego und seine Überlebensprogramme, die uns wie ein Bodyguard vor altem Schmerz bewahren wollen – koste es, was es wolle. Also ziehen wir in den Krieg – weil wir glauben, die Intensität sei der Feind, statt zu begreifen: Sie ist die Tür. Die Wucht im Streit will uns nicht zerstören – sie will uns wecken. Wenn wir das verstehen, wird jeder Konflikt zu Wachstum.

Einem solchen Verständnis stehen Jahrzehnte an Konditionierung und Prägung gegenüber, mit denen wir so sehr identifiziert sind. Wir trauen den Gedanken über unsere Emotionen mehr als den Emotionen selbst. Denn die Emotion ist – wie wir in den folgenden Kapiteln noch genauer erkennen werden – nichts anderes als ein Wächter vergangener Wunden und Grenzen.[1] Grenzen, die wir bis heute verteidigen, selbst wenn ihre eigentliche Aufgabe längst erledigt sein könnte. Warum blieb die Aufgabe unerledigt? Weil der Wächter uns noch lange nach einer Verletzung in Sicherheit bringen will, wie ein Bodyguard das Umfeld auf den nächsten Angriff scannt und damit unsere Ängste in Schach hält. Anstatt durch die Emotionen zur Verbindung zu kommen, flüchten wir mit der Emotion in den Verstand und von dort aus leben wir in Geschichten über uns selbst und andere Personen. Der Verstand ist es, der in Ursache und Wirkung denkt, der mit Konsequenzen, Deutungen und Interpretationen arbeitet. Er analysiert, interpretiert, strategisiert und springt dabei ständig auf der Zeitachse zwischen Vergangenheit und Zukunft, vermeidet aber den Moment, in dem die Realität wirklich passiert.

WER VON EUCH IST ABHÄNGIGER?
WER HAT DIE MACHT?
WER IST DIE BEWUSSTERE PERSON?

Diese drei Fragen sind der Schlüssel zu allen Konflikten, die auf dem Verstand, dem Ego und seinen Anteilen basieren. Sie entlüften, wie wir innerlich kämpfen, um das Außen zu kontrollieren. Sie sind der Fingerzeig auf die eigentliche Wunde im Konflikt, der euch unlösbar erscheint. Dabei geht es nicht darum, herauszufinden, wie du unabhängiger, mächtiger oder die bewusstere Person wirst. Nicht die Fragen sind das Entscheidende, sondern deine Antworten darauf. Sie geben dir die Einsicht in das, was wirklich vor sich geht, wenn Menschen im Konflikt den Kontakt verlieren und sich in ihren Reaktionen verstricken.

Bevor wir uns weiter auf die Reise begeben, müssen wir uns einig sein, dass wir über diese Reaktionen sprechen. Dass sie der Wegbereiter sind, um an die tieferen Schichten ihrer Entstehung zu kommen und von dort aus zu ihrer Heilung. Das ist ein Grundpfeiler, denn ohne diesen gemeinsamen Rahmen wirst du irritiert sein. Du wolltest nur eine Lösung für eure immer gleichen Konflikte – und jetzt reden wir über deine Vergangenheit, über Liebe, Ego, Wunden und Heilung?

Wenn du mir bis hierher gefolgt bist, kennst du den reißenden Schmerz von tiefen Konflikten und Krisen in Beziehungen. Wenn wir uns wirklich unverstanden, übergangen oder missachtet fühlen, betreten wir einen Bereich unserer Psyche, der im normalen Wachzustand still und heimlich in unserem Unterbewusstsein ruht. Gerade eben noch gehen wir unserem Alltag nach, Momente später befinden wir uns im Kampf um unsere Daseinsberechtigung. Ihr sitzt am Frühstückstisch, Croissant, Kaffee, halb verschlafen – aber es reicht ein Satz, ein Blick, die kleinste Irritation und ihr seid im Streit. Oder dein Partner spricht über die Probleme bei der Arbeit, über Anforderungen und Stress – und du wirst so gestresst, dass das Fass überläuft. Es gibt Tausende Szenen und ich bin sicher, ihr habt euren eigenen Einstieg, mit dem das Drama auf die Bühne kommt.

Was passiert hier? Es gibt einen Bereich, der sich unserem Verstand entzieht. Er kommt nur an die Oberfläche, wenn unser Partner uns diejenigen Themen spiegelt, die alte Wunden und Programme unserer Psyche aktivieren. Wir werden buchstäblich wahnsinnig, wenn wir mit unserem Partner immer wieder an dieser einen Szene scheitern, sich der Streit immer genau an diesem einen Punkt verhakt. Der Bereich zwischen Harmonie und Hölle ist ein schmaler Grat, an dem uns das Bewusstsein dafür fehlt, was eigentlich passiert, wenn unser Partner dies oder jenes sagt und wir komplett den Boden unter den Füßen verlieren, die Mauern hochfahren und in den Verteidigungsmodus gehen.

Dann aktiviert sich eine ganze Armee an Reaktionen in unserem Körper, vom Nervensystem bis zu Hormonen, die allesamt tierische Aspekte von Überlebensprogrammen sind, die uns im Ernstfall vor einer unmittelbaren Gefahr schützen sollen. Jetzt in diesem Moment steht uns aber kein Tiger gegenüber, keine Naturkatastrophe bringt uns aus der Sicherheit. Es ist dein Partner, eine Diskussion oder eine Meinungsverschiedenheit, das alle Systeme in dir aktiviert, die evolutionär nur im äußersten Notfall für dein Überleben gedacht sind.[2]

Sicher, du erinnerst dich in solchen Momenten vielleicht an Tipps und Tricks, die die Situation entschärfen würden. Nachgeben und schlichten wäre eine gute Idee, um das Schlimmste zu vermeiden: den Standpunkt nüchtern betrachten, keinen Widerstand aufbauen, den Partner liebevoll bestätigen. In den meisten Fällen bist du aber schon mittendrin, und alle Systeme, Bindungsstile, Vermeidungsstrategien und Fluchtimpulse laufen bereits auf Hochtouren. Jetzt seid ihr im Kampfmodus und selbst das heiligste Codewort ist nutzlos, wenn ihr knietief im Schlamassel steckt. Selbst wenn ihr die Katastrophe navigieren könnt, bleibt für unverarbeitete Verletzungen im Eifer des Gefechts ein bitterer Nachgeschmack, ein angesammeltes Sprengstofflager für den nächsten Streit.[3] Keiner ist frei von vergangenen Konflikten, wenn sie unverdaut im Bunker darauf warten, als Munition im nächsten Gefecht genutzt zu werden.

Wenn wir uns auf die Reise durch die Beziehungsdramen begeben, müssen wir verstehen: Es gibt Themen, die entziehen sich unserer Wahrnehmung und kommen nur im Konflikt ans Licht. Sie erinnern uns an den großen Verbindungsverlust, an katastrophale Momente von Ablehnung, an zerstörerische Gefühle von Angst, Wut, Trauer, Ohnmacht.[4] Das ist der Moment der größten Verdichtung, an dem wir maximal darauf optimiert sind, auf einen Angreifer zu reagieren, um unser Überleben zu sichern. Das ist der Moment, in dem wichtige Momente und Prägungen unserer Lebensgeschichte ans Licht kommen: Situationen und Konstellationen, in denen wir irgendwann beschlossen haben, dass wir diese schwierigen Emotionen nie wieder erleben wollen. In diesen Momenten klafft die Wunde, werden große Not, Ohnmacht oder Hilflosigkeit unserer Vergangenheit deutlich.

Genau hier liegt das Gold. Hier liegen alle Informationen, die uns der Heilung näherbringen, wenn wir sie nicht unbewusst nutzen, um zu bewältigen, zu vermeiden und zu überleben. Nach außen gerichtet werden wir kontrollierend, mächtig und unnahbar. Wir haben gelernt, dass die Verletzung unserer Grenze von außen kam, und entscheiden, dass wir fortan bestimmen, ob und wie nah jemand an diese Grenze kommt. Nach innen gerichtet werden wir unsicher, unterwürfig oder abhängig. Der Schmerz unserer Verletzungen hat uns gelehrt, dass Menschen Macht über uns haben, und so lernen wir, dass wir der Konfrontation entkommen, indem wir uns kleinmachen. Egal ob nach außen oder nach innen gerichtet: Alle diese Prägungen sind Bewältigungsstrategien, um unser Innerstes zu beschützen. Wir haben Angst vor Tadel, Bestrafung oder Kontrollverlust. Wir haben Angst vor der Angst. Angst vor intensiven Emotionen, von denen wir glauben, sie nicht überleben zu können.

Tatsächlich haben wir sie schon einmal nicht überlebt. Es gibt Momente in unserer Geschichte, da haben uns Situationen überwältigt, ist unser Körper erstarrt und unser System eingefroren. Der unerträgliche Schmerz der Ablehnung, des »Nicht-genug-Seins« und des Verlustes von Sicherheit und Freiheit war so bedeutsam, dass wir ihn scheinbar für immer verinnerlichen und ihn zukünftig als Virenschutzprogramm für ähnliche Situationen nutzen. Um Sicherheit, Kontrolle und Überleben zu sichern, leitet uns dieser Schutz – unbewusst ausgelebt – weg von Verbindung, Liebe und Leben. Wir werden laut und aggressiv, wenn es um die Verteidigung alter Grenzverletzungen geht. Wir argumentieren, attackieren, verteidigen aufs Blut, verletzen mit Worten und Taten. Wir töten, um zu überleben. Oder unser Autopilot schaltet auf Schock, Erstarren und Luft anhalten.

Der schmerzhafteste Bereich von Beziehungen sind schwierige Emotionen aus der Vergangenheit. Nichts ist härter, als von der

Person, die ich liebe, meine tiefsten Wunden und Verlassenheitsgefühle serviert zu bekommen. Nichts ist dramatischer, als meinen Schmerz von genau der Person präsentiert zu bekommen, von der ich mir sehnlichst das exakte Gegenteil wünsche: zweifelsfrei angenommen, geliebt und geschätzt zu sein.

Sind wir nicht in einer Beziehung, um genau diese Dinge nicht zu erleben? Wir gehen Beziehungen ein, um die Liebe zu erleben – und finden uns oft genau dort, wo unsere alten Wunden wieder aufreißen. Sobald wir eine gewisse Zeit miteinander verbracht haben, kommt es unweigerlich zu Situationen, die einen schlafenden Schmerz in uns wecken. Momente, in denen wir uns unsicher, unverstanden oder ungeliebt fühlen. Es ist, als wäre unser Partner ein Spiegel, der eine Erinnerung unserer Vergangenheit zum Leben erweckt. Als wäre er ein Hinweis für das ungelöste Rätsel unserer Liebe, als würden wir die alte Wunde mit diesem Partner wieder erleben. Während unsere Lichtseite sich in das Potenzial verliebt, das wir im anderen sehen, suchen unsere Wunden still und heimlich nach den Mustern, die sie kennen – um endlich zu heilen, was einst verletzt wurde. Was wie Liebe beginnt, ist oft die Bühne, auf der unsere unerlösten Anteile Heilung suchen.[5] Das ist die eigentliche Aufgabe, die uns Beziehungen stellen.

Ist die Liebe nicht eigentlich bedingungslos? Können wir uns nicht auch für unsere Fehler und Unzulänglichkeiten lieben? Ja, solange wir unseren Partner als eigenständigen Menschen sehen und akzeptieren können. Doch Beziehungen sind intim und das setzt Nähe voraus. Damit kommt dein Partner auch nah an das, was dein Unterbewusstsein als verletzlich und schützenswert wahrnimmt. Je näher er dir kommt, desto wachsamer wird etwas in dir. Unsere inneren Wächter wissen: Hier könnte es wehtun. Denn Nähe berührt nicht nur die Haut, sie berührt die Vergangenheit. Genau dort liegen die alten Ängste, Schmerzen und Emotionen, die wir einst tief vergraben haben.

Sicher kennst du den Augenblick, an dem ihr plötzlich nicht mehr »ihr selbst« seid. Eigentlich kleine Momente werden zu bedeutsamen Gefühlen, die euch suspekt, manchmal mystisch oder skurril erscheinen. Es sind die Momente, an denen wir aus dem Gleichschritt geraten, uns ungeliebt und alleingelassen fühlen. Gerade eben war noch alles okay, aber das Übel bahnt sich an – über Tage, Stunden, Minuten, manchmal nur Millisekunden. Manchmal entsteht es unbewusst, manchmal wird es als Vorahnung oder Unbehagen deutlich. Dann passiert es – nicht selten genau das, was wir eigentlich vermeiden wollten. Ein falscher Blick vom Partner, ein blöder Kommentar, diese eine Gewohnheit, die dich aufkratzt. Dein Magen zieht sich zusammen, der Hals wird eng. Genau jetzt liegt die Wunde offen. Ein Moment, der Raum und Zeit verbiegt. Der eine Blick, der dich einschüchtert. Das Wort oder der Satz, der ein tiefes Loch in der Brust aufreißt, welches dich ungeliebt fühlen lässt. Die eine Eigenschaft am Gegenüber, die dich erstarren lässt. Plötzlich ist da nicht mehr nur Liebe, sondern ein Mensch, der die Liebe gefährdet.

Wir glauben vielleicht, dass es ums Recht geht. Wir denken, dass unser Gegenüber falsch denkt, handelt und reagiert. Tatsächlich sind wir es, die den Gedanken denken und auf diesen reagieren – in uns. Trigger sind nur die Bewaffnung in uns, das Sprengstofflager nicht geheilter Wunden unserer Vergangenheit. Trigger werden ausgelöst vom Gegenüber, aber nur wo Sprengstoff ist, kann ein Funke die Explosion auslösen. Die Auseinandersetzung ist die Zündschnur. Aber statt uns vom Knall überrollen zu lassen, können wir lernen, die Explosion zu steuern – und den Schmerz in Klarheit zu verwandeln. Wir können erkennen, worauf wir reagieren, wie wir reagieren und ob die Reaktion wirklich in Angriff und Verteidigung münden muss – oder ob sie etwas in uns anzeigt, das wir uns bewusst machen können.

Der Weg, um den Raum dieser Wahrnehmung für dein Bewusstsein zu erweitern, heißt *Emotive Relating*. Er lädt dich ein, mit der Energie zu gehen, durch die Emotion zu wachsen und mit dem Konflikt zu einem neuen Bewusstsein zu kommen. Es ist der direkte Weg in die Selbsterkenntnis. Er leitet uns zur Aktion statt Reaktion, wirkt als Brennglas unserer Themen und hilft uns, unsere Wunden deutlich zu sehen. Damit wird die Arbeit mit Emotionen zum Weg durch den Schmerz und von da aus zurück zur Liebe, die nicht von anderen Menschen abhängig ist.

Beziehungen leben durch die Liebe zwischen zwei Menschen, die sie immer wieder zuerst in sich selbst finden. Die meisten Beziehungen gründen genau auf dem Gegenteil. Wir suchen die Liebe im Außen. Wir fordern ein, dass unser Gegenüber uns diese Liebe gibt. Wir suchen Rückversicherung, fordern Liebesbeweise ein, nutzen den romantischen Traum als Schauspiel von Sicherheit. Wir glauben, dass Anerkennung, Bestätigung und Beruhigung Liebe sei.

All das ist nicht der wirkliche Weg der Liebe, sondern die eigentliche Trance, die uns in den Abgrund führt. Dort warten die essenziellen Lehren auf uns. Wenn wir mutig genug sind, die Botschaften unserer Emotionen in Beziehungen wirklich zu entschlüsseln, wartet am anderen Ende die Selbsterneuerung und Transformation auf uns. Wir können die tiefen Themen unserer Verletzungen wie einen Schatz heben, den wir betrachten, annehmen, verdauen. Erst dann sehen wir klar, was zuvor noch der Albtraum unserer unbewussten Prägungen war.

Lass uns davon ausgehen, dass Beziehungen einen viel tieferen Sinn und Zweck haben als die romantische Liebe. Dass Seelen sich begegnen, um zu wachsen und sich selbst tiefer zu erkennen. Dass jeder Konflikt die Möglichkeit in sich trägt, aufzuwachen und feiner zu spüren: Was reagiert in mir, was berührt und triggert mich? Dadurch wird dir die Chance geschenkt, dir selbst näherzukommen.

Diese Reise treten wir in den kommenden Kapiteln an. Es ist eine Reise durch die Ursprünge, Prägungen und Auswirkungen, die in deinen heutigen Beziehungsthemen an die Oberfläche treten. Erst wenn du die Geschichte in dir und im Gegenüber erkennst und verstehst, bist du fähig, wirkliche Veränderung in der Beziehung zu meistern. Dann ändert sich dein gesamtes Bewusstsein im Konflikt und du kannst Wunden auflösen, die viele Menschen ein Leben lang in sich tragen und »Schicksal« nennen.

Was durch die Trigger auf tieferen Ebenen berührt wird, sind die Prägungen von Bindungstrauma, Verlassenheitswunde und Verbindungsverlust, die unsere automatischen Stressreaktionen auslösen.[6] Sie sind es, die uns von anderen und von uns selbst trennen, wenn die Liebe in den Konflikt kippt. Nur wenn wir dann unaufmerksam sind, geht es um Abhängigkeit, Macht und Bewusstheit. Das lüftet auch die drei Fragen vom Beginn. Die Fragen, wer abhängiger, mächtiger oder bewusster ist, zeigen nur eines: wie sehr ihr beide noch im unbewussten Spiel gefangen seid. Das Problem sind nicht die Antworten auf die Fragen. Das Problem ist, dass ihr eine Antwort habt. Bewusstsein beginnt, wenn ihr aufhört, zu bewerten – und beginnt, zu fühlen.

3

BINDUNG

»HOW WE LOVE IS HOW WE
LEARNED TO BE LOVED.«
— STAN TATKIN

DAS INNERE KIND

Wenn wir die tiefsten Ebenen unserer heutigen Beziehungswunden verstehen wollen, müssen wir ganz an den Anfang zurück, denn unsere Bindungsstile entwickeln sich vor allem in den ersten Lebensjahren.[1]

Bevor du einen Namen hattest, warst du nur Gefühl, Wärme, Schweben. Verbunden mit allem. Keine Trennung, keine Angst – reine Liebe. Dieser Zustand ist das, was spirituelle Lehrer den Ursprung nennen: reines Bewusstsein, reine Verbundenheit. In diesem Zustand sind wir pures Potenzial, bereit, die Bühne des Lebens zu betreten.

Nach etwa neun Monaten beginnt alles, was du bisher kanntest, zu kollabieren. Plötzlich entgleitet dir die Substanz deines gesamten bisherigen Lebens. Die Fruchtblase platzt. Schwerelosigkeit wird zu Druck. Zum ersten Mal spürst du wirkliche Schwerkraft. Ein Spalt öffnet sich, du wirst durch einen engen Kanal gepresst, kopfüber ins Unbekannte. Licht, Kälte, Töne, fremde Gerüche – alles auf einmal. Du musst zum ersten Mal selbst atmen. Jemand benennt dein Geschlecht. Du bekommst einen Namen. Deine Reise beginnt.

Zum Glück gibt es nach diesem ersten Trauma ein kleines Wiedersehen mit dem Vertrauten: Hautkontakt, Herzschlag, die Stimme deiner Mutter. Wärme, Berührung, Halt. Du greifst nach allem, was Verbindung gibt. Du bist weich, formbar, vollkommen abhängig. Aus evolutionsbiologischer Sicht kommen wir Menschen als eine Art „physiologische Frühgeburt" zur Welt: Unser Gehirn ist so groß geworden, dass wir viele Monate früher geboren werden müssen, als es für unsere Reife eigentlich ideal wäre.[2] Im Vergleich zu anderen Säugetieren – ein Fohlen, das kurz nach der Geburt stehen kann, ein Elefantenkalb, das seiner Herde folgt – sind wir noch lange nicht fertig gebacken. Unser Nervensystem ist darauf angewiesen, sich im Außen weiterzuentwickeln: in Armen, auf Haut, im Rhythmus von Herzschlag, Stimme und Blickkontakt. Jede Berührung, jede Stimmung, jeder Blick – dein System saugt alles auf.

In den ersten Wochen schläfst du mehr, als du wach bist – doch das wird sich bald ändern. In den ersten Monaten kannst du kaum sehen. Nur starke Kontraste aus nächster Nähe nimmst du wahr. Viel mehr lernst du über das Hören und Fühlen – über die Schwingung deiner Umgebung und wie sie auf dich reagiert. Dein erster Kontakt mit der Dualität der Welt ist simpel: saugen oder nicht saugen. Du beginnst zu begreifen: Die Welt reagiert. Es gibt Zustände, es gibt Bedingungen. Bedürfnisse werden mal erfüllt und mal nicht. Die Milch ist da – ah! Mama ist weg – aua! Deine Lernkurve in diesen Monaten ist so steil, dass du als Erwachsener kaum mehr nachvollziehen kannst, wie extrem dieser Wechsel aus Glück und Schmerz für ein kleines Wesen sein muss. Schau dir ein zufriedenes Baby an und du siehst die pure Hingabe an das Sein. Blicke in das Gesicht eines schreienden Säuglings und du erkennst die pure Not seiner völligen Abhängigkeit.

In diesem zerbrechlichen Zustand sollten unendliche Liebe, Sanftheit und Berührung selbstverständlich sein. Doch die Realität ist oft eine andere. Wir alle kommen in ein System – geformt von Eltern, Familie, Kultur, von der Reife der Menschen um uns herum. Auch bei unseren Eltern hinterlassen die Tage und Nächte aus Stress, Schlafmangel und Überforderung Spuren, selbst wenn pure Liebe die Absicht ist. Ein Neugeborenes verändert alles. Die Aufmerksamkeit muss neu verteilt werden, der Fokus verschiebt sich, die Umstellung kostet Kraft. Alle Spannungen wirken sich aus. Sie sind die unsichtbare Energie, die das Baby mitfühlt, die es unbewusst regulieren muss. Die instabile Umgebung in der Kernfamilie samt den gesellschaftlichen Anforderungen und familiären Altlasten können Stressoren sein, die unausweichlich das Nervensystem formen.[3]

Lass uns für die praktischen Zwecke sagen: Wir alle starten mit bedingungsloser Liebe und werden von da aus in die Schule des Lebens entlassen. Wir sind pures, liebendes Bewusstsein. Ab diesem Moment beginnt langsam, aber sicher, der schleichende Verlust dieser Anbindung. Wir haben keine Konzepte für das, was da geschieht. Keine Worte, keine Filter, keine Sprache. Unser Erleben formt sich unbewusst in Empfindungen wie: sicher oder nicht sicher, genug oder nicht genug, angenehm oder unangenehm. Das bloße Gefühl von Verbindungsverlust schaltet unser System in den Überlebensmodus. Etwas in uns richtet sich auf, um uns zu schützen, wenn die Verbindung abreißt. Selbst wenn Comics, Smartphones oder Fernseher pausenlos Reize liefern – nichts ersetzt jemals die ungeteilte Aufmerksamkeit eines präsenten Menschen. Alles formt eine Geschichte über mich. Und genau deshalb kann kein Ausdruck, keine Stimmung, keine Emotion in unserer Nähe unbemerkt an uns vorbeiziehen. Egal, wie sehr wir umsorgt werden – so viel konstante Verbindung wie im Mutterleib gibt es nie wieder. Vielleicht ist genau das der Zustand, den wir unser Leben lang wieder herbeisehnen.

Kurze Zeit später entwickelt sich in deiner Lernkurve allmählich die Sprache. Mit der Sprache wechselst du in die Welt der Erwachsenen. Irgendwann verändert sich der Ton. Aus dem sanften Babytalk wird der Klang erwachsener Erwartungen. Kennst du die Szenen, in denen Eltern viel zu ernst mit einem kleinen Kind sprechen? »Die Hose bleibt jetzt an!« oder »Wir haben keine Zeit für Spielchen!« Die Sprache wird härter, Grenzen werden eingefordert. Aus Frust, Überforderung oder Wut entsteht die Stimme der intermittierenden Verstärkung. Worte wie »Nein!«, »Stopp!«, »Nicht so!« prägen das neue Klangbild. Manches Verhalten wird gelobt, anderes kritisiert, um es zu steuern oder abzustellen. Der Weg führt uns weg von der Unmittelbarkeit der Impulse und Bedürfnisse hin zu einer vorgegebenen Struktur. Intermittierend bedeutet: Wir werden manchmal – aber nicht immer – für ein Verhalten gelobt und angenommen, ein anderes Mal bestraft und abgelehnt. Durch den unvorhersehbaren Rhythmus wissen wir nicht, wann Lob oder Aufmerksamkeit kommt. Wir zeigen das vielversprechende Verhalten aber häufiger und hoffen, dass die Verbindung wieder eintreffen wird. Diese Form des Lernens ist langsamer, tiefer und resistenter gegen spätere Versuche, ein einmal einstudiertes Verhalten zu verändern.[4]

Aus der Fülle authentischer Impulse entsteht ein Regelwerk. Mit jeder Regel wird die innere Landkarte geschrieben. Das ist die Blaupause deiner späteren Bindung, denn die Verbindung ist überlebenswichtig – für ein Säugetier sehr viel wichtiger als Authentizität. Deshalb opfern wir viel eher unsere authentischen Impulse, um mit der Umgebung in Verbindung zu bleiben. Jedes Kind saugt in den ersten Jahren Informationen auf wie ein Schwamm. Das kindliche Gehirn schwingt in diesem Alter meist in Theta-Wellen – einem natürlichen Trancezustand, in dem alles, was gesagt oder erlebt wird, viel schneller aufgenommen und gespeichert wird.[5] Hier wird still und leise die Software deines Lebensskripts geschrieben. Ruppiger

Kontakt, grobe Griffe, gereizte Stimmung – alles prasselt auf dein zartes System ein. Eltern, die glauben, mit ihren Kleinkindern ein »ernstes Wörtchen« reden zu müssen, haben den Kontakt zu ihrer Empathie längst verloren. Was in dieser Phase implizit oder explizit gesagt oder getan wird, schreibt sich in dein System ein.

Was dein System daraus macht, ist eine bedingte Rolle, getrennt von bedingungsloser Liebe. Du beginnst, eine Version von dir zu formen, die passt, die funktioniert, die geliebt wird – nicht um deiner selbst willen, sondern weil sie bewusste oder unbewusste Erwartungen erfüllt. Du wirst lieb oder laut, zart oder stark, fordernd oder vernünftig – je nachdem, was im System für dich funktioniert. Diese Rolle schützt dich. Aber sie kostet dich auch etwas: den freien Ausdruck, losgelöst von externer Validierung. So entsteht nicht nur ein Charakter, sondern ein Kompromiss. Du bist Mensch und Maske zugleich. Ein Wesen, das Liebe ist, und eine Maske, die sich Liebe verdienen muss.

Immer mehr lebst du in einer Spaltung. Einerseits gibt es das bedingungslos liebende Kind, andererseits das funktionale Ego. Das Ego ist unsere Maske, die Anpassung und Strategie, wie wir gelernt haben, die Liebe zu sichern. Musstest du die Liebe deines prägenden Elternteils bewusst erlangen, musstest du dafür viele unerwünschte Anteile von dir unterdrücken. Diese Anstrengung bleibt in deinem System als Wut gespeichert – unterbundene Impulse, die irgendwann integriert werden wollen. Hast du die Liebe bewusst verloren, weil Elternteile dich kritisiert, abgelehnt oder verlassen haben, wurdest du vielleicht still, brav oder hilflos – aus Angst, die Ohnmacht dieses Verbindungsverlustes wieder fühlen zu müssen. Hast du die Liebe unbewusst gewonnen, musstest du lernen, dich attraktiv zu machen, um die rare Aufmerksamkeit von abwesenden Eltern zu ergattern. Doch hinter dieser Anziehung lauert die ständige Angst, verlassen zu werden, wenn die Aufmerksamkeit ausbleibt. Hast du die Liebe unbewusst verloren, blieb die zweifellose Annahme deines prägenden Elternteile ungewiss. So blieb in dir eine stille Trauer um alle Momente, in denen Annahme und Ablehnung sich plötzlich abwechselten.

Vor diesen Prägungen war Liebe selbstverständlich und ihr Verlust die Ausnahme. Durch diese Erfahrungen ist der drohende Verlust zur Norm geworden und Anpassung zur Regel. So wurde Liebe zu etwas, das man sichern, verdienen oder manipulieren muss.

Unsere frühen Wege zur Verbindung prägen, wie wir später Nähe suchen, eingehen und halten. Das System, mit dem wir einst um Liebe rangen, wird zu einem Kreislauf aus Stress und Beruhigung – ein Versuch, Verbindung zu sichern. So entsteht ein inneres Muster, wie wir mit Stress umgehen, wenn die alten Wunden unserer Bindungserfahrungen berührt werden. Das nennen wir Bindungsstil: unsere emotionalen Reaktionen – auf Basis von Freude, Angst, Wut und Trauer –, mit denen wir versuchen, Nähe aufrechtzuerhalten oder den Verlust von Verbindung zu vermeiden.

Im Allgemeinen sind diese Reaktionen als die vier Bindungsstile bekannt: sicher, unsicher-vermeidend, unsicher-ambivalent oder desorganisiert.[6] Sie sind die grobe Kategorisierung, die beschreibt, wie ein Kind typischerweise auf Trennung und Wiederkehr der Bezugsperson reagiert und versucht, Nähe und Distanz zu regulieren.

Hast du als Kind dein Umfeld überwiegend in Ruhe, Sicherheit und Verlässlichkeit erlebt, speichert dein System dieses Programm. Später wirst du als sogenannter sicherer Bindungsstil genau diese Muster suchen – und alles, was abweicht, wie Gefahr, Drama oder unerreichbare Nähe, automatisch meiden.

Hast du hingegen die körperliche oder emotionale Nähe deiner Eltern als unsicher oder schmerzhaft erlebt, wird dein System lernen: Nähe ist gefährlich. Dann entwickelst du tendenziell einen vermeidenden (unsicher-vermeidenden) Bindungsstil. Du lässt nur so viel Nähe zu, wie es sich sicher anfühlt. Kommt jemand zu nah, schlägt dein System Alarm. Deine Affekte springen an, stellen Abstand her, schaffen Hierarchie und verhindern zu viel Intensität oder Emotion. Der Konflikt? Oft nur der sichtbare Versuch deines Systems, wieder Distanz und Kontrolle zurückzugewinnen.

Nimmst du vor allem den möglichen Verlust von Nähe als Bedrohung wahr, entsteht ein anderer Mechanismus. Du entwickelst einen ängstlichen (unsicher-ambivalenten) Bindungsstil. Du erlebst im Außen das, was du innerlich am meisten fürchtest: den alten Konflikt um Nähe, um Kontakt und um Verbindung. Du kontrollierst, klammerst, forderst Nähe ein – nicht, weil du frei liebst, sondern weil du den Schmerz des Verlassenseins verhindern willst. Du schwankst zwischen dem Wunsch nach Nähe und der Angst vor dem drohendem Verlust.

Wenn du als Kind eine widersprüchliche Mischung aus beidem erlebt hast – wenn deine Bezugsperson sowohl Quelle von Sicherheit als auch von Angst war – pendelst du als Erwachsener zwischen diesen Extremen. Das ist der (unsicher-)desorganisierte Bindungsstil. Beziehungen werden dann zum Schauplatz deines inneren Chaos. Nähe fühlt sich gefährlich an – zu viel Distanz aber auch. Am Ende bleibt oft die Unfähigkeit, in Beziehungen ein echtes Gefühl von Sicherheit herzustellen.

So gut die vier Kategorien uns eine Orientierung geben, zeigt die neuere Bindungsforschung: Dahinter stehen fließende Tendenzen von Bindungsangst und Bindungsvermeidung, die sich im Laufe des Lebens verändern und je nach Beziehungskontext – Eltern, Freunde, Liebespartner – unterschiedlich stark auftreten.[7] Du hast nicht den einen Bindungsstil, der dich ausmacht. Du hast ein ganzes Bindungsnetzwerk, abhängig von der Person und ihrer Position in deiner inneren Hierarchie.[8] Zu deiner Mutter reagierst du vielleicht überangepasst, zu deinem Ex trotzig-vermeidend und zu deinem besten Freund sicher – und all das lebt gleichzeitig in dir. Dein Bindungsstil ist also kein Sternzeichen, sondern ein Trainingszustand deines Nervensystems, abhängig von deiner Geschichte, deinem aktuellen Stresslevel und dem Menschen, der dir gerade gegenübersteht.

Bindungsstile – und ihre feineren Ausprägungen entlang der Skalen von Bindungsangst und Bindungsvermeidung – beschreiben nicht, ob wir Beziehungen eingehen, sondern wie unser Nervensystem versucht, den drohenden Verlust von Sicherheit zu bewältigen. Wir treten als Erwachsene in Beziehungen, die auf geheimnisvolle Weise an unser altes System aus Annahme und Ablehnung erinnern – damit wir unbewusst genau jene Form von Sicherheit rekonstruieren, nach der wir als Kinder gesucht haben.

Im Konflikt sind wir nicht mehr in Kontakt mit einem Gegenüber. Wir sind in Kontakt mit dem Muster, mit der Regulation und mit dem eigenen Bedürfnis nach dem gewohnten System. Es ist extrem wichtig, diesen Punkt tief zu verstehen. Unsere Trigger in Beziehungen folgen einer Software, die weitaus tiefer und essenzieller ist als die bloße Beziehung vor unseren Augen. Was immer uns am Gegenüber triggert, aktiviert in erster Linie die Überlebensmuster unserer Lebensgeschichte.

Wir erkennen das leicht an der Art und Weise, wie sich im Konflikt unsere Wahrnehmung radikal verändert. Sobald wir im Bereich der Überlebensmuster sind, passieren wundersame Dinge mit unserer Realität. Wir hören falsch, löschen Wichtiges, verzerren das Gesagte, bis es in unser altes Drehbuch passt. Statt *»Lass uns lieber morgen ausgehen”* hören wir *»Ich will dich heute nicht”* und diese Mechanismen sind oft so subtil, dass wir es selbst nicht erkennen. Wir übertragen unsere tiefsten Befürchtungen auf das Gegenüber, um uns dagegen auflehnen zu können. *»Du willst mich nur einengen!«* oder *»Ich kann nicht ohne dich leben!«* sind Ängste, die wir auf unsere Partner projizieren. Wir machen sie zur Leinwand, die wir benutzen, um mit uns selbst in Kontakt zu kommen. Wir erleben eine Art der Erinnerung. Es ist die Trance unserer unbewussten ersten Lebensjahre. In dieser Zone ist alles subjektiv, alles in diesem Bereich entzieht sich dem rationalen Verstand.

Bindungsstile entstehen in den ersten Lebensjahren – geprägt durch Mimik, Gestik, Energie, Hormone und Emotionen, die sich tief in unser Unterbewusstsein einschreiben. Sie formen eine verzerrte Wahrnehmung, geboren aus den ältesten Regionen unseres Gehirns. Diese Schicht übernimmt, wenn intensive Emotionen uns im Streit überfluten.[9] In der Affektregulation – also in der Art, wie wir starke Gefühle wahrnehmen, ausdrücken und beruhigen – wirkt das Urzeitliche in uns: alles Impulsive, Instinktive, Tierische, das einst unser Überleben sichern sollte. Das ist auch der Grund, warum logisch rationale Argumente in einem Streit dann nicht mehr greifen. Argumente sind das Produkt unseres reflektierten, analytischen Denkens. Dieser Teil unseres Gehirns wird im Auge des Sturms regelrecht überrannt von unbewussten, viel schnelleren Systemen.

Mit diesem Setup aus Liebe, Lebensskript und Bindung gehen wir in die Welt. Was wir dort oft finden, ist das Gegenstück zu der Liebe, die wir uns erhoffen. Unsere automatischen Reaktionen schreien im Konflikt laut *»Du liebst mich nicht!«* und meinen eigentlich *»Du liebst mich doch, richtig?"*. Was da aus uns herausruft, ist der Schmerz vom Verlust der Liebe. Als Baby und Kleinkind waren wir ein nacktes Nervensystem, als leeres Blatt in einem hypnotischen Zustand lernend, wie Überleben in einer Welt funktioniert, der wir vollkommen ausgeliefert sind. Diesen Bindungsstil zu überkommen und die Botschaften neu zu deuten, statt ihnen unbewusst ausgeliefert zu sein, wird zur größten Aufgabe in unseren erwachsenen Beziehungen.

Was wir jetzt im Konflikt befürchten, wovor wir flüchten, was wir attackieren – all das ist nicht die Person vor unseren Augen. Unser Gegenüber reflektiert die Konturen unserer Bindungserfahrungen. Gleichzeitig bietet es damit auch die Chance, das System zu knacken und über die Bindungsstile hinauszuwachsen, indem wir die automatischen Reaktionen unseres Nervensystems für unsere Bewusstwerdung nutzen, statt sie nur unbewusst in Kampf oder Flucht auszutragen.

Diese Prägungen zu entlarven heißt: Die Gefahr von damals als Erinnerung zu erkennen und nicht als Realität von heute. Wir können Schritt für Schritt den Weg zurück zur Liebe freilegen, die wir nie wirklich verloren haben. Der Weg besteht darin, dieses System zu verlernen, weil es zwischen uns und damit zwischen mir und der Liebe steht.

EGO

»THE ROLES WE TAKE ON FOR LOVE OFTEN HIDE
THE VERY SELF THAT LONGS TO BE LOVED.«
— ESTHER PEREL

KINDER IM PATRIARCHAT

Ist es nicht verrückt, dass wir nach Baby und Kleinkind plötzlich »Vorschulkind« heißen? Kaum ist die Kleinkindzeit vorbei, nehmen wir Anlauf für den sogenannten Ernst des Lebens. Bis zum sechsten Lebensjahr sammeln wir all die Prägungen in unserem Nervensystem, die frühen Glaubenssätze über unsere Liebenswürdigkeit – und die ersten Risse in der Verbindung, die wir so dringend brauchen.[1] Mit diesem Gepäck werden wir hinaus in die Welt geschickt. Zum Beispiel in die Grundschule. Dort beginnt die nächste Stufe einer unweigerlichen Entwicklung: Wir sollen funktionieren und unseren Platz in der Gesellschaft finden.

Jetzt wirst du auf einen Lehrplan und deine Lehrkräfte losgelassen, um deine Liebenswürdigkeit unter Beweis zu stellen. Dein Kompass besteht ab jetzt und immer mehr aus externer Anerkennung, Akzeptanz, Bestätigung und Zuneigung. Mit unserem Rucksack voller kindlicher Prägungen sind wir ein Fass ohne Boden. Selbstbeobachtend und für Bindung sensibilisiert, stehen wir unter dem Druck, jetzt nicht mehr nur unseren Eltern, sondern auch anderen gefallen zu müssen. Der Stress dieser Veränderung ist wie ein Sticker auf der Stirn, von dem wir mit Leistung ablenken müssen.

Das System, in das wir mit diesem inneren Setup entlassen werden, ist Teil einer Gesellschaftsstruktur, die sich über Jahrtausende entwickelt hat: das Patriarchat. Gemeint ist dabei nicht in erster Linie die Herrschaft der Männer, sondern eine grundlegende Form von Ordnung: hierarchisch organisiert, aufgebaut auf Befehl und Gehorsam, gestützt durch einen Apparat aus Verwaltung und Kontrolle.[2] Menschen, die den Anweisungen folgen, erhalten das bestehende System, andere sorgen für die Durchsetzung – notfalls mit Zwang. Ganz automatisch wirst du darauf konditioniert, in diese Gussform zu passen. In der Schule heißt das: ruhig sitzen, aufpassen, anpassen. Kreativität wird durch Struktur verformt. Zahlen, Buchstaben, Wörter – für alles gibt es einen definierten Weg, wie das richtig geht, und dadurch unendlich viele Möglichkeiten, es falsch zu machen.

Immer muss etwas korrigiert werden. Nur wer es richtig macht, bekommt ein Sternchen. Und da kommst du: ein Energiebündel voll unendlichem Potenzial und kreativer Anbindung. Aber es gibt keinen anderen Weg: Du musst lernen, was für dich vorgesehen ist. Mit deinen Steinen im Rucksack wanderst du in ein System, das für deine Leistung Noten verteilt. Wieder bist du gefordert, deine eigenen Impulse zugunsten der Bewertung zu unterbinden. Wieder wird dir ein Weg gezeigt, wie du dich durch Leistung und Gehorsam gut fühlen darfst, indem du lernst, dich selbst nicht mehr so richtig zu fühlen.

Wie wir fortan Zuneigung und Ablehnung durch unsere kindliche Selbstwahrnehmung erfahren, kreiert die unbewussten Glaubenswelten über uns. Sie sind wie unser innerstes Steuerelement – die

Linse, durch die wir uns, andere und die Welt immer konsistenter wahrnehmen. Alles ist in dieser Zeit nicht nur ein Erleben, sondern eine direkte Aussage über unser Sein. Wir kommen mit der Bindung unserer ersten Jahre in die Schule des Lebens und von dort aus in die herausfordernden Tests, die unser Erleben vertiefen. Und dann sitzen wir da: das Kind, das glaubt, verbessert werden zu müssen. Da sind die Eltern, die uns sagen, wie wir sein sollen. Da sind die Lehrer, die uns sagen, was wir bis wann beherrschen müssen. Das fühlt sich groß und wichtig an. Das ist gut und erfüllend, wenn es dafür Lob und Sternchen gibt. Es ist grausam, wenn wir diesen einen Buchstaben noch nicht richtig schreiben können und Mama und Papa mit den Lehrern über uns sprechen müssen.

Die großen Antreiber dieses Systems sind Angst und die Scham, nicht gut genug zu sein, wie wir sind.[3] Wir fühlen uns oft genug überfordert, dumm, schlecht oder falsch. Wir tun alles, um ein gutes Kind zu sein, während wir eigentlich nur spielen wollen. Wir betteln, gefallen, strengen uns an, um geliebt und anerkannt zu werden. Wir bauen Stolz um die Erfolge und Schuld um die Fehler. Mit diesen trainierten Systemen und einstudierten Programmen, gewohnten Stresshormonen und internalisierten Glaubenssätzen navigieren wir unsere Menschwerdung. Die gelernte Bindungsdynamik hat unseren Selbstausdruck überschrieben – unser bedingungsloses Sein ist längst eine Inszenierung geworden. Was konstant auf uns einwirkt, ist der Zwang, etwas sein und tun zu müssen. Im Patriarchat sind viele Narrative vorgegeben, wie das richtige Leben geht – wie wir zu funktionieren haben.

Doch noch immer ist da ein Kind in uns – verletzlich, wach, sehnsüchtig –, das nichts mehr ersehnt als die zweifelsfreie Validierung seiner Eltern. Die Schule und die ersten sozialen Felder sind nicht das eigentliche Problem. Sie sind nur der nächste Spiegel. Was hier fortgesetzt wird, ist ein viel älterer Antrieb: die Angst, Mama zu enttäuschen. Die Hoffnung, Papa stolz zu machen. Unsere psychische Architektur ist darauf angelegt, Liebe zu sichern. Und alles, was uns innerlich bewegt, richtet sich zunächst nach der Frequenz derer aus, von denen wir abhängig sind. Auf der anderen Seite unserer Beziehung zu den Eltern steht nicht einfach ein Vater oder eine Mutter. Dort steht das erste Gegenüber, auf das wir unsere Liebesfähigkeit, unsere Kraft, unsere Verletzlichkeit projizieren. Aus Sicht vieler psychologisch-symbolischer Entwicklungsmodelle wirft das innere Kind seine erwachende Anziehung und sinnliche Liebe nicht zufällig auf den gegengeschlechtlichen Elternteil. Es ist die erste Begegnung mit der energetischen Polarität – mit dem, was nicht ich bin, aber was mich ergänzt. Ein Sohn erfährt sich im Spiegel der Mutter: Wie reagiert das Weibliche auf meine Kraft? Eine Tochter schaut in die Welt des Vaters: Wie antwortet das Männliche auf mein Wesen? Beide fragen: Bin ich sicher und geliebt?

Diese erste Liebeserfahrung ist keine Sexualität im biologischen Sinn, sondern eine seelische Alchemie. Es ist das allererste Beziehungsfeld, in dem sich Begehren, Verbindung, Zurückweisung, Verschmelzung oder Ohnmacht in uns einprägen. Ob wir als Kind gesehen, zurückgewiesen, gelobt oder manipuliert, erwidert oder ignoriert wurden – all das prägt, wie wir Liebe lernen. Während der gleichgeschlechtliche Elternteil vor allem unsere Rollenidentität formt, zeigt uns der gegengeschlechtliche Elternteil unser Beziehungsbild.

Aus dieser frühen Dynamik formt sich die innere Gestalt, die C. G. Jung »Anima« oder »Animus« nannte – die innere Frau im Mann, der innere Mann in der Frau.[4] In einer kindlichen Denkweise beschrieben, kennst du vielleicht die Aussage *»Ich werde einmal Papa heiraten«* – genau das ist die Energie, die sich in solchen Sätzen zeigt.

Je nachdem, wie unsere Elternteile auf viele subtile Angebote und Abgleiche reagiert haben, formen sich innere Beziehungswelten, die unsere Ego-Geschichten über Liebe und Anpassung prägen.

Unsere Beziehungsperson kann diese Liebe bewusst oder unbewusst erwidern – so gewinnen wir diese Liebe bewusst oder unbewusst. Oder sie kann die Liebesbekundungen bewusst oder unbewusst ablehnen – so verlieren wir sie bewusst oder unbewusst.

VON DER PRÄGUNG ZUR MASKE

Aus der Kombination von bewusstem oder unbewusstem Gewinn beziehungsweise Verlust der Liebe entstehen Prägungen, die wir als Ego-Masken in Liebesbeziehungen verkörpern. Sie sind die bedingte Rolle, die trainierte Version von dir, die für die Liebe funktioniert, indem sie ihre verinnerlichte, zwischenmenschliche Programmierung ausführt. Der Hintergrund und die Herleitung dieser Masken entspringt keinem einzelnen Modell. Sie sind ein Destillat aus verschiedenen psychologischen und archetypischen Linien, die alle in dieselbe Richtung zeigen: Dass unsere frühen Beziehungserfahrungen Spuren hinterlassen, die wir später in der Liebe wiederfinden.[1,5]

Die Bindungsforschung beschreibt, wie wir Sicherheit, Verlust und Verbindung in unseren ersten Jahren gelernt haben. Die Arbeit über Affektregulation und frühe Beziehungstraumata zeigt, wie unser Nervensystem aus Schutz Notlösungen baut, die sich später wie Charakter anfühlen.[5] Die Archetypenlehre – von Jung bis zu modernen Modellen von reifen und unreifen Persönlichkeitsanteilen – erklärt, warum sich diese Muster wie innere Figuren anfühlen, die in Beziehungen plötzlich lebendig werden.[4,6] Auch spirituelle Entwicklungsmodelle beschreiben Liebe als ein Feld, das uns nicht nur mit einem Partner verbindet, sondern mit den Orten, an denen wir uns selbst verloren haben. Beziehungen zeigen uns nicht nur, wen wir lieben – sondern auch, wie wir uns vor genau der Liebe absichern, die unserem Schmerz am nächsten kommt.[7]

Aus all diesen Linien entsteht in diesem Buch ein eigenes, integriertes Modell: vier archetypische Ego-Masken, die aus bewusst oder unbewusst gewonnener oder verlorener Elternliebe entstehen. Sie helfen uns metaphorisch und deskriptiv, uns selbst zu erkennen und die kindlichen Strategien zu entlarven, die wir entwickelt haben. Und sie öffnen den Weg zu dem, was hinter der Maske lebt: unser wirkliches Selbst.

Dieses Selbst hat den Schutz seiner Maske die längste Zeit gebraucht, weil wir als Kind ohne verlässliche Liebe unsere innere Welt als existenziell bedrohlich erlebt haben. Masken sind die Rollen, in die wir unbewusst hineingewachsen sind, um mit Liebe, Verlust und Zurückweisung klarzukommen. Sie helfen uns, wenigstens ein Gefühl von Kontrolle zu behalten: über uns selbst, über die eigene Bedürftigkeit und scheinbar auch über die Reaktion der anderen. So werden diese Strategien zu überlebenswichtigen Anpassungen, lange bevor wir überhaupt entscheiden können, ob sie uns in der Liebe wirklich guttun. Lass uns in diese Prägungen in einem binären Modell von Jungs und Mädchen untersuchen.

JUNGS

Als Junge im Patriarchat musstest du deine Zartheit, deine Verletzlichkeit und deine Emotionen oft schlucken, um zu einem Mann zu werden.[8] Du musstest funktionieren, kämpferisch werden, gegen andere Männer antreten und gewinnen, stärker werden und sportliche Leistung erbringen. Auf der emotionalen Ebene durftest du kein Mädchen mehr sein: nicht mehr weinerlich, sensitiv oder feinfühlig. Du musstest dich zusammenreißen. Du warst der Indianer, der keinen Schmerz spürt. Du hast Disziplin bewiesen, hast vieles auf die harte Tour gelernt. Der Druck, der auf dich wirkte, musste zwangsläufig kompensiert werden, wenn dir die ausreichende Regulation durch Eltern, Familie oder Freunde fehlte. Im Spalt zwischen echter Emotion und Konditionierung lebt die Scham, nie gut genug zu sein. Du lebst in einer Welt, in der das Gegenteil – dass du genug bist – scheinbar nie ausreichend bewiesen werden kann.

Dieser sensible Junge versucht zu sein, was er nicht ist. Er versucht sich darzustellen, wie die Welt ihn will. Er macht viel, was er nicht ist, um jemand zu werden. Wenn er nicht sein kann, wie die Welt ihn will, wird er zu noch weniger. Solche Männer fühlen sich weniger als Mann und leben in der Unfähigkeit, das zu verkörpern, was die Gesellschaft von ihnen erwartet.

Die Jungs, die es schaffen, die Karikatur eines »echten« Mannes zu werden, werden hart, defensiv, aggressiv, kühl, kalkulierend, gierig, neidisch. Ab da funktioniert der Wettstreit um Aufmerksamkeit, Status, Macht und externe Validierung in einer Welt von Buben, die alle Männlein spielen. Mit diesem Spiel bist du als Mann immer auf Angriff und immer in der Verteidigung. Du bist immer darauf bedacht, den Status zu verteidigen, um in deiner Rolle als männlicher Schauspieler zu bleiben. Dieser Mann ist ein Produkt von Stolz, der auf Scham basiert. Er lebt im konstanten Druck von Kampf und Flucht, bis er Jahre später im Burn-out landet.

Getrieben durch die Scham entstehen zwei Ausprägungen von falscher Männlichkeit. Der eine, der einfach nie gut genug ist und sich abstrampelt, um besser zu werden. Der andere, der befürchtet, als »nicht gut genug« entlarvt zu werden, und alles dafür tut, die Fassade seiner Identität aufrechtzuerhalten – mit Erfolg, Status, Macht. Beide fühlen dabei dasselbe Gravitationsfeld. Beide stützen sich gegen die Schwerkraft der Scham, die überall droht, sie in den Abgrund zu reißen. Die Angst, nicht mehr oder für immer nie gut genug zu sein, bringt sie in die Not, alle Energie gegen den drohenden Schmerz aufzuwenden. Der eine suhlt sich in der Ohnmacht, der andere lebt in der Überkompensation. Der eine lebt in der Scham, der andere versteckt sie, so gut es geht.

Mit der Zeit kommt die Sexualität dazu. Testosteron kommt in den Mix der Männlichkeit ohne Vorbilder, Mentoren oder gesunde Väter. Die Erotik erwacht. Der Junge entdeckt die Lust am Penis und findet in der Selbstbeschäftigung ein willkommenes Pflaster, um schwierige Gefühle zu bewältigen. Dort findet er seine Selbstwirksamkeit, denn dort ist er in der Fantasie frei von Ablehnung, frei von Kontrahenten, frei von Scham vor der eigenen Lust. Im Porno ist jeder Mann ein unbesiegbarer Gott. Dort kann er auch endlich in BDSM-Fantasien die Unterwerfung oder Machtfantasien gegenüber dem Femininen zulassen, weil es niemanden gibt, der ihn dafür beschämt. Geprägt von oftmals abwesenden Vätern oder übermächtigen Müttern, symbolisiert seine Sexualität den eigentlichen Selbstausdruck im Schatten. Der Druck und fehlende Ausdruck seiner Erotik findet alternative Wege wie Pornos, Masturbation und Fantasie. Er will in die Form der wirksamen Männlichkeit wachsen und sich von der Verschmelzung mit der Mutter befreien. Gleichzeitig ist er abhängig von der Liebe und Annahme seiner Mutter, mit der er die erste Liebesbeziehung führt.

Mit der Mutter als erstes Gegenüber entsteht die erste Beziehung, in der sich das kindliche Herz selbst erkennt. In ihren Blicken, in ihrer Berührung, in ihrer Reaktion auf unsere Nähe formt sich ein Grundgefühl: Bin ich gewollt? Bin ich sicher? Bin ich liebenswert? Für einen Jungen wird die Mutter nicht nur zur ersten Bezugsperson, sondern zur Projektionsfläche seiner erwachenden Libido, seiner Beziehungsfähigkeit, seiner emotionalen Identität. Es ist kein sexuelles Begehren im erwachsenen Sinn – sondern ein zutiefst energetisches. Eine erste Erfahrung von Polarität, von sich ergänzender Andersartigkeit. Die Mutter repräsentiert das andere Prinzip – das Empfangende, das Wärmende, das Berührende. In dieser frühen Dynamik wird unmerklich die Grundlage gelegt für das, was der spätere Junge mit dem Wort »Liebe« verbinden wird. Wird er gesehen? Wird seine Kraft angenommen? Wird seine Lebendigkeit eingeladen oder beschämt?

Dabei geht es nicht nur darum, ob eine Mutter liebevoll oder ablehnend war. Es geht darum, wie sie auf ihn reagierte – auf sein

Strahlen, seine Wut, seine Lust, seine Sehnsucht nach Nähe. Reagierte sie mit Einladung oder Rückzug, mit Freude oder Ekel, mit Kontrolle oder Hingabe? Was auch immer dort geschah – der Junge konnte nicht einfach anders sein. Er musste sich anpassen. Und so beginnt sich sein Ego zu formen: eine Überlebensstruktur, die das Risiko von Ablehnung minimiert und die Aussicht auf Liebe sichert. Je nachdem, ob er diese Liebe bewusst oder unbewusst gewann oder verlor, entsteht eine tiefgreifende Prägung. Aus ihr entwickeln sich nicht nur seine Überzeugungen über Liebe, sondern auch die Formen, in denen er Beziehung später lebt.

Ob die Liebe zur Mutter bewusst oder unbewusst, gewonnen oder verloren wurde – aus dieser Matrix ergeben sich vier Prägungen, denen wir einen Namen geben können:

DER PRINZ

Hat ein Junge die Liebe seiner Mutter bewusst gewonnen, hat er gezielt Bestätigung für seine Anpassung erhalten. Er war Mamas guter Junge, der brave Enkel, der unanfechtbare Liebling – und er lernte, Zuneigung durch Wohlverhalten zu sichern. Doch dieser Gewinn hatte einen Preis, der später zur Hürde auf dem Weg zu echter Liebe wird: unterdrückte Wut. Um der Liebe seiner Mutter würdig zu bleiben, musste er alles zurückhalten, was nicht erwünscht war – seine Aggression, seine Abnabelung, seine Sexualität. Alles, was ihn von der mütterlichen Annahme hätte trennen können, durfte nicht existieren. So blieb Mama übermächtig – und ihre Zuneigung ein Zauberschwur, der seine Selbstwahrnehmung für immer prägte. Die Ego-Identität, die daraus entsteht, ist der »Prinz«: charmant, gefällig, kontrolliert.

Der Prinz hat dadurch viele positive Eigenschaften: Er weiß, wie man Erwartungen erfüllt, Charisma versprüht, strahlt und glänzt. In ihm liegt ein Magnetismus, der andere mitzieht. Er ist ehrgeizig, engagiert, erfolgreich – nicht aus Egoismus, sondern weil er spürt, dass er etwas tragen kann. Er will gut sein, für andere, für die Welt. Auch wenn er einen Teil seiner Wut weggesperrt hat, bleibt sein Streben nach Verbindung. Wird er weich und ehrlich, wird aus dem glänzenden Bild eine königliche Präsenz. Dann führt er nicht mehr durch Gefallen, sondern durch Wahrheit.

Doch unter der glatten Oberfläche brodeln mehrere Dinge: die Erwartung, für seine Anpassung wieder Liebe zu erhalten, die Angst vor dem Verlust dieser Position und der Groll, nie ganz authentisch er selbst sein zu können. Seine Strahlkraft blendet nicht nur andere, sondern auch ihn selbst. Er lebt in einer Version von sich, die gefallen muss, die leisten muss, die immer richtig sein will. Dabei wird er zunehmend unnahbar, kontrollierend, stolz. Die unterdrückte Wut fault in seinem Inneren, verwandelt sich in Gereiztheit, Arroganz oder Überheblichkeit. Er trägt die Maske des Perfekten – und verliert dabei sich selbst. Der Schmerz, nicht einfach geliebt zu werden, wird verdeckt von einem goldenen Anzug, der glänzt – aber eng ist wie ein Käfig.

DER NETTE

Hat ein Junge die Liebe seiner Mutter bewusst verloren – etwa durch Desinteresse, Ablehnung, Ekel gegenüber seinem Geschlecht oder seiner Sexualität – bleibt eine tiefe Prägung von Ohnmacht zurück. Er spürt: So wie ich bin, bin ich nicht willkommen. Die Überlebensstrategie? Er wird der »nette Junge«. Angepasst, brav, freundlich. Hinter seiner Angepasstheit verbirgt sich ein feinfühliger, empathischer Mensch, der gelernt hat, zwischen den Zeilen zu lesen. Er ist vorsichtig, um Harmonie bemüht und achtet auf die Bedürfnisse anderer. Seine Gabe liegt im Zuhören, im Dasein, im sanften Mitfließen. Er ist oft der stille Fels in der Brandung – loyal, freundlich, zuverlässig. Auch wenn er gelernt hat, sich selbst zurückzunehmen, hat er ein großes Herz für das, was andere bewegt. In ihm lebt die Kraft der Fürsorglichkeit.

Diese Fürsorge ist auf der anderen Seite jedoch auch seine eigene größte Hoffnung. Er tut alles, um nie wieder abgelehnt zu werden – und verliert sich dabei selbst. Hinter seiner Nettigkeit liegt die Angst, dass seine wahre Kraft erneut zurückgewiesen wird. Hinter seinem Lächeln liegt oft eine tiefe Sorge, erneut ausgeschlossen oder nicht genug zu sein. Er sagt Ja, obwohl er Nein meint. Er macht sich klein, um geliebt zu werden. Seine Freundlichkeit ist oft ein Mantel, unter dem sich seine Hoffnungen und Erwartungen verstecken. Konflikten weicht er aus, Kritik trifft ihn persönlich und seine Sehnsucht nach Harmonie verhindert oft echte Nähe. Er opfert Wahrheit für Frieden – und spürt nicht, wie viel ihn das kostet. In ihm lebt das Kind, das lieber verschwindet als stört.

DER VERFÜHRER

Hat ein Junge die Liebe unbewusst gewonnen, wurde sie ihm nicht offen geschenkt. Waren seine Eltern körperlich oder seelisch abwesend, musste er sie durch Charme, Taktik oder Manipulation erobern. So entsteht das Muster des »Verführers«. Der Junge, der früh lernt, wie er Zuwendung bekommt, ohne sie direkt einzufordern. Er wird geschickt, subtil, strategisch. Er ist aufmerksam und sensibel für Schwingungen, die andere kaum wahrnehmen. Er weiß, wie man Situationen lenkt, Menschen beeinflusst, wie man Nähe herstellt – scheinbar mühelos. Sein Charme ist nicht nur Strategie, sondern oft Ausdruck einer tiefen Sehnsucht nach Verbindung. Wo andere verkrampfen, bringt er Bewegung. Wo etwas schwer wird, bringt er Leichtigkeit. Und wenn er nicht mehr fliehen muss vor dem Verlassenwerden, wird seine Gabe zum Geschenk: eine Präsenz, die bezaubert, ohne zu schwinden. Liebe, die bleibt, ohne zu zweifeln.

Doch hinter der Maske lebt die Angst vor dem Verlassensein – ohne seine Strategien ist die Liebe nicht unter seiner Kontrolle. Droht sie, verloren zu gehen, verliert er sich, was ihn in eine nicht gekannte Verletzlichkeit führen könnte. Deshalb spielt er mit Nähe, aber fürchtet Tiefe. Er weiß, wie man andere berührt, aber nicht, wie man bleibt. Immer in Bewegung, immer zwischen den Welten, immer mit einem Fuß draußen. Seine Verbindung ist oft ein Tanz mit der Angst, sich zu verlieren. Er braucht Aufmerksamkeit wie Luft – doch echte Intimität schnürt ihm die Kehle zu. Hinter seinem Charme liegt eine tiefe Unsicherheit, die er mit Kontrolle und Raffinesse überspielt. Er verführt, um nicht verlassen zu werden – und verlässt, bevor er wirklich ankommt.

DER REBELL

Hat ein Junge die Liebe unbewusst verloren – wurde er subtil infrage gestellt, zur Leistung kritisiert, anerkannt, doch dann wieder angezweifelt – dann bleibt eine Trauer in ihm. Doch weil diese nicht aufgelöst wurde, weil sie überwältigend war und ambivalent weiterhin Fragen über seine Liebenswürdigkeit in seiner Psyche aufwirft, bleibt sie als vage Bedrohung tief in ihm. Es entsteht unbewusst ein Schutz, der eine Mauer um diese Emotion baut: der »Rebell«. Der Junge, der nicht mehr enttäuscht werden will, der Kontrolle ausübt, der sich immunisiert gegen jede erneute Trauer. Er lebt wachsam, misstrauisch, unabhängig – und manchmal in sich isoliert. In seiner Unabhängigkeit liegt ein tiefes Bedürfnis nach echter Begegnung – nicht manipuliert, nicht erkauft. Er will sich nicht verbiegen, nicht verraten, nicht verlieren. Und genau daraus entsteht seine Stärke: eine radikale Integrität, die nicht gefallen will, sondern bestehen.

Wenn seine Trauer fließen darf, wird er weich unter der Härte – und zutiefst vertrauenswürdig. Ohne Zugang zu seiner Trauer kämpft er – oft gegen Windmühlen. Immer auf der Hut vor Enttäuschung, verwechselt er Unabhängigkeit mit Freiheit. Er vertraut nicht, will nicht brauchen, zeigt sich nicht. Er zieht sich zurück, noch bevor jemand ihm zu nah kommen kann. Hinter seiner Stärke liegt ein ungeweinter Schmerz, den er mit Trotz und Distanz zudeckt. Nähe fühlt sich für ihn an wie Gefahr – und er verwechselt Distanz mit Sicherheit. So schützt er sein Herz, aber auch seine Einsamkeit. Und je mehr er sich schützt, desto weniger wird er gesehen.

All diese Muster sind keine Fehler. Sie sind intelligente Antworten auf eine emotionale Realität, die der Junge als Kind nicht anders bewältigen konnte. Doch was einst Schutz war, wird später zum Gefängnis. Denn diese Prägungen – bewusst oder unbewusst – wiederholen sich in unseren Liebesbeziehungen. Sie bestimmen, wen wir begehren, wovor wir uns fürchten und wie viel wir von uns zeigen. Sie sind in ihrer positiven Energie starke Begabungen, die wir mit der Welt teilen können. In ihrer negativen Ausprägung sind sie Schutzschichten, die uns vor der schmerzhaften Prägung unserer Liebenswürdigkeit schützen und damit zur Herausforderung in der Beziehung werden. Die innere Geschichte eines Jungen mit seiner Mutter prägt seine Fähigkeit, in Beziehung zu treten, sich hinzugeben, Grenzen zu setzen und sich selbst treu zu bleiben. Sie ist der unsichtbare Hintergrund seiner Sehnsucht – und der Ursprung vieler seiner Verstrickungen.

DIE MASKEN DER MÄNNER

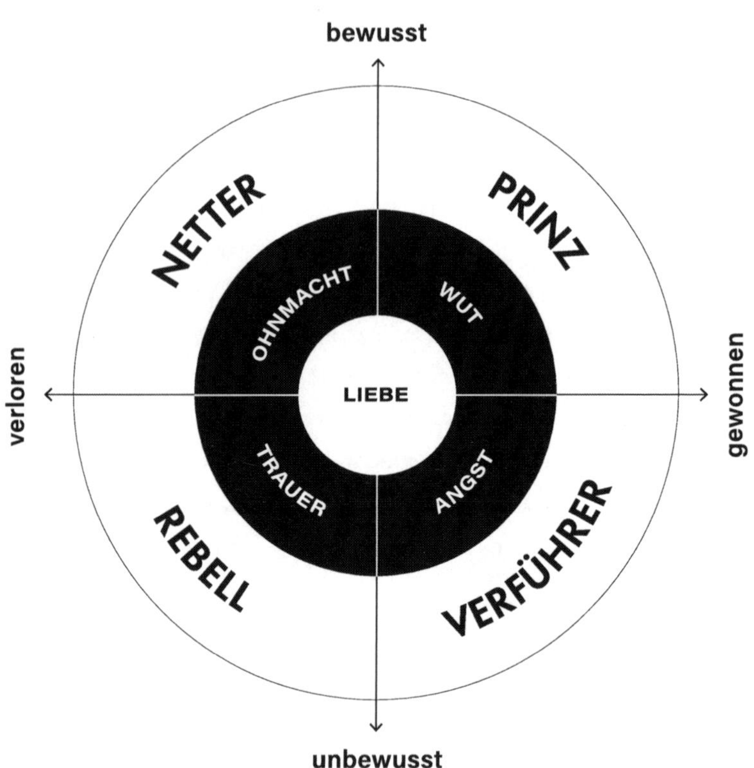

▶ DIE MASKEN BESSER VERSTEHEN

Ergänzende Materialien und vertiefende Modelle auf unserer Website als Download: **www.reinundraus.com/match**

MÄDCHEN

Dann sind da die Mädchen, die von diesen Männern im Patriarchat erzogen werden. Mit ihren Vätern (oder in deren Abwesenheit) lernen sie das Verhältnis zum anderen Geschlecht. Auch deren Väter sind und waren zu einem gewissen Grad abgeschnitten von ihrer emotionalen Intelligenz, Achtsamkeit und Verletzlichkeit. Als patriarchal geprägter Mann sind und waren viele Väter durch Arbeit und Verpflichtungen physisch und psychisch abwesend.

Das kleine Mädchen sucht in ihrem Vater Liebe, Anerkennung, Zuwendung, Sicherheit und Schutz – emotional wie körperlich. Leider sind auch ihre Emotionen nicht immer erwünscht. Sie ist zu viel, zu laut, zu emotional oder zu bedürftig. Mädchen lernen schnell durch ihre Gefühle und Beobachtungen, ob und wie verfügbar und sicher das Maskuline in ihrem Umfeld ist. Viele Väter sind überfordert, gestresst oder selbst blockiert in ihrer eigenen emotionalen Unreife, dass sie nie wirklich ganz verfügbar sind, die Stabilität auszustrahlen, die Kinder so sehr von ihnen als Lernerfahrung für ihr Nervensystem brauchen. Mädchen lernen häufig intuitiv das Gegenteil: dass ihre Väter sie brauchen. Dass Papa insgeheim leidet und Hilfe braucht. Die schwache Präsenz gibt der Tochter die Prägung, dass sie es ist, die nicht noch mehr Belastung für den Mann sein darf. Daraus entstehen auch bei Mädchen zwei Extreme, die auf Scham und Schuld basieren.

Da ist einerseits das brave, angenehme und ruhige Mädchen, das gelernt hat, Aufmerksamkeit für ihre Unscheinbarkeit zu erhalten. Sie wird früh zur Anpassungskünstlerin. Sie lernt, ihre Bedürfnisse zu verstecken, um geliebt zu werden. Denn ein Mädchen, das zu laut, zu wild, zu fordernd ist, ist ein Störfaktor im System. Also lernt sie, sich zu zähmen. Ihre Wut verwandelt sich in Schuld. Ihre Traurigkeit in Lächeln. Ihre Energie in Gefälligkeit. Ihre sexuelle Neugier in Scham. Das Mädchen lernt, sich kleiner zu machen, als es ist. Weicher, als es fühlt. Bedürftiger, als es wirklich ist. Oder eben: ganz ohne Bedürfnisse.

Dann ist da das andere Mädchen, das die Gefühle in Kontrolle wandelt. Es hat schwache Männlichkeit erlebt und nicht selten unter ihrem Vater gelitten. Es hat gesehen, was nicht integre Männer machen: Sie tun etwas anderes, als sie sagen. Sind unberechenbar oder unerreichbar. Dieses Mädchen kennt das Leid, das sie bei ihrer Mutter gesehen hat: Wenn Mama betrogen, beschimpft, belogen oder verlassen wurde. Dann waren Mutter und Tochter im Pakt gegen die Männlichkeit und durch die fehlende Sicherheit im Begriff, die männliche Energie in sich selbst zu suchen. Diese Frauen haben das Maskuline als das Schwache erlebt und im Inneren selbst kultiviert, was ihnen von außen nicht gegeben wurde. Sie werden stark für sich selbst, stark für andere, verteidigend mit ihrer Wut oder kontrolliert durch ihre Schuld. Sie sind entschlossen, nie wieder die Ohnmacht des Maskulinen zu erleben. Sie sind erfolgreich im Beruf, ehrgeizig im Sport, dominant in der Beziehung und willensstark, was ihr Eigenes betrifft.

Doch bei beiden Ausprägungen lebt ein feines, fühlendes, wissendes Wesen unter dieser Fassade. Das kleine Mädchen sieht und spürt alles. Sie lernt, dass Liebe mit Schmerz oder Anstrengung verknüpft ist. Dass ihr Selbstwert nicht einfach gegeben ist, sondern in ihrer Wirkung liegt: Wie sehe ich aus? Wie komme ich an? Werde ich begehrt? Was leiste ich? Beziehung bedeutet für sie, jemand anderem gefallen zu müssen oder auf keinen Fall vereinnahmt zu werden.

Beide Versionen dieser Weiblichkeit handeln aus der Angst, der schwachen Männlichkeit zu erliegen. Die eine Version ist, gefällig zu sein. Sie entkräftet jede Form von ungesunder Männlichkeit, indem sie sich immer und allem beugt, was der Mann will. Die andere ist unfähig, ihren männlichen Pol aufzugeben, um in ihre feminine Energie zu kommen. Dadurch verliert sie mit der Zeit die Anbindung an sich und ihre Intuition, während sie sich fragt, wo eigentlich die »guten« Männer sind. Die sind jedoch für sie unsichtbar, denn was sie erhält, sind schwache Männer mit einer weiblichen Energie. Diese Männer finden in der starken Frau genau die männliche Energie, die sie bei ihrem Vater nicht oder bei ihrer eigenen Mutter so stark erlebt haben.

Und dann kommt die Pubertät. Die körperliche Reifung trifft auf ein inneres Selbstbild, das nie ganz in Sicherheit war. Der Körper verändert sich, aber statt Orientierung bringt er Unsicherheit. Statt Stolz bringt er Scham. Statt Freiheit bringt er Fremdbestimmung. Östrogen, Progesteron, Zyklusveränderungen, Brustwachstum, Körperbehaarung – der Körper beginnt, sich selbst umzubauen, ohne Vorwarnung und ohne Anleitung. Was eben noch ein Kind war, wird zur Projektionsfläche für fremde Blicke bis zu sexualisierten Kommentaren. Der Körper wird nicht entdeckt, sondern beobachtet. Nicht bewohnt, sondern bewertet und von der Meinung anderer kontrolliert. Er wird schambesetzt.

Das Mädchen spürt die Veränderung, aber sie kann sie nicht greifen. Ihr Körper macht sie in den Augen der anderen plötzlich zur »Frau«, doch niemand erklärt ihr, was genau sie da angeblich geworden ist. Die Blutung beginnt – vielleicht heimlich, vielleicht sogar als Schock – und damit ein Ritual aus verstecken, verbergen, verdrängen. Zyklusbewusstsein? Körperweisheit? Lust? Fehlanzeige. Was zu fühlen ist: Ich bin plötzlich anders. Ich bin plötzlich sichtbar. Damit geht einher: Ich bin angreifbar. Die heranwachsende Frau spürt den Wunsch nach Nähe, nach Berührung, nach Verbindung. Aber sie lernt schnell, dass dieses Begehren in ihr gefährlich ist. Dass sie zu viel davon beschämt. Die Bilder, die sie über weibliche Sexualität sieht, sind nicht ihre eigenen. Sie stammen aus Filmen, Werbung, sozialen Medien, Pornografie. Die Frau ist dort traditionell das Objekt für den Mann. Unendlich begehrt und dadurch unendlich verletzlich oder mächtig.

So kann weibliche Sexualität zum Schatten werden. Entweder die Frau verschließt sich, macht sich klein und versucht, die Signale ihres Körpers zu ignorieren. Oder sie übernimmt Kontrolle, wird wachsam, strategisch und kalkulierend. Weibliche Lust verwandelt sich in etwas, das die Frau managt – entweder, um niemanden zu reizen, oder um alle zu reizen. Je nach Ausprägung kann eine Frau ihre Sexualität als potenzielle Waffe erleben, die gegen sie gerichtet ist oder die sie auf etwas richten kann. Sie erlebt Sexualität nicht als Quelle von Liebe, sondern als Ware. Sie lernt nicht, dass ihr Körper ein Tempel ist und dass ihre Lust eine Intelligenz in sich trägt. Weibliche Sexualität verdient weder Schuld noch Scham. Sie sollte nicht das Instrument sein, mit dem eine Frau Kontrolle und Macht sichern oder verteidigen muss.

All das, was das Mädchen über sich, ihren Körper, ihre Lust und ihren Wert zu glauben beginnt, ist nicht aus dem Nichts entstanden. Es hat einen Ursprung. Einen Ort, an dem sie sich zum ersten Mal gespürt, gespiegelt und zugehörig gefühlt hat – oder eben nicht: ihr Vater. In seiner Nähe, seiner Reaktion, seiner Haltung beginnt die erste Liebesgeschichte ihres Lebens. Nicht im romantischen, sondern im prägenden Sinn. Denn durch ihn lernt sie, was männlich ist. Wie sich das andere anfühlt. Wie es sich anfühlt, gesehen zu werden. Und wie es sich anfühlt, übersehen zu werden. Und was es braucht, um vom anderen geliebt zu werden.

Mit dem Vater als erstes Gegenüber entsteht für das Mädchen eine Beziehung, in der sich das kindliche Selbst erstmals in einer Dimension zum anderen Pol erlebt. Der Vater repräsentiert das Konstante, das Beschützende, das Begrenzende. Auch wenn er emotional oft wenig präsent ist, wird gerade diese Abwesenheit zum prägenden Echo im Inneren. Das Mädchen sucht Bestätigung in seinem Blick, Orientierung in seiner Reaktion, Schutz in seiner Präsenz. Was sie dort erhält oder vermisst, wird zur inneren Geschichte über Liebe, Wert und Weiblichkeit.[9]

Es ist nicht entscheidend, ob der Vater liebevoll oder hart war, aufmerksam oder abwesend, warm oder fordernd. Entscheidend ist: Wie reagierte er auf sie? Auf ihre Wildheit, ihre Fragen, ihre Art, sich zu zeigen? Reagierte er mit Interesse oder Überforderung, mit Stolz oder Beschämung, mit Verschmelzung oder Ignoranz? Was auch immer dort geschah – das Mädchen musste sich anpassen. Denn der Wunsch nach der Liebe des Vaters ist nicht verhandelbar. Sie musste werden, was sie glaubte, sein zu müssen, um diese Liebe zu bekommen. So beginnt sich ihr Ego zu formen: als Strategie, um Wert und Anerkennung im Außen zu sichern. Je nachdem, ob sie die Liebe ihres Vaters bewusst oder unbewusst gewann oder verlor, entsteht auch hier eine tiefgreifende Prägung – vier Ego-Identitäten innerer Dynamik, analog zu den männlichen Egos.

DIE PRINZESSIN

Hat ein Mädchen die Liebe ihres Vaters bewusst gewonnen, etwa durch Anpassung an seine Ideale, durch braven Gehorsam und vorzeigbare Lieblichkeit, entsteht die Prinzessin. Sie spürt früh, dass sie für ihn etwas Besonderes ist – aber nur, solange sie sich entsprechend verhält. Sie weiß, wie sie elegant Räume vereinnahmt, wie sie Aufmerksamkeit auf sich zieht, wie sie Menschen für sich gewinnt. Ihre feminine Ausstrahlung, ihr Stil, ihr Charme – all das ist Ausdruck einer feinen, oft künstlerischen Seele.

Die Prinzessin ist nicht oberflächlich – sie hat Tiefe, wenn sie sich traut. Doch unter ihrem Glanz liegt ein Preis: die permanente Angst, den Ansprüchen nicht mehr zu genügen. Denn die Liebe, die sie bekam, war an Bedingungen geknüpft: Leistung, Perfektion, Erscheinung. Sie darf keine Fehler machen, keine Schwäche zeigen, keine Kontrolle verlieren. Ihre Ausstrahlung wird zur Rüstung, ihr Stil zur Tarnung. Sie lebt mit der Erwartung, Liebe verdient zu haben. Und sie lebt mit der Angst, dass ihre Anstrengungen dafür nicht reichen könnten.

Ihre größte Prägung ist die Wut – darüber, was sie alles nicht sein durfte, um die Liebe zu bewahren. Diese Anstrengung hat ihren Preis, denn der Druck des »Gefallenmüssens« bedingt, dass viele ihrer Eigenschaften geblockt wurden, sie viele Impulse nicht über ihre Grenze in die Welt geben konnte. Jedes Grenzthema ist ein Wut-Thema und diese Wut spürt sie, wenn ihr die Liebe entzogen wird oder sie befürchtet, für ihre Anstrengungen doch nicht geliebt zu werden.

DIE NETTE

Hat ein Mädchen die Liebe ihres Vaters bewusst verloren – etwa weil er auf ihre Emotionalität mit Rückzug, Kühle oder Abwertung reagierte – bleibt ein tiefes Gefühl von *»So wie ich bin, bin ich nicht okay«*. Ihre Strategie, um dennoch geliebt zu werden: Anpassung. Sie wird brav, leise, freundlich – vom netten Mädchen bis zur hilflosen Frau. Sie achtet auf jedes Detail, um Harmonie zu wahren. Sie ist umsichtig, liebevoll, pflegt Freundschaften, übernimmt Verantwortung.

Ihre Stärke liegt in ihrer Sensibilität, ihrer sozialen Intelligenz, ihrer Loyalität. Sie ist oft diejenige, die andere versteht, für sie da ist, das Unsichtbare sieht. Doch in dieser Sanftheit liegt auch ihr Schmerz: Sie ist sanft, weil sie Angst vor Ablehnung hat. Sie ist umsichtig, weil sie vermeiden will, zur Last zu fallen. Sie sagt Ja, obwohl sie Nein fühlt. Sie ist verfügbar, obwohl sie selbst nichts bekommt. Und je mehr sie liebt, desto mehr vergisst sie sich selbst. Sie wird zum Spiegel für die Bedürfnisse anderer – und verliert dabei ihre eigene Stimme. Hinter ihrem Lächeln liegt die Angst, zu viel zu sein. Ihre Hilfsbereitschaft ist oft ein Schutz vor Zurückweisung. Konflikte machen ihr Angst, Nähe und Distanz sind riskant. Wenn sie wirklich sie selbst wäre – wer würde dann bleiben?

DIE VERFÜHRERIN

Hat ein Mädchen die Liebe unbewusst gewonnen – etwa, weil sie lernen musste, mit Charme, Nähe oder Emotionalität die rare Aufmerksamkeit und Anerkennung ihres Vaters zu ergattern – dann wird sie zur Verführerin. Dieses Mädchen hat früh gelernt, Wirkung zu entfalten. Sie ist charismatisch, anziehend, oft sinnlich – nicht, weil sie das absichtlich tut, sondern weil sie gelernt hat: Nähe gibt es, wenn ich das Gegenüber verzaubere. Ihre größte Fähigkeit ist die Verbindung – sie hat eine subtile Wahrnehmung, liest Stimmungen, kann sich einfühlen, verführen, mit Spannung spielen. Sie liebt es, wahrgenommen zu werden – doch Nähe ist für sie nie ganz sicher. Deshalb ist sie oft gleichzeitig verführerisch und unnahbar. Sie spielt mit Kontakt, weil sie tiefe Intimität fürchtet.

Ihre Stärke ist das Spiel – doch hinter der Inszenierung lebt die Angst, nicht genug zu sein, die Sorge um das Verlassenwerden. Der Standard, den sie unbewusst verinnerlicht hat, ist, dass die Liebe nicht da ist und deshalb immer wieder gewonnen werden muss. Sie lebt zwischen der Sehnsucht nach und Flucht vor Beständigkeit. Wenn sie nicht mehr spielen muss, sondern sich zeigen darf, wird sie zu einer Frau mit tiefem magnetischem Feld. Dann lädt sie nicht ein, um bestätigt zu werden – sondern um wirklich zu verbinden. Doch solange sie verführt, um nicht verlassen zu werden, lebt sie im ständigen Tanz zwischen Kontrolle und Angst. Sie gibt viel – behält sich aber selbst zurück.

DIE REBELLIN

Hat ein Mädchen die Liebe unbewusst verloren – durch die ambivalente Mischung aus Annahme und Ablehnung, Verbindung und Desinteresse, das Gefühl, als Junge gewünscht gewesen zu sein, und vieles mehr – dann entsteht in ihr eine Wunde, die sie mit Stärke schützt. Sie wird zur Rebellin. Sie lehnt sich auf, stellt sich quer, glaubt nicht mehr an Verlässlichkeit. Sie hat genug erlebt, um zu wissen: Sich zu öffnen, macht verletzlich. Ihre Schutzstrategie ist Kontrolle, denn ohne sie erlebt sie ihre tief sitzende Wunde: die Trauer. Ihre Stärke ist Klarheit, Direktheit, Unabhängigkeit. Sie ist oft scharf im Denken, präzise in ihren Worten, leidenschaftlich in ihren Überzeugungen und Prinzipien. Sie lässt sich nicht verbiegen – und sie wird nicht schweigen. Doch ihre Klarheit ist oft eine Antwort auf das Chaos, das sie erlebt hat.

Ihre Stärke ist ein Schild gegen die Angst, wieder übersehen oder abgelehnt zu werden. Sie braucht niemanden – und sehnt sich doch zutiefst nach Verbindung. Ihre Unabhängigkeit ist manchmal nur die Vermeidung von Enttäuschung. Wenn sie weich wird, wenn ihre Trauer Raum bekommt, wird aus der Rebellin eine Frau mit Haltung, Herz und Tiefe. Doch solange sie kämpft, verpasst sie, wofür sie eigentlich kämpft: angenommen zu werden, ohne sich als liebenswürdig beweisen zu müssen.

Diese Prägungen sind kein Makel, sondern Antworten auf eine Wirklichkeit, die Mädchen zu früh zu Frauen gemacht hat. Jede Ausprägung ist eine Strategie, Liebe zu sichern – in einer Welt aus Missverständnis, Kontrolle und Bewertung. Doch was einst Schutz war, wird zur Barriere. Das unbewusste Skript der Vaterbeziehung prägt die späteren Liebesgeschichten – nicht als Schuld, sondern als Wiederholung: um zu fühlen, zu erinnern und sich zu befreien.

Was das Feminine im Mann sucht – Bestätigung, Erlaubnis, Sicherheit –, kann eine Frau erst empfangen, wenn sie es in sich wiederfindet: wenn das Mädchen in ihr gesehen und gehalten wird, sie aufhört zu gefallen, zu fliehen oder zu kontrollieren und wieder glaubt, dass Lust, Wut und Tränen willkommen sind. Dann wird aus der Verführerin eine Liebhaberin, aus der Prinzessin eine Königin, aus dem netten Mädchen eine Frau mit Rückgrat und aus der Rebellin eine Visionärin, die nicht mehr gegen Männer kämpft, sondern mit sich im Frieden ist.

DIE MASKEN DER FRAUEN

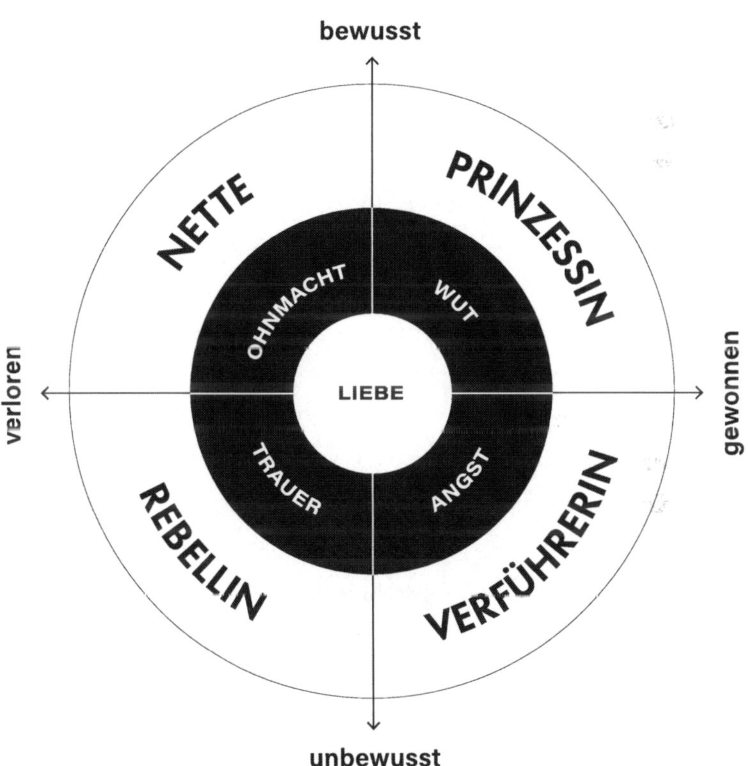

▶ DIE MASKEN BESSER VERSTEHEN

Ergänzende Materialien und vertiefende Modelle auf unserer Website als Download: **www.reinundraus.com/match**

JUNGS UND MÄDCHEN

Ob Junge oder Mädchen, ob angepasst oder überkompensiert: Was bleibt, ist ein kollektiver Schmerz – ähnlich entstanden, gleich in der Ausprägung der vier Ego-Masken. Wir alle tragen Wunden in uns, die aus den frühen Erfahrungen mit Liebe, Nähe und Distanz entstanden sind. Wir haben gelernt, Rollen zu spielen, Erwartungen zu erfüllen und unsere Wahrheit zu verstecken.

Mit unseren Rollen, Egos, Bindungswunden und einer aufkommenden Pubertät werden wir entlassen in die Dating-Welt. Jetzt treffen wir mit unseren jeweiligen Ängsten, Hoffnungen und Sehnsüchten auf das Gegenüber. Ohne Ausbildung, ohne Lehrbuch und ohne Lehrer gehen wir in den Spießrutenlauf der ersten Beziehungserfahrungen. Das sind die Jahre, in denen sich alles vermischt: der körperliche Umbau, die emotionale Überforderung und das unsichere Ich, das sich nach einem Du sehnt. Wir tasten uns blind und hungrig aneinander heran. Der Gruppenzwang kommt ganz automatisch dazu, sobald sich die ersten Pärchen in der Schule herumsprechen. Ein Spalt tut sich auf, den wir nicht zu navigieren wissen. Gerade eben waren wir noch Kind, haben uns für Spielen, Kreativität und Fantasie interessiert, und plötzlich wird der Fokus auf die romantische Liebe gelenkt. Nun folgt die Überforderung, jetzt auch in diesem Bereich erfolgreich funktionieren zu müssen.

Wir erleben den Schmerz von Annahme und Ablehnung, den Rausch der Bestätigung und die Leere danach. Wir erleben, wie zerbrechlich Nähe sein kann und wie tief die Zurückweisung schneidet. Die vertrauten Muster unserer Kindheit zeigen sich in ganz neuen Kleidern: in Annäherungen, in Abweisungen, in den Fragen, wer zuerst schreibt, wer mehr liebt und wer wichtiger ist. Es ist das alte Spiel im neuen Gewand. Auch unser Verhältnis und Vertrauen zu Freunden und Freundinnen ist durch das Wetteifern um Aufmerksamkeit und Zugehörigkeit in Gefahr. Damit wackelt ein weiterer

Boden, der uns vorher noch Sicherheit und Identität gegeben hat. Wir erleben zwangsläufig Eifersucht, Neid, das Gefühl, ungenügend zu sein, Verrat, Betrug und Vertrauensmissbrauch. Wir gehören zu einer Gruppe dazu und damit nicht zur anderen. Die einen sind Streber, die anderen die Punks. Nur die Wenigsten erleben diese Phase ohne Turbulenzen, ohne dass eine innere Unsicherheit getriggert und vertieft wird. Jetzt erleben wir unsere Wunden auch im sozialen Umfeld als Bedrohung.

Unser Selbstwert erhält einen heftigen Realitätsabgleich und wir fallen auf unsere Basis zurück. Auf die Prägungen, die wir noch nie reflektiert haben. Auf die Geschichten, die wir uns selbst erzählen. Auf die alten Muster von People Pleasing, Rückzug, Kontrolle – je nachdem, wie wir gelernt haben, mit Nähe, Schmerz, Angst und Scham umzugehen. Gesellschaft sagt uns durch die Blume: Jetzt geht es um was! Was genau das ist, ist undefiniert, aber im Rausch der Hormone ist es wohl die wichtigste Sache des Lebens. Für unsere DNA mag es um die Fortpflanzung gehen, für unsere Hormone um den Sex. Aber für uns? Für uns geht es um das Ich, unseren Wert und unsere Daseinsberechtigung in der Welt. Es geht um Annahme, Verbindung und Liebe.

Wie könnte es anders sein, als dass wir dieses ganze System namens »Ich« in eine Beziehung tragen – in der Hoffnung, für die goldene Seite unserer Prägung geliebt und niemals an den Schmerz ihrer Entstehung erinnert zu werden.

Wir treten hinaus in die Welt, als wären wir bereit. Bereit, zu lieben, bereit, geliebt zu werden, bereit für Nähe, Beziehung, Intimität. Doch was wir dabei meist nicht merken: Wir treten nicht als freie Menschen in die Begegnung mit dem anderen. Wir treten auf mit einem Drehbuch in der Hand – geschrieben von unserer Geschichte, unseren Verletzungen, unseren unerfüllten Bedürfnissen. Wir spielen unsere Rolle und hoffen, dass der andere die seine so spielt, dass es irgendwie passt. Und oft tut es das auch – zumindest eine Zeit lang. Denn wir wissen, wie man funktioniert. Wie man sich anpasst. Wie man flüchtet, wenn Nähe zu nah wird. Wie man lächelt, wenn es wehtut. Wie man Kontrolle übernimmt, wo einst Ohnmacht war. Wie man sich stark zeigt, obwohl man sich nach Weichheit sehnt. Oder schwach, obwohl man voller Kraft ist. Wir sind so geübt im Spiel der Liebe, dass wir das Eigentliche kaum noch spüren.

Doch Beziehung ist kein Spiel. Es ist ein Spiegel. Und dieser Spiegel beginnt irgendwann zu flackern. Dann zeigt er uns nicht mehr nur, was wir darstellen wollen, sondern was in uns noch ungeklärt ist. Genau da beginnt die eigentliche Geschichte. Nicht die, die wir gelernt haben zu erzählen. Sondern die, die sichtbar wird, wenn wir aufhören, uns selbst etwas vorzumachen.

5

DUO

»WHEN THE EGO RUNS THE SHOW,
INTIMACY BECOMES IMPOSSIBLE.«
— TERRY REAL

DU-O-MATISCH

Jeder Mensch, den du liebst, trägt das Echo der Vergangenheit in sich. Deine Eltern. Deren Eltern. Deren Eltern. Generation auf Generation – ineinandergestapelt wie Matroschkas. Geprägt vom selben patriarchalen Denken, denselben Mängeln, Bedürfnissen und Prägungen. Was wir als Liebe gelernt haben, war oft Anpassung, oft Überleben und selten Wahrheit. Wenn du als Kind regelmäßig korrigiert, kritisiert, alleingelassen oder mit Verantwortung überfrachtet wurdest, dann erscheint das auf den ersten Blick wie normale Erziehung. Doch im Zustand eines kindlichen Gehirns wird nichts bloß gehört – es wird geglaubt. Nicht als Meinung des Gegenübers, sondern als unumstößliche Wahrheit über das eigene Wesen. Was gesagt wird, wird zu dem, was ich bin. Aus *»Das darf man nicht«* wird *»Ich bin böse«*. Aus *»Du kannst das besser«* wird *»Ich bin nicht gut genug«*. Die Sätze anderer werden zu den Sätzen in uns.

Daraus bauen wir schließlich das Gefängnis unserer Ego-Identität: die Geschichte, die wir über uns selbst erzählen – und so lange wiederholen, bis wir sie für wahr halten. Wir glauben, so zu sein, wie uns jemand einst gesehen hat – durch die Augen der Kritik, durch den Filter der Angst oder der Erwartungen. Aus diesen inneren Bildern entwickeln wir nicht nur unsere eigenen Limitierungen, sondern auch unsere Ansichten über andere. Wir werden misstrauisch, beschuldigen und interpretieren das Verhalten unserer Partner durch die Brille vergangener Schmerzen. Wir externalisieren das, was in uns selbst unbearbeitet geblieben ist.

So tragen wir eine grundlegende Angst in uns, weil wir nie ganz so sein durften, wie wir eigentlich waren. Stattdessen haben wir gelernt, was man aus uns machen wollte. Unsere Energie bleibt stecken – in alten Geschichten, alten Rollen, alten Sätzen. Solange wir diese Geschichten nicht erkennen, projizieren wir sie weiter in unsere Beziehungen. Dann werden wir Opfer, klagen an, machen den anderen verantwortlich für unser inneres Wetter. Wir halten an Groll fest, an Enttäuschung und an der Vorstellung, dass jemand im Außen etwas tun müsste, damit wir endlich Frieden finden. Dass Liebe sich dadurch beweisen müsse, dass der andere uns »richtig« behandelt. Doch kein Verhalten kann heilen, was in uns selbst nicht gesehen, nicht gefühlt und nicht angenommen wurde. Hinter jeder Verteidigung und jeder Anklage, hinter jeder emotionalen Eskalation steht am Ende ein einziger, stiller Hilferuf: *»Sieh mich. Liebe mich. Halte mich.«*

Diese Sätze sind der Kern in jedem Konflikt, auch wenn er sich als Angriff oder Rückzug verkleidet. Paradoxerweise machen wir durch unsere Reaktionen oft genau das Gegenteil von dem, was wir uns eigentlich wünschen. Wenn ich mich wertlos fühle, erschaffe ich Situationen, in denen ich mich wieder wertlos erleben kann. Wenn ich mich unsicher fühle, fordere ich Sicherheit so vehement ein, dass mein Gegenüber sich zurückzieht – und meine Unsicherheit bestätigt sich. Wenn ich Angst habe, verlassen zu werden, ziehe ich mich selbst zurück, bevor der andere es kann. So schaffe ich exakt das, was ich fürchte. Ich verwechsle Kontrolle mit Schutz. Ich agiere aus Angst, aber die Angst geht dadurch nie weg. Sie wird nur zum Drehbuch meines Beziehungslebens. Meine Beziehung zeigt mir täglich das, was schon lange in mir schlummert.[1]

All das wird in der Beziehung zum Kampf von zwei Egos. Zwei Masken, die sich Schmerz zufügen, obwohl sie einst als Selbstschutz gegen den Schmerz errichtet wurden. Sie sind unsere Überlebensgeschichte in der Verteidigungshaltung. Nicht unser wahres Wesen, sondern unser innerer Bodyguard. Er ist aufgestellt gegen Demütigung, Kontrollverlust und Liebesentzug. Das Ego ist nicht böse und es ist nicht schuld. Es will uns nur bewahren. Doch je lauter es wird, desto weiter entfernt es uns von echtem Kontakt zueinander. Das Ego will nicht lieben – es *will* Liebe. Es will überleben und muss sich deshalb immer wieder inszenieren. Es will die Kontrolle. Es stellt Regeln auf, wie die Liebe zu funktionieren hat. Doch die Liebe, die es einfordert, verliert es. Es zieht Mauern hoch, wo Verbindung entstehen will. Es streitet nicht um Wahrheit, sondern um Sicherheit – und sabotiert damit oft genug genau das, was Sicherheit schaffen würde.

Und so scheitern nicht nur wir, sondern mit uns Millionen andere. Unsere privaten Dramen fügen sich in ein kollektives Muster – ein kulturelles Scheitern an der Liebe. Und damit werden wir zu einer Statistik. Je nach Jahr werden in Deutschland etwa 35-40 % aller Ehen geschieden.[2] Diese Zahl beinhaltet nicht die Beziehungen, die sich davor trennen, und nicht den Anteil an Menschen, die in den verbleibenden Ehen in konstantem Streit und Schmerz leben oder still und heimlich vor sich hin leiden. Wären Beziehungen eine Fluggesellschaft, würdest du Zug fahren. Überall Abstürze, Turbulenzen und katastrophale Landungen. Man würde den Flugverkehr sofort einstellen, die Flugzeuge untersuchen, für die Piloten ein psychologisches Gutachten erstellen lassen und feststellen: Die haben ja gar keinen Pilotenschein!

POLARITÄTEN AUF CRASHKURS

Da sind zwei Menschen in ihrem eigenen Prozess, auf ihrem ganz eigenen Bewusstseinsstand, mit ihren Persönlichkeiten, Prägungen und Steinen im Rucksack des Lebens. Diese beiden treffen aufeinander und heben gemeinsam ab. Wie könnte es anders sein, als dass die wirkliche Erfahrung vom Fliegen in der Luft passiert, dort, wo die beiden im Cockpit aufeinandertreffen? Wo sie zu zweit jeweils einen Steuerknüppel in der Hand haben und beide als Fahrschüler um Gas und Bremse streiten? Dort oben gehen diese Menschen die Odyssee an und navigieren ihre Flugzeuge im Bauch.

Er hat gelernt, sich nicht zu viel zu zeigen. Gefühle waren gefährlich, also wurde er stark, kontrolliert und unberührbar. *Sie hat gelernt*, den anderen zu halten, statt sich halten zu lassen. Nähe war nie sicher – also kontrolliert sie, besänftigt oder zieht sich zurück, bevor sie wieder zu viel spürt. Die beiden begegnen sich und glauben, verliebt zu sein. In Wahrheit aber verlieben sich ihre Muster ineinander. Ihre Überlebensstrategien erkennen sich gegenseitig wieder, wie zwei Puzzleteile im falschen Bild.[3] Er sieht in ihr die nährende Kraft, die ihn weich machen könnte. Sie sieht in ihm die Stärke, die ihr Halt geben soll. Für einen Moment scheint es Magie zu sein – doch in Wahrheit geschieht etwas anderes: Einer wird zum Heilsbringer für das, was der andere in sich verloren hat.

Die Bühne ist bereit. Das Stück beginnt. Doch was als aufregender Start begann, gerät in die Flugbahn von geheimen Erwartungen, Hoffnungen und Verletzungen. Was jetzt folgt, ist keine Geschichte über romantische Liebe, sondern über die verdeckten Kräfte, die uns zueinanderführen und voneinander entfernen.

Verunsicherte Männlichkeit trifft auf kontrollierende Weiblichkeit. Oder künstliche Stärke trifft auf gewohnte Unterwerfung. Klingt nach einem Match, aber es ist nie genug. Warum? Weil beide weg von ihrem eigenen Zentrum im Gegenüber genau die Wirksamkeit suchen, die sie im Innern verloren haben. Es ist, als bräuchte der Bauplan, den ich in mir trage, die Stützsäule, die du mir bietest.

LASS UNS DIESE DYNAMIKEN NÄHER BETRACHTEN:

Erste Version: Die ängstlichen Männer brauchen das starke Feminine, um zu heilen. Sie brauchen die Kraft, den Zuspruch und das Lob, die sie bei ihren Müttern und Vätern vermisst haben. Die starke Frau trifft in diesem Fall wieder auf die schwache Männlichkeit, die sie nicht selten in ihrem Vater erlebt hat.

Sie erhält einen Jungen, um den sie sich kümmern kann – einen Partner, der mehr Sohn als Mann ist. Sie bekocht, organisiert, motiviert und hält zusammen, was auseinanderzufallen droht. Er lehnt sich an, lässt sich tragen, lässt sich retten. Für sie ist das zunächst vertraut und sogar erfüllend, weil sie die Rolle kennt: diejenige, die alles im Griff hat, die stark ist, die gebraucht wird. Für ihn fühlt es sich an wie Erlösung – endlich eine Frau, die nicht nur Partnerin, sondern auch Mutterersatz ist. Ihre Energie will noch immer nur das eine: den Mann sichern, damit das Feminine sicher ist. Er bekommt die Grenze, an der er Sicherheit und Kontur findet. Sie erhält den Mann, der nicht gefährlich wird – den sie besitzen kann.

Das Problem entsteht, wenn im Verlauf der Beziehung der feminine und maskuline Pol langsam kippen. Sie kommt auf Dauer in ihre Unsicherheit, denn der ängstliche Mann, den sie kontrollieren kann, ist nicht die starke Männlichkeit, die sich das Mädchen in ihr wirklich wünscht. Ihre Angst kommt tief aus dem Untergrund zurück und sie wünscht sich gleichzeitig, was sie nicht ertragen kann: einen sicheren, unabhängigen Mann, der weiß, was er will. Er kommt auch mit der Zeit in seine Verschmelzung, denn die starke Frau, die ihn beschützt und bemuttert, wird so mächtig, dass er den Schmerz seiner eigenen Unwirksamkeit zu spüren bekommt.

Bedient werden ist komfortabel, doch jede Herausforderung erinnert ihn daran, dass er selbst es ist, der wachsen muss.

Bei beiden sind Schatten geweckt. Was jetzt in die Heilung gebracht werden könnte, spielt sich aber in Konflikten aus, die keiner von beiden wirklich versteht. Zu Beginn hat doch alles so gut gepasst, was ist denn auf dem Weg passiert?

Version zwei: Die kompensierend starken Männer finden ihr Objekt der Begierde in schwachen Frauen. Ihre Männlichkeit ist gestellt, deshalb wären sie in Gefahr, wenn wirklich starke Frauen ihnen diesen Spiegel vorhalten würden. Sie lieben daher die hübsch angepassten Frauen, denn durch deren Unterwerfung ist ihnen der erhabene Platz in der Hierarchie der Macht automatisch sicher. Auch die Frau findet dadurch zunächst ihren Platz in der Sicherheit, die sie sich durch seine Dominanz – wenn auch künstlich – sehnlich erhofft. Der Junge im Mann wird zum Vater und erhält eine Tochter in der Frau. Beide fühlen sich wohl in dieser Konstellation, denn sie rekonstruieren eine erzwungene Familienwelt, wie sie im Patriarchat zu funktionieren hat.

Doch in dieser Scheinwelt liegt bereits der Keim des Scheiterns. Er lebt von ihrer Schwäche, sie von seiner gespielten Stärke. Er braucht sie klein, damit er groß sein kann. Sie braucht ihn überhöht, damit sie Halt findet. Für beide ist es ein Handel, kein Gleichgewicht. Sie erträgt seine Härte, weil sie ihr Schutz verspricht – und übersieht, dass darunter Leere steckt. Er genießt ihre Anpassung, weil sie ihn überhöht – und ignoriert, dass er ohne diesen Spiegel selbst unsicher ist. Anfangs fühlt es sich an wie Ordnung: klare Rollen, klare Macht. Doch bald beginnt das Bild zu bröckeln. Beide gestalten die Beziehung aus dem unbewussten Schatten. Beide sind konform mit einer Struktur, die nicht aus der eigenen Integrität und Energie gelebt wird, sondern ein Schauspiel darstellt, das nur so lange funktioniert, wie sie in ihren angepassten Positionen bleiben.

Auf der einen Seite spürt sie intuitiv, dass seine vorgegebene Stärke auf Unsicherheit basiert, die sie selbst unsicher macht. Er weiß, dass er sich nur so lange sicher fühlt, wie er sie unter seiner labilen Kontrolle hat. Bewegt sich etwas in diesem Konstrukt – spürt sie beispielsweise eine Anziehung zu einem anderen Mann – stürzt das gesamte Gebäude ein. Er kommt in die Eifersucht, sie erlebt ein ungewohntes Freiheitsgefühl. Denn was sie beide im Untergrund längst vermutet haben, zeigt sich jetzt deutlich an der Oberfläche: Seine Stärke war nur die Reaktion auf seine Angst, nicht gut genug zu sein. Ihre Bindung war gebaut auf gewohnter Unterwerfung. Wo ihre Unterwerfung endet, endet seine Macht und damit kommen beide verletzten Kerne zum Vorschein.

VOM MUSTER ZUM SPIEGEL

Genau dann, wenn die unangenehmen Wahrheiten langsam durchsickern und wenn die alten Rollen bröckeln, gerät das Schauspiel ins Wanken. Ein neues Spiel beginnt: Aus dem Duo wird das du-o-matische Beziehungstheater.

Was einst zwei Menschen waren, wird zu einem sich gegenseitig aktivierenden System. Und was da aktiviert wird, sind erneut die Überlebensmuster, die wir als Schutz vor dem Kontrollverlust gelernt haben. Diese Muster bäumen sich auf, um nie mehr das zu erleben, was sie einst als so überwältigend und schmerzhaft erlebt haben. Die Verteidigung läuft automatisch an. Sie ist reaktiv und vorwurfsvoll. Die andere Person wird nicht mehr als eigenständiger Menschen gesehen, sondern als Auslöser erkannt, gegen den sich gewehrt werden muss. Das Gegenüber wird zum Feindbild und zum Spiegel, den man lieber zerschlagen möchte, als hinzusehen.

Der Spiegel meines Partners wird zur Schuldprojektion statt zur Selbsterkenntnis: »*Du machst mich traurig. Du bringst mich zur Weißglut. Du bist so kalt. Du bist schuld. Du hörst nie zu. Du machst alles kaputt. Du, Du, DU!*«

Was eigentlich in mir liegt, was aus meiner Prägung stammt, wird jetzt dem Gegenüber zugeschrieben. Ich reagiere nicht mehr auf dich – ich reagiere auf meine Vergangenheit, gespiegelt in dir. Das ist unsere gewöhnliche Reaktion. Wir sprechen nicht mehr miteinander. Wir spiegeln einander nur noch unsere Wunden. Wogegen wir kämpfen, sind wir selbst, getäuscht durch die Illusion, das Spiegelbild wäre ein anderer Mensch. Wir wollen den Spiegel zerstören und vergessen, dass dahinter bereits ein weiterer Spiegel auf uns wartet. Niemand kann die Person im Spiegel verlassen. Unsere Schatten kommen durch die Reflexion anderer immer wieder ans Licht und das ist der Moment, an dem wir die Wahl haben: Gehen wir zurück in unbewusste Verteidigungsmuster, halten den Schmerz klein und flüchten in die Vermeidung? Oder sehen wir tief in den Spiegel und damit nicht in das Gegenüber, sondern zunächst tief in uns selbst?

In uns fühlt es sich an, als würden wir ständig auf das reagieren, was andere tun. Personen kommen nah an unsere Grenzen, immer näher an unsere Identität und damit zwangsläufig an die verletzte Liebe, die in uns lebt. Je näher der andere an uns ist, desto intimer wird die Ebene, auf der wir uns spiegeln. Worte werden bedeutungsschwer, Missverständnisse wühlen Altes in uns auf, Verhaltensweisen berühren die Wunden unserer Liebe. Das alles scheint etwas zu sein, worauf wir reagieren *müssen*. Die Themen werden dringlich und durch ihre Wiederholung werden sie immer gefährlicher.

In Wirklichkeit passiert nur das: Ein anderer Mensch hat etwas gesagt oder getan. Punkt. Hätte diese Sache keine Bedeutung in uns, gäbe es keinen Anlass, darauf mit Wut, Trauer oder Angst zu reagieren. Stell dir vor, dass das, was dich als Aussage im Konflikt so triggert, von einer fremden Person in einer dir unbekannten Fremdsprache gesagt würde. Woran würdest du dich festbeißen, wenn dein Verstand keine Bedeutung für dich produzieren kann?

Wo findet diese Bedeutung statt? Genau, in deiner Interpretation und in dem, was dein System aus einem bekannten Muster aktiviert.[4]

Andere sehen dich durch die Linse ihrer Wahrnehmung, aus ihrer eigenen Selbstwahrnehmung, aus ihrer Bewertung und aus ihren Wunden. Was sie tun oder sagen, ist ihr Eigenes, etwas über sie selbst, von ihnen selbst. Aus ihrem eigenen Automatismus beschuldigen sie, versuchen zu kontrollieren, zu verletzen und zu dominieren. Das alles sind die Geister ihrer eigenen Vergangenheit, ihre eigene Notwendigkeit zu Angriff oder Verteidigung. Was in dir darauf reagiert, ist das, was bereits in dir lebendig war. Wenn durch die Aktionen und Reaktionen anderer Wut in dir ausgelöst wird, ist es in erster Linie deine Wut. Ein schmaler Grat, denn: Wut ist gesund und gerechtfertigt, wenn sie deine Grenzen, Werte und Gefühle verteidigt, weil du unberechtigt angegriffen wirst. Sie ist jedoch schlecht, wenn sie auf die Grenzen, Werte und Gefühle anderer einwirken muss, weil deren Freiheiten ein Gefühl des Angegriffenseins in dir auslösen. Wenn das der Fall ist, liegt der Trigger und damit die Wut in dir. Wir können aus einer Zitrone keinen Apfelsaft pressen. Was aus dir fließt, ist das, was bereits in dir war.

Jemand bewertet deine Entscheidung als unklug. Würdest du reagieren, wenn du tief im Inneren wüsstest, dass du intelligent bist? Jemand droht mit Strafe. Würde dich das triggern, wenn du absolut sicher in dir ruhst? Jemand droht, dich zu verlassen. Würde dich das triggern, wenn du mit dir selbst absolut verbunden bist? Du könntest jeden dieser Trigger mit Wut verteidigen und ewig damit beschäftigt sein, die Resonanz in dir nicht fühlen zu müssen. Es ist das Ziel jeder Schattenarbeit, dir gewahr zu werden, dass Trigger auch deshalb Emotionen in dir auslösen, weil sie tiefe Glaubenssätze über dich berühren. Weil ein Teil in dir glaubt, unklug, unsicher oder unverbunden zu sein. Du kannst aus jeder Beziehung fliehen, aber nie vor dir selbst.

Alle scheinbar wirkungsvollen Reaktionen auf einen Trigger kann unser Ego fälschlicherweise als Gewinn interpretieren. Da ist dieser kurze Moment von Kontrolle und die scheinbare Überlegenheit über den alten Schmerz. Doch dieser *»Sieg«* ist hohl. Er bestätigt nur, was ich insgeheim sowieso schon glaube: Dass es da etwas gibt, das beschützt werden muss. Und diese eine Reaktion – die altbekannte Schleife – hält den Schmerz am Leben. Der Schmerz wird nicht erlöst, sondern in Bewegung gehalten. Alles, was es eigentlich bräuchte, wäre die Fähigkeit, für einen Moment nicht zu reagieren. Da bleiben. Mich halten. Den Sturm im Innern spüren, ohne zu handeln. Die alte Reaktion nicht mehr zu füttern und ihr dadurch die Macht zu entziehen.

ZWEI EGOS, EIN DUO

Da sind wir beide also in Beziehung. Zwei Egos und zwei Nervensysteme. Zwei Menschen, die sich gegenseitig nicht nur wählen, sondern in Wahrheit einander finden – über ein unsichtbares Band von Prägung, Hoffnung und Mangel. Wir träumen davon, dass dieses Gegenüber uns ganz macht. Dass diese Liebe uns endlich die Sicherheit schenkt, nach der wir uns gesehnt haben. Dass die Liebe bleibt, wenn wir uns zeigen. Dass die Liebe uns hält, wenn wir fallen. Das denken wir nicht bewusst, aber auf der unbewussten Ebene geht es weiterhin um den Ausgleich aller Unsicherheiten, um die Vermeidung der tiefsten Angst. All das, glauben wir, gehört zur Liebe dazu.

Was folgt, ist das große Hollywooddrehbuch aus Romantik, Herzschmerz und Heuchelei. Eine Liebe, die fast immer Bedingungen stellt: Du musst besonders sein, damit du gewählt wirst. Du musst dich anstrengen, um geliebt zu werden. Du darfst nicht zu viel sein. Nicht zu bedürftig, nicht zu fordernd, nicht zu verletzlich. Liebe ist in diesem Narrativ etwas, das man sich verdient, erarbeitet, erkämpft – nicht etwas, das man ist oder einfach gibt.

Erinnere dich an die Filme deiner Kindheit. Die Geschichten, die du unbewusst eingesogen hast wie Luft. Sie erzählen selten von reifer Liebe. Viel öfter zeigen sie das Drama: das Hin und Her, das Spiel aus Anziehung und Rückzug, aus Missverständnis und Versöhnung. Es ist keine Liebe in Freiheit, sondern eine Liebe in Reaktion. Nähe wird zu einem Kampfplatz, auf dem beide versuchen, Kontrolle über das zu behalten, was eigentlich wild, zart und unkontrollierbar ist: das Bedürfnis, gesehen, gehalten, gehört und geliebt zu werden.

In diesen Dynamiken erleben wir das Wechselspiel zwischen Anpassung und Zurückweisung, Scham und Angst, Kontrolle und Hingabe, Eifersucht und Vertrauen. Was wir uns von der romantischen Liebe erhoffen, wird zunehmend ein Arrangement von Erwartungen. Eine geheime Hoffnung, die eigenen Stärken des Egos leben zu können – und niemals an den Schmerz darunter geführt zu werden.

Romantik – das ist oft nichts weiter als ein stillschweigendes Abkommen, in einer Form zusammen zu sein, die als »normal und gesund« gilt. Und so entsteht das gewöhnliche Paar. Zwei Menschen, die ihre Rollen besetzen, ohne es zu bemerken. Ihre Prägungen sind längst in das Fundament der Beziehung eingegossen. Auf diesem Fundament wird ein Alltag gebaut, der nur oberflächlich stabil ist. Von außen betrachtet funktioniert dieses Schauspiel immer: Du tust dies für mich, ich tue das für dich und beide fühlen sich wohl und unaufgeregt. Das Zusammenleben wird rational logisch organisiert. Man spricht nicht über Prägungen, sondern über den Einkauf. Man schaut gemeinsam Serien, statt sich gegenseitig anzuschauen. Man schweigt in Momenten, in denen etwas gesagt werden müsste, und streitet über Dinge, die nicht das Problem sind. Es gibt Sex, aber immer weniger. Es gibt Phasen der Nähe, die meist nur Wiederholungen früherer Dynamiken sind: Bindung aus Bedürftigkeit, Distanz aus Angst, Kontrolle aus innerer Unsicherheit.

Und manchmal, ganz unerwartet, bricht es hervor. Ein scheinbar harmloser Kommentar wird zur Explosion. Ein Blick genügt und jahrzehntelang angesammelter Schmerz reißt dem Ego die Maske vom Gesicht. Dann folgen Drama, Verletzung, Rückzug. Vielleicht Tränen, vielleicht kalter Krieg. Und jeder denkt: »*So habe ich mir das aber nicht vorgestellt.*« Es bleibt ein Schock im System, der irgendwann zum ersten Mal die gepflegte Realität verbogen hat. Welche unbewusste Seite sich da wie ein Dämon aus der Hölle gezeigt hat, welche Kräfte aus dem Schatten mobilisiert wurden – so hatten wir uns selbst noch nie erlebt. Was war mit mir los? Was war mit dir los? Auf der oberflächlichen Idee der Romantik wäre es leicht, zu vermuten: Vielleicht *passen* wir doch nicht so gut zusammen. Auf der tieferen Ebene passen wir genau, weil etwas viel Tieferes zum Vorschein kommt.

6

WUNDE

»THE WOUND IS THE PLACE
WHERE THE LIGHT ENTERS YOU.«
— RUMI

VERLASSEN UND VERSCHMOLZEN

Streit, Rückzug und Eifersucht sind selten nur Reaktionen auf das Jetzt. Sie sind das Echo vergangener Erfahrungen, die in der Gegenwart wieder laut werden. In ihnen meldet sich das Kind in uns – mit der Hoffnung, dass es diesmal anders wird. Dass Liebe, Sicherheit und das Gesehen-Werden doch noch zu uns finden.

Wir finden unsere Partner wie ein Puzzleteil, das uns ergänzt. Doch Ergänzung bedeutet auch Widerspruch. Wie zwei Hälften eines Magneten zieht uns die Andersartigkeit an und stößt uns zugleich ab. Je näher wir uns kommen, desto stärker wirken beide Kräfte. Die Anziehung schenkt uns das Gefühl von Ganzheit, der Widerstand erinnert uns daran, wo wir noch unvollständig sind. In dieser Spannung zwischen Sehnsucht und Abwehr beginnt die eigentliche Beziehung – nicht zwischen zwei perfekten Hälften, sondern zwischen zwei unvollkommenen Ganzen, die einander an ihre verlorenen Teile erinnern.[1]

Die extrovertierte Art unseres Partners, die uns anfangs elektrisiert hat, kann zum Dauerstress werden, weil sie uns ständig aus der Komfortzone zerrt. Die konservative Ruhe unseres Partners, die uns Stabilität gibt, lässt uns irgendwann in Langeweile erstarren. Eine Eigenschaft, die einst charmant war, führt plötzlich zu genervtem Augenrollen. Erst nervt sie nur, dann geht sie an die Substanz. Eine schlummernde Erwartung tritt an die Oberfläche und zeigt sich als Frust oder Enttäuschung. Von Anfang an tragen wir Hoffnungen in uns: dass der andere anders genug ist, um uns lebendig zu machen, und ähnlich genug, um uns zu verstehen. Was zu Beginn ein ausgleichendes Gegengewicht war, wird mit der Zeit zum Stresstest unserer Persönlichkeit. Aus Liebe wird ein Spannungsfeld: zwischen dem Wunsch nach Nähe und der Angst vor Verlust, zwischen dem Bedürfnis nach Verschmelzung und dem Drang zu fliehen.

Anfangs erfüllen wir die Bedürfnisse des Partners bereitwillig, mögen seine Andersartigkeit und sehen über Irritationen hinweg. Doch irgendwann kippt die Balance. Dann kommt der Tag des Ausgleichs: *»Jetzt erfüllst du mal meine Bedürfnisse!«* oder *»Jetzt lass mich wieder ich sein!«* – und an dieser Stelle beginnt das Verheddern. Je gewohnter die Beziehung wird, desto lauter melden sich Erwartungen in uns. Es ist, als ob das verletzte Kind sagt: *»Jetzt ist der Moment. Ich habe genug funktioniert, genug gegeben und genug ausgeharrt. Jetzt bekomme ich auch mal, was ich so lange vermisse.«*

Auf unserer gemeinsamen Reise erleben wir uns und unsere Partner an den Eckpfeilern unserer persönlichen Grenzen. Diese Grenzen umranden die Landkarte unserer Welt: unsere Persönlichkeit, Gefühle, Emotionen, Glaubenswelten, Überzeugungen, unsere Identität. Diese Grenzen treffen auf die des Gegenübers. Hier, wo unsere Welten sich überlappen, entsteht der Reiz. Jemand erhält – bewusst oder unbewusst – Zugang zu unserem Inneren. Handlungen oder Worte sind nun nicht mehr außerhalb von uns, sondern wirken in uns.

Es gibt Stellen an unseren Grenzen, die durch unsere Erfahrungen dünn, vorgeformt oder verletzlicher sind. Dort ist es, wo die ersten Reibungen tiefer gehen. Zunächst denkst du dir vielleicht: *»Mich nervt einfach nur, dass mein Partner immer zu spät kommt – was soll das mit meiner Kindheit zu tun haben?«* Schau nur tief genug in deine Geschichte und fast immer findet sich eine Prägung, beispielsweise durch den Elternteil, der zeitliche Versprechen nicht einhalten konnte, uns öfter versetzt oder sogar unseren Geburtstag vergessen hat. Vielleicht sagst du *»Eifersucht ist doch normal, wenn man sich liebt«*, doch tief genug geschaut, wohnt da eine Erinnerung in dir, als ein Geschwisterchen mehr Aufmerksamkeit als du erhalten hat. Diese Stellen werden zu einem entzündeten Punkt, an dem wir wesentlich verletzlicher sind als eigentlich nötig. Sie machen, dass auch Kleinigkeiten viel größere Verletzungen unserer Geschichte berühren können.

DIE ZWEI WUNDEN

Wenn wir tief genug gehen, zeigen sich zwei grundlegende Wunden, die wie Urkräfte unter fast jeder starken emotionalen Reaktion liegen. Sie sind nicht zufällig, sondern strukturell und eingeprägt durch unsere Bindungserfahrungen. Es sind die beiden Pole: die Angst, verlassen zu werden, und die Angst, uns selbst zu verlieren. Zwei Spannungen, die in jeder Beziehung mitspielen, oft unbewusst, aber mit enormer Wirkung. Zwei Bedürfnisse, die gleichzeitig schreien – nach Sicherheit und nach Freiheit.

Eine unserer essenziellsten Wunden ist die Verlassenheitswunde: der Schmerz des Verbindungsverlustes. Mit der Nabelschnur beginnt die erste Trennung unseres Lebens und damit beginnt diese unweigerliche Wunde. Wir sind in unserem Ursprung vollkommen nackt, wehrlos und ausgeliefert. Dadurch sind wir abhängig und auf Verbindung, Zuneigung sowie Schutz angewiesen.

Die Verlassenheitswunde entsteht nicht allein durch die Tatsache, dass wir abhängig sind – sondern durch die Momente, in denen diese Abhängigkeit nicht beantwortet wurde. Wenn Mama nicht kam, als wir weinten. Wenn Papa nicht zurückschaute, als wir stolz seinen Blick suchten. Wenn niemand blieb, während die Angst oder Traurigkeit uns überrollte. Es sind oft keine dramatischen Erlebnisse, sondern die alltäglichen Lücken: ein Blick, der fehlt, eine Umarmung, die ausbleibt, eine Stimme, die uns nicht beruhigt.[2] Für das Nervensystem eines Kindes ist selbst die feinste Abwesenheit eine Bedrohung[3], die sich tiefer einprägt als Worte. So lernen wir früh: Verbindung ist fragil. Und mit ihr unser Gefühl von Sicherheit.

Was wir als größte Gefahr wahrnehmen, ist der Verlust der Verbindung zu dem, was uns überleben lässt. Unser gesamtes System reagiert auf diese Bedrohung. Alles in uns bäumt sich auf, um das grundlegendste aller Bedürfnisse zu stillen. Als Kind haben wir hierzu nur wenige Werkzeuge, wie beispielsweise Klammern, Anpassung oder das Suchen nach Aufmerksamkeit.

Gerade in dieser prägenden Zeit unseres Lebens stehen uns nur die primitivsten Werkzeuge zur Verfügung. Wir weinen um Nahrung, schreien um Berührung, quengeln um Aufmerksamkeit oder sind erstarrt mit uns allein. Egal wie ineffektiv die Werkzeuge heute sind, sie haben für uns funktioniert. Wir haben überlebt und wir haben sie als wirksam empfunden. Egal wie überflüssig diese Strategien heute sind, sie sind ein Teil unseres Werkzeugkastens und Verständnisses geworden, wie Überleben gelingt. Wir haben diese Werkzeuge lange trainiert und längst als unbewusste, automatische Reaktionen fest verinnerlicht.

Wann immer wir in einem Konflikt in emotionale Not kommen, antworten wir meistens nicht als Erwachsene, sondern auf genau der kindlichen Ebene, auf der wir die Lernerfahrungen gemacht haben.[4] Dein Partner wird zum ängstlichen Kind mit zittriger

Stimme, obwohl du nur einem Vorschlag widersprochen hast. Deine Partnerin wird eifersüchtig, obwohl du nur heute etwas länger arbeiten warst. Die kleinste Verunsicherung löst eine heftige Diskussion über Vertrauen aus. Wir vermuten böse Absichten, die wir gleich mit Angriff oder Abwehr bekämpfen wollen. Solange wir das nicht durchschauen, steuern uns diese alten Muster – egal, wie erwachsen wir wirken. Wir nutzen Kontrollverhalten als Schutz gegen den erneuten Bruch mit der Verbindung. Es gibt hunderttausend Formen von *»Wenn du mich verlässt, zerbreche ich!«* oder *»Trau dich bloß nicht, anderen hinterherzuschauen!«* Und mit diesem Skript ist der tiefe Glaube bestätigt: Etwas in uns ist davon überzeugt, dass ein äußerer Umstand – egal wie banal – unser Überleben gefährdet.

Die Verlassenheitswunde klafft in Form von Bedürftigkeit, Sucht nach Nähe, Angst vor Distanz und Kontrollverhalten. Wir leben in der Projektion von *»Ich bin, weil wir sind«* und bestätigen dadurch das Defizit, aus dem dieser Glaube entsteht: *»Ich bin nichts ohne dich …«* Die Verbindung um jeden Preis hat einen hohen Preis: die Selbstaufgabe. Das kann lange Zeit an der Oberfläche funktionieren. Für viele Paare funktioniert es, wenn sich beide gern in der Verschmelzung verlieren und das Gemeinsame lange über das Eigene stellen.

Doch jede gestillte Sehnsucht hat eine Kehrseite. Sobald die Angst vor Verlassenheit beruhigt scheint, meldet sich ihr Gegenpol: die Angst vor Verschmelzung. Denn wo Verbindung entsteht, wächst auch die Furcht, das Eigene darin zu verlieren. Menschen sind Wachstumsprozesse – ständig in Bewegung, körperlich, emotional und seelisch. Nie bleiben wir wirklich im Stillstand. So sehr wir die Einheit in der Verschmelzung genießen – nur wenige können oder wollen in diesem Zustand dauerhaft bleiben, ohne sich weiterzuentwickeln. Und genau hier tritt die zweite Wunde hervor: die Verschmelzungswunde.

Die Verschmelzungswunde ist der Schmerz und die Angst, nicht das Eigene zu leben. Wir können weder Wachstums- und Veränderungsprozesse anhalten noch die Zeit und auch nicht das Leben. Auch der schönste Zustand wird irgendwann zur langweiligen Gewohnheit. Unser Gehirn ist einerseits ein Schmerzvermeider, andererseits sind unsere Systeme für Lust und Aufmerksamkeit gemacht – für das, was anders und neu ist.

Die Verschmelzungswunde ist der Gegenspieler der Verlassenheit: die Angst, im anderen aufzugehen, mich selbst zu verlieren und kein eigenes Leben zu leben. Natürlich hat diese Wunde neben ihrer Natur weitere Ursprünge, die sie dringlich oder auch reaktiv im späteren Leben machen. Es sind gelernte Reaktionen auf Übergriffigkeit, emotionale Invasion und elterliche Vereinnahmung. Wenn wir eine Familie erlebt haben, die wie ein Helikopter jeden Schritt, jede Entscheidung und jede Lernerfahrung verfolgt, bewertet, geprüft und mitbestimmt hat, haben wir auch die Lernerfahrung verpasst, uns selbst als eigenmächtig zu bewähren. Uns fehlt damit eine Wahrnehmung von Selbstwirksamkeit und dem, was von diversen psychologischen Theorien als »Agency« bezeichnet wird – die Eigenmacht, mein Leben selbstbestimmt zu führen.[5]

Die Erfahrung ständiger Überwachung wird später zur Angst vor Vereinnahmung. Was damals wie Fürsorge wirkte, hinterließ eine Kerbe im Nervensystem: Nähe bedeutete Sicherheit, aber sie kostete Freiheit. Und genau diese Ambivalenz wird im Erwachsenenalter wieder spürbar – als Furcht, im anderen aufzugehen und sich selbst zu verlieren.

Von außen betrachtet bieten die Eltern dem Kind Sicherheit, Schutz und Führung. Als Kind erleben wir diese Fürsorge als Ambivalenz, wenn wir in den ersten Jahren unserer Entwicklung den grundlegenden Konflikt von Vertrauen und Misstrauen, Autonomie und Zweifel, Initiative und Schuld für die Entwicklung unserer Identität austragen müssen.[6] Als Kind müssen wir einen Sinn für

Eigenständigkeit in vielen Bereichen lernen. Wir müssen uns wirksam im Lösen von vielen Aufgaben erleben, die unser Gefühl von Willensstärke und Sinnhaftigkeit ausprägen. Und wir brauchen ein Gefühl von Selbstvertrauen, indem wir unsere eigenen Kompetenzen entwickeln. Erleben wir diese nicht oder nur ungenügend, entwickeln wir Scham, Schuld und Gefühle von Minderwertigkeit, die uns klein und unbedeutend machen. Wir reagieren auf der Grundlage dieser Gefühle mit Rückzug, emotionaler Distanz und innerer Abspaltung. Unsere Selbstwirksamkeit bleibt eine Sehnsucht, während wir im Außen gut in den vorgegebenen Bahnen funktionieren. Die Spaltung ist real und es bleibt eine Herausforderung, unser wahres Selbst zur Reife zu bringen.

Als Erwachsene erleben wir diese Spaltung als Bindungsangst, Rückzug bei Nähe, Unabhängigkeit als Schutz.[7] Ein alter Schutzwall, der in der Not entstanden ist, um weitere Übergriffe der Menschen um uns herum von uns fernzuhalten. Immer wieder droht ein Durchbruch an der verletzten Stelle dieser Grenze, die durch unsere lange Erfahrung geschwächt ist. Das ist auch der Grund, warum unser psychologisches Immunsystem besonderes Augenmerk auf diese Stelle legt: Sie ist da, gekerbt und eingeschliffen. Durch fortlaufende Erlebnisse in unserer Kindheit wurde diese Stelle dünn und durchlässig. Es gibt unzählige Formen von *»Wenn du mir zu nah kommst, verliere ich mich!«* – uns wird eng, wir verlieren das Gefühl für uns selbst und suchen Wege, die uns wieder eigenständig machen. Mit diesem System glauben wir, uns sicher zu sein, und etwas in uns ist davon überzeugt, dass zu viel Nähe Einschränkung und Verlust bedeutet. Selbst wenn sie zärtlich, liebevoll oder harmlos gemeint ist, wird die Verschmelzung zu einer Bedrohung für das Selbst: die Angst, dass das Eigene im Kontakt verloren geht. Auch hier reagiert das Nervensystem nicht auf die Realität, sondern auf eine alte Landkarte: Verbindung = Gefahr = Identitätsverlust.

Die Verschmelzung hat uns als Kind Schutz suggeriert, aber auf Kosten der Selbstwirksamkeit. Diese Erfahrung macht uns im späteren Leben ambivalent, denn wir wünschen uns gleichzeitig die Nähe, durch die wir fürchten, uns selbst zu verlieren. Wir sind hin und her gerissen zwischen Nähe und Distanz, versuchen, das richtige Maß zu finden, und pendeln zwischen den Polen von Sicherheit und Freiheit. Was anfangs wie perfekte Nähe wirkt, wird irgendwann zu eng. Der eine will vielleicht Neues entdecken, der andere bleibt lieber im Vertrauten. Und plötzlich ist da nicht mehr nur Nähe, sondern Reibung durch den Wunsch nach Raum und Freiheit. Damit bricht die Verschmelzungswunde auf. Ihre eigentliche Frage: Wie bleibe ich bei mir, während du bleibst?

PUSH UND PULL

Nun erleben zwei Menschen mit ihren ganz eigenen Ausprägungen den Kampf der Kräfte um die Balance. Jede Person hat ihr ganz eigenes System und ihre Fähigkeit, Nähe und Liebe zuzulassen und gleichzeitig das Eigene und die Identität zu bewahren.

Wir sehnen uns nach Nähe und plötzlich werden wir erdrückt. Wir suchen Freiheit und stolpern über unsere Angst vor dem Kontrollverlust. In uns schreit etwas: Komm her! Und gleichzeitig: Bleib weg! Wir klammern, wenn der andere geht, und ersticken, wenn er bleibt. Wir wollen gehalten werden – aber bitte nicht zu fest. Denn was uns anzieht, ist oft genau das, wovor wir fliehen. Und so tanzen wir zwischen den Polen von Verlassensein und Vereinnahmung und erkennen in der Dynamik von Push und Pull das Narrativ der romantischen Liebe. »Was sich liebt, das fetzt sich« könnte eine schlechte Übersetzung von dem sein, was eigentlich im Hintergrund passiert: Unbewusste Kräfte von Sicherheit und Freiheit kämpfen um das Ganze. Die Rollen wechseln. Die gesunde Mitte muss immer wieder gefunden werden. Sie ist nie für immer richtig und in Stein gemeißelt. Der ewige Kreislauf der Kommunikation entsteht oder bleibt stecken, weil eine Person sich nicht loslassen kann oder will. Doch bei jedem Zusammentreffen von zwei Menschen müssen wir Grenzen immer wieder verhandeln. Es ist eine Illusion, dass aus zwei Menschen irgendwann ein einziger Organismus wird, der alles gleich fühlt, dieselben Dinge will und ohne Reibung funktioniert.

Durch gesellschaftliche Narrative haben wir ein Skript verinnerlicht: Die perfekte Liebe ist konfliktfrei, dauerhaft und sicher.[8] Wir tragen die Idee in uns, dass es einen Zustand geben sollte, an dem für immer alles im richtigen Gleichschritt geht, und ab da Ruhe und Glück herrschen. Doch das wirkliche Leben kann uns da nur enttäuschen: Reibungen entstehen ganz natürlich, wenn zwei Lebewesen nach dem richtigen Weg für ihr gemeinsames Glück suchen. Die Balance, die viele Paare erleben, ist nur streckenweise stabil. Oft ist sie scheinbar stabil, weil eine der beiden Personen einen Teil ihrer Lebendigkeit und ihres Wachstums aufgibt. Nicht selten hält eine Person zugunsten des Friedens die Luft an, macht sich kleiner und verlernt nach und nach die Fähigkeit, ihre eigenen Wünsche, Impulse und Bedürfnisse zu sehen und zu erfüllen. Andererseits brauchen wir die Stabilität, denn jeden Tag von Neuem zu entscheiden, wie wir heute in der Beziehung sind, frisst Unmengen an Energie. Deshalb brauchen wir zumindest einen Status, der uns Ruhe und Sicherheit gibt.

Wenn wir uns nicht bewegen und nicht mit neuen Werkzeugen wieder ins Gespräch über unsere Beziehung finden, bleiben wir in Konflikten stecken. Dann erleben wir die durchschnittlichen Dynamiken von unbewussten Paaren, die an der Oberfläche über Nebensächlichkeiten streiten und in der Tiefe eigentlich mit Schatten ringen. Sie kämpfen um das Recht, leben Streite zwischen Dominanz und Anpassung aus und kontrollieren oder unterwerfen sich. Doch nie kommen sie tief genug, um über das zu sprechen, was sie an die Essenz bringt.

Es gibt einen Weg, der dieses Drama auflöst. Nicht nur in der Situation, sondern potenziell im gesamten Bewusstsein: die Wunde erkennen, statt sie zu bekämpfen. Das, was wir am anderen bekämpfen, ist seine automatische Schutzreaktion auf die Wunde – nicht die Wunde selbst. Wenn wir es schaffen, bewusst zu erkennen, was die Botschaft unserer eigenen Reaktionen ist, finden wir zur Auflösung: »*Was genau verletzt mich hier wirklich?*« oder »*Warum macht mich dieses Verhalten so ängstlich?*« Die Antworten darauf ebnen den Weg zur Selbsterkenntnis und Differenzierung: Ich bin nicht mein Schmerz. Ich bin nicht mein altes Muster.

Wenn ich es schaffe, mich in intensiven Auseinandersetzungen selbst zu halten, durchschreite ich die Schichten, in denen der Schmerz ursprünglich entstanden ist. Alte Szenen, Stimmen und Bilder tauchen fast von allein auf, und ich erkenne instinktiv, wo meine Wunde ihren Ursprung hat. Genau hier liegt die Chance für essenzielle Gespräche mit meinem Partner – Begegnungen, in denen wir uns tiefer und wahrhaftiger kennenlernen können.

Im Prozess wächst eine neue Fähigkeit: nicht mehr das Außen zu manipulieren, um Sicherheit zu erzwingen, sondern mich selbst zu regulieren. Ich lerne, Nähe zuzulassen, ohne mich aufzulösen. Distanz zu halten, ohne sie als Verlassenheit zu deuten. An diesem Punkt verschiebt sich die Dynamik – die Wunde greift nicht länger nach dem Steuer. Stattdessen kann ich mich neu ausdrücken und Klarheit über das finden, was sonst im Hintergrund die Fäden gezogen hat.

Solange wir von unseren Wunden gesteuert werden, begegnen wir uns als Kinder in Erwachsenenkörpern: hungrig nach Zuwendung, panisch vor Verlust, verstrickt in die alten Dramen unserer Geschichte. Doch Beziehung muss nicht Wiederholung sein. Sie kann zum Wachstumsraum werden – eine Schule der Differenzierung. Ein Ort, an dem wir lernen, in Verbindung zu sein und dennoch bei uns zu bleiben. Nicht, indem wir die Wunde umgehen, sondern indem wir sie durchschreiten.

Wenn wir unsere alten Geschichten unbewusst wiederholen, wird jede Nähe zur Reibung und jede Distanz zur Bedrohung. Beziehung bleibt dann das Spielfeld unserer Überlebensstrategien – nicht unserer Liebe. Erst wenn wir innehalten und den Schmerz wirklich anschauen, können wir uns anders begegnen: bewusster, ehrlicher. Denn dort, wo die Wunde spricht, kann aus Konflikt zum ersten Mal wirklicher Kontakt werden.

7

KONFLIKT

»CONFLICT IS THE SOUND MADE
BY THE CRACKS IN OUR EGO.«
— OSHO

MENSCHEN UND MUSTER

Wie kommt es zum Konflikt? Was passiert, wenn Reibung, Unzufriedenheit oder Auseinandersetzung anklopfen – wenn die Brust eng wird und der Bauch sich zusammenzieht? Was will die Flamme in uns, die da aufsteigt? Das, was wir im ersten Moment als Anspannung oder Ärger erleben, ist oft nichts anderes als die Sprache unserer alten Bedürfnisse. Hinter der Flamme steckt nicht nur Zerstörung, sondern der Versuch unseres Systems, zurück ins Gleichgewicht zu finden. Wir müssen offene Themen abschließen, innere Widersprüche auflösen und emotionale Erfahrungen integrieren, um in die Balance zu kommen.[1]

Stell dir dieses System einfach wie den Wechsel zwischen Hunger und Sättigung vor. Sobald Nährstoffe fehlen, meldet sich der Organismus mit Hunger und spendet Motivation und Energie, um diesen zu stillen. Was zuvor aus der Balance war, muss wieder ausgeglichen werden, damit alles in geregelten Bahnen läuft. Du gehst also zum Kühlschrank, nimmst dir etwas heraus, steckst es in den Mund, kaust es, verdaust es und das Gefühl von Sättigung macht dich wieder ruhig und zufrieden. Der Zyklus ist abgeschlossen, das Gefühl von Hunger kann weichen, bis das nächste kommt.

Jetzt stell dir vor, dass diese Dinge nicht nur für physiologische, sondern auch für emotionale Bedürfnisse gelten. Du verspürst Hunger nach Verbindung, nach Gemeinschaft, nach Abwechslung, nach Veränderung. Auch für diese Themen gibt dir dein Organismus ein klares Zeichen aus Emotionen und mobilisierter Energie im Nervensystem. Du kennst sicher das Gefühl von Alleinsein, von der Sehnsucht nach anderen Menschen oder von Trauer, wenn eines dieser Bedürfnisse nicht gestillt wird. Alle diese Emotionen sind der Antreiber dafür, diese Lücke zu schließen.

Beziehungshunger ist tiefer als der leere Magen. Es ist der Hunger nach Gesehenwerden, nach Sicherheit, nach Anbindung an uns selbst oder eine andere Person. Wenn dieser Hunger in uns ungestillt ist, bleibt die aktivierte Energie im Nervensystem verankert, bis sie ein Ventil findet und damit wieder zur Ruhe kommt. Jeder Konflikt im Heute kann deshalb wie ein Weckruf alter Energien im System wirken: das Echo der Momente, in denen niemand kam, als wir allein waren, in denen Zuwendung an Bedingungen geknüpft war, in denen wir uns verloren haben oder abgelehnt wurden.

Das macht den heutigen Streit zum Versuch, offene Themen der Vergangenheit zu schließen: Wir greifen nach dem Partner, um uns nicht leer zu fühlen. Wir drängen auf Distanz, weil Nähe uns übersättigt. All das passiert dysreguliert – uns fehlt die Mitte, in der wir uns nachhaltig satt, befriedigt und geborgen fühlen und halten können. Wenn es uns nicht gelingt, offene Bedürfnisse mit anderen Menschen zu stillen, finden wir alternative Wege ohne sie. Diese sind zwar nur teilweise befriedigend, aber oftmals die einzige Art, uns selbst zu stillen. Du gehst in die Fantasie, findest Befriedigung im Kopfkino, in Filmen, in Büchern, in Süchten, Ablenkungen oder Ausflüchten jeder Art. Das ist auf lange Sicht unzureichend, aber hinreichend genug für den Moment. Unzureichend ist es, weil es dich nie so ganz füllt, wie der echte emotionale Kontakt mit dem Menschen, um den es geht, tun würde. Hinreichend ist es, weil du dieses dringende Bedürfnis wenigstens streckenweise erfüllt bekommst. Es ist, als ob du dich von Krümeln ernährst, obwohl du den ganzen Kuchen des Lebens bräuchtest.Der emotionale Hunger wird damit jedoch nicht gestillt. Was bleibt, ist das ursprüngliche Bedürfnis, halb gestillt, aber immer noch aktiv. Emotionen haben eigentlich die Aufgabe, ein Bedürfnis im Hier und Jetzt auszugleichen.[2] Was passiert aber, wenn sie nicht ganz ihr Ziel erreichen? Sie bleiben im Organismus wie offene Browser-Tabs im Hintergrund – unerledigte Angelegenheiten, die Energie kosten.[3] Diese unvollendeten Emotionen drängen weiterhin darauf, das Bedürfnis zu befriedigen.

Im zwischenmenschlichen Alltag passiert das im Kleinen wie auch im Großen. Stell dir folgende Szene vor: Du gehst am Abend früh ins Bett, denn du musst am nächsten Tag zeitig aufstehen und dich für ein Bewerbungsgespräch vorbereiten. Deine Nachbarn haben andere Pläne und feiern Geburtstag mit vielen Gästen und lauter Musik. Du wachst immer wieder auf, kannst nicht weiterschlafen, wirst zunehmend unruhig und irgendwann panisch. Du wirst wütend. Deine Prägung sagt dir vielleicht, dass Wut nicht okay ist, dass du dich nicht so haben sollst. Du hoffst, dass es bald aufhört. Die Wut hat einen Auftrag, und der ist einfach: deine Grenze und dein Bedürfnis nach Ruhe und Schlaf zu verteidigen. Die Sache von heute Nacht und morgen früh ist dir wichtig, es sind viele Hoffnungen im Spiel. Die Wut hat das Ziel der Verteidigung dieser Grenze, die gerade durch andere Menschen übertreten wird.

Wenn deine Prägung ist, diese Wut zu unterdrücken, wirst du nichts sagen, im Groll schlafen, nicht ausgeruht aufwachen und die Konsequenzen spüren. Noch dazu wirst du den Groll auf deine Nachbarn übertragen, sie weniger oft grüßen, dir Geschichten über ihre Rücksichtslosigkeit erzählen, dich mehr und mehr ihnen gegenüber verschließen und von einsamen Berghütten ohne jegliche Nachbarschaft fantasieren. Die nicht ausgedrückte Wut bleibt in dir und färbt fortan die Beziehung zu deinen Nachbarn. Sie macht dich zu deinem Nachteil ärgerlich, steif und unfrei.

Im besseren Fall setzt du die Energie deiner Wut in Aktion um. Du stehst auf, klingelst bei den Nachbarn und erklärst, wie wichtig dir dein Schlaf gerade heute Abend ist. Deine Nachbarn zeigen Verständnis und sind ab dann achtsamer. Die Nacht wird sehr wahrscheinlich besser und dein Verhältnis zu den Nachbarn wird langfristig nicht getrübt. In diesem Fall hat die Emotion ihren Ausdruck gefunden, du bist der Energie nachgegangen und hast den Missstand aufgelöst. Du hast deine Bedürfnisse klar nach außen gebracht und deine Grenze verteidigt. Noch dazu entschuldigen sie sich vielleicht am Tag danach und du erhältst für deinen Mutausbruch sogar Verbindung – wow! Die Emotion kann gehen und mit ihr die Geschichten, die dein Gehirn durch die unverarbeitete Wut im Nachgang erfunden hätte. Sehr wahrscheinlich vergeht mit der Emotion auch die Erinnerung an diese Nacht, denn sie ist für dein System einfach bedeutungslos.

Stell dir auch diese Szene vor: Dein Partner kommt nach einem stressigen Tag von der Arbeit nach Hause. Er ist mies gelaunt, weil er einen wichtigen Auftrag nicht erhalten hat. Seine Emotion ist vielleicht Trauer oder Scham, er fühlt sich heute nicht in seiner Wirksamkeit und kommt niedergeschlagen zum Abendessen. Und da bist du: gut gelaunt und voller Inspiration von deinem Tag. Nun sitzt dein Partner mit einer dunklen Wolke über dem Kopf über seinem Teller Spaghetti und ist unfähig zu erzählen, was ihn beschäftigt. Die schlechte Laune berührt etwas in dir, vielleicht ein Muster, das du von früher kennst: Dein Gegenüber ist unberechenbar und das spannt dich an. Du beziehst das Gefühl auf dich oder eure Beziehung und sagst scharf: *»Warum bist du schon wieder so schlecht drauf?«*

Dein Partner ist jetzt getriggert, denn das Muster kennt er aus seiner Erziehung: nie für seine Emotionen verstanden oder in den Arm genommen werden. Seine Mutter war immer grob und hat ihn dazu aufgefordert, sich zusammenzureißen und ein echter Mann zu sein. Seine Trauer kippt in die Wut, weil auch in seiner Wahrnehmung eine alte Anspannung erscheint. Durch seine Prägungen hat er nie gelernt, sein Befinden in Worte zu fassen.

Der Streit eskaliert und statt über das eigentliche Thema zu sprechen, streiten jetzt zwei Personen innerhalb der Emotion eines Themas, das nicht der eigentliche Anlass ist. Der Konflikt entsteht über die Meta-Emotion, also die Emotion, die wir über solche Situationen in uns tragen.[4] Wir sagen dann Dinge wie *»Warum reagierst du immer so?«* oder *»Kannst du nicht einfach mal zufrieden sein?«* Hier kämpfen zwei Personen an der Oberfläche und übersehen die eigentliche Ebene: *»Ich will nur gesehen, gehört und verstanden werden!«* Der Streit findet nicht die Tiefe, um zur Auflösung zu kommen, und seine Energie bleibt stecken. Beide Partner sind angegriffen und irritiert. Die Wahrscheinlichkeit steigt, dass der erneute Streit in ähnlicher Form an jeder Ecke lauert. Warum? Die Emotion kann nicht weichen, der negative Abdruck bleibt im Körper und damit das unabgeschlossene Thema, das weiterhin Auflösung sucht.

Im Konflikt führen alte Schleifen zu bekannten Schmerzen. Beide Szenen in diesen Beispielen zeigen, wie eine Emotion nicht ihr eigentliches Ziel erreicht und damit im Prozess stecken bleibt. Im Beispiel mit dem Paar erkennst du viele Ebenen, die wir bis hierhin besprochen haben: kindliche Prägungen, Ego-Identitäten, Macht und Abhängigkeit, die Wunden von Verlassenheit und Verschmelzung. Eine Person sagt *»Du bist zu wenig«*, während die andere sagt *»Du wirst mir zu viel«*. Damit befinden wir uns nicht mehr am eigentlichen Thema, sondern tief an der Wurzel der jeweiligen Lebensthemen. Die Einzigen, die das nicht mehr sehen können, sind wir selbst. Unsere Auseinandersetzungen sind wie Schattenspiele vergangener Konflikte, die sich im jetzigen Streit als eine Kontur ungelöster Emotionen wieder und wieder ausspielen. Wie durch unsichtbare Hand schaffen wir es, aus den unterschiedlichsten Situationen heraus zu einer Zuspitzung zu kommen, die scheinbar immer und immer wieder gleich ist. Genau das ist der Hunger, das ungestillte Bedürfnis, das durch die Emotion im Untergrund auf ihre Auflösung drängt.

Das ist bereits ein großes Geheimnis des Codes von Konflikten. Unabgeschlossene Themen entstehen nicht nur innerhalb der Beziehungssituation, vielmehr ist die Szene ein Schauplatz tieferer Dynamiken. Sie sind unerledigte Angelegenheiten, die wir in den verschiedensten Konstellationen erlebt haben. Wir haben sie schon oft überstanden und die Muster gelernt, wie wir sie unzureichend bewältigen. Unser Nervensystem würde immer das Bekannte über das Ungewisse wählen, selbst wenn es den bekannten Schmerz erzeugt. Unser Gehirn ist eine Muster-Erkennungsmaschine mit einer Aufgabe: Wiederholung.[5] Situation überlebt? Wiederholen! Dabei ist es im Autopiloten egal, wie unbefriedigend das Ergebnis ist.

Der bekannte Streit ist die bekannte Landkarte, die nicht sicher, aber immerhin gewohnt ist. Der alte Konflikt ist wie ein abgenutzter Pfad, den wir immer wieder gehen, einfach weil wir ihn auswendig kennen. Unser Nervensystem sehnt sich nach Orientierung, und selbst wenn der Streit schmerzhaft ist, gibt er uns das Gefühl, irgendwie »zu Hause« zu sein. Wir wiederholen, was wir früher erlebt haben. Denn das war der Ort, an dem wir gelernt haben, zu überleben. Dieser Ort, dieser emotionale Pool, in dem wir schwimmen gelernt haben, zieht uns zurück. Auch wenn er kalt, trüb oder zu eng ist – wir kennen ihn. Und tief in uns wirkt ein stiller Drang: Vielleicht kann ich diesmal zu Ende bringen, was damals offen geblieben ist. Vielleicht finde ich diesmal den Abschluss, der mir früher gefehlt hat.

So wird der Partner zur Bühne, auf der alte Dramen erneut inszeniert werden. Was wir als Anziehung empfinden, ist oft genau das: die stille Verabredung zweier Nervensysteme, das Unerlöste miteinander nachzuspielen – in der Hoffnung, es diesmal zu vollenden. Zwei innere Welten erkennen sich, berühren sich in ihren Wunden – wie zwei Streichhölzer, die sich gegenseitig entflammen. Die Forschung nennt das Konkordanz – die Übereinstimmung und Ähnlichkeit der Merkmale oder Wahrnehmungen von zwei Partnern.[6] In Beziehungen zeigt sie sich als erstaunliche Treffsicherheit, mit der wir Partner wählen, deren ungelöste Themen unsere eigenen widerspiegeln. Konkordanz meint die Übereinstimmung von Kindheitskonflikten, Schutzstrategien und emotionalen Wunden, die sich im anderen wiederfinden – manchmal identisch, manchmal komplementär.[7]

DER SPRENGSTOFF DER EGOS

Auf mysteriöse Art und Weise sind Persönlichkeit, Charakter und Eigenschaften unserer Partner nicht selten genau die Züge, die uns etwas versprechen. Unser psychisches System sucht nicht unbedingt das, was gesund und heil ist, sondern das, was uns auf den verschiedenen Ebenen aufmerksam macht.[8] Wir fühlen uns unbewusst von dem angezogen, was wir erkennen: die Art, wie Nähe angeboten oder entzogen wird, wie verfügbar oder abwesend eine Person ist, wie Liebe ausgedrückt wird. Wenn unser Vater emotional abwesend war oder unsere Mutter nur unter bestimmten Bedingungen Zuneigung gezeigt hat, kann es passieren, dass wir Partner wählen, die diese Dynamiken auf gespenstische Art und Weise wiederholen. Nicht, weil wir leiden wollen – sondern weil wir tief in uns hoffen, dass wir diesmal das Blatt unseres Schicksals wenden können. Der Anlass für die Auflösung bleibt so bestehen und die Beziehung wird zum Reparaturversuch, zur Bühne des inneren Kindes, das endlich gesehen, gehört und gehalten werden will. Doch solange diese Sehnsucht unbewusst bleibt, verstrickt sich unser Ego in genau den Themen, die wir eigentlich anschauen wollen. Trigger sind dann nur wunde Stellen, an denen der Schmerz seinen Ursprung hat – das Tor zur Hölle oder zur Heilung.

Ohne Sprengstoff gibt es keine Explosion. Diese einfache Gleichung verrät dir zwei Dinge. Die erste Einsicht ist, dass ein Trigger nicht etwas ist, das von außen auf dich einwirkt, sondern etwas, das Sprengstoff in dir aktiviert. In unserem Rahmen bedeutet das, dass sich durch Eigenschaften, Verhaltensweisen oder Worte anderer Menschen eine Emotion in dir aufrichtet, die glaubt, etwas Lebenswichtiges verteidigen zu müssen. Im Außen passiert also etwas, das eine Bedeutung für dein Inneres hat. In diesem Fall sind die Reaktionen deines Körpers ein innerer Prozess, der sich auf Bedeutung, Prägung und Erinnerung stützt.

Im Laufe der Beziehung passiert es immer wieder, dass das, was zwei Menschen früher aneinander begeistert hat, wieder und wieder zum Streitherd wird. Nach der anfänglichen Verliebtheit schwindet die Projektion und damit die Idealisierung des Partners, der uns scheinbar für immer ganz macht. In der De-Idealisierung fallen wir zurück auf unser gewohntes Thermostat von Gefühlen und Einstellungen.[9] Anfangs passen wir uns gern an, begeistern uns für die Interessen unseres Partners und nehmen uns gern für das Gemeinsame etwas zurück. Wir hören dieselbe Musik, gehen auf ungewohnte Konzerte, brauchen weniger Schlaf, trinken vielleicht gegen unsere gesunden Gewohnheiten zu viel Alkohol, weil es uns verbindet. Wir sind blind für alle Themen, die uns später in der Beziehung als große Feuer serviert werden. Sobald wir eine Stufe tiefer in das Commitment füreinander eintreten, lassen wir diese Anpassungen an das Gegenüber etwas mehr los. Wir sehen nicht mehr nur den geschönten Teil einer Person, sondern das gesamte Spektrum der Persönlichkeit. Der Traum der idealisierten Person weicht einer neutraleren Realität. Wo wir anfangs Verständnis für die Eigenarten des anderen hatten, bleibt mit der Zeit immer öfter ein Geschmack von *»Warum bist du, wie du bist?«*

Mit der Zeit lauten die Sätze im Streit mehr und mehr so: *»Warum bist du schon wieder so komisch?«* und *»Das fällt mir schon länger auf!«*. Du erkennst, wie Konflikte zu sehr bedeutsamen zwischenmenschlichen Aussagen werden. Es geht weder um die Wochenendplanung noch um den Stress bei der Arbeit. Diese Themen sind zwar die scheinbaren Ursachen für so manchen Streit, aber sie sind fast nie ihr eigentlicher Grund. Viel tiefer verborgen, sorgen die ungelösten Muster von beiden Partnern dafür, dass ein einfaches Missverständnis zu einer emotionalen Auseinandersetzung wird. Ein einfacher Kommentar mündet im zerstörenden *»Dann mach doch dein Zeug allein!«*. Wie kann das sein?

Was genau geschieht im Hintergrund, wenn wir im Wortgefecht so explodieren? Warum wird ein kleiner Streit so oft zum Monster? Wenn andere Menschen uns mit ihrem Verhalten triggern, kommt ein nervöser Elefant in uns in Trab. Es ist die Bedeutung in uns, auf die wir mit starken Emotionen reagieren. Es ist die gefühlte Überschreitung einer Grenze, auf die wir mit einer kindlichen Verteidigung antworten. Oftmals unzureichend, da wir als Kinder in unserer Wirksamkeit dem Umfeld schlichtweg unterlegen waren. Eltern hatten immer schon den längeren Hebel und damit automatisch die Macht, über uns zu bestimmen. Unser Wille wurde oft genug gebrochen, wenn Eltern das letzte Wort hatten, egal wie sehr wir diskutiert und gestrampelt haben. Diese impulsive Emotion kommt jetzt mit einer ähnlich starken Ladung wieder zum Vorschein. Wir reagieren mit der gelernten Art auf das ungelöste Thema von Macht, Kontrolle und Autonomie.

Trigger berühren die abgelehnten Teile in unserer Lebensgeschichte, in denen wir die schmerzhafte Erfahrung von Verbindungsverlust, Hilflosigkeit und Ohnmacht gemacht haben. Auf diesem Boden kreieren wir die Bedeutung von dem, was Menschen um uns herum tun und sagen. Bedeutung ist dabei das zentrale Wort: Wir sehen nicht einfach nur eine Partnerin, die beispielsweise kühl auf unsere Sorgen reagiert – wir sehen unsere große Befürchtung, für ein Bedürfnis abgelehnt zu werden. In unserem Beispiel aus vorherigen Kapiteln – nennen wir unser Paar Ina und Tom – ist da in Inas Kopf nicht mehr ein Tom, der einfach einen schlechten Tag hatte. Da ist ein Mensch, der sie an den Schmerz von depressiven Vätern erinnert. In Toms Kopf ist da nicht mehr die lebendige Ina, in deren Leichtigkeit er sich verliebt hat. Da ist eine Person, die Freude empfindet, während er in seinem Schmerz komplett missachtet wird.

Der Kopf sagt: *»Nie wieder im Schmerz missachtet werden! Nie wieder mich verlassen fühlen, weil mein Partner mich versetzt! Nie mehr genötigt werden, unangenehme Prüfungssituationen am Küchentisch aushalten zu müssen!«*

Die Wunden unserer Überlebensgeschichte werden zum Feuer, das von anderen gezündet wird. Die Intensität der Konflikte zeigt nur an, dass etwas Essenzielles in uns noch unerlöst ist. Was nicht erlöst ist, macht uns unfrei. Wir sind dadurch nie ein Ganzes, sondern nur ein Flickenteppich, der sich in seiner Komposition Naht für Naht zusammenhält. Wir sind wie ein Mosaik, das ein Gesamtbild ergibt, aber aus Fetzen besteht. Die Nähte sind dabei die Übergangsstellen zwischen heil und wund. Sie sind die Stellen, an denen zwei unvereinbare Dinge zusammengebracht werden mussten, damit wir als ein Ganzes funktionieren. Der eine Teil, der den Schmerz fühlt und nicht wegkann. Der andere Teil, der die Verbindung braucht und den Schmerz verdrängt. Dazwischen die Naht: *»Ich kann nicht mit und ich kann nicht ohne dich.«* Lies diesen Satz aus einer kindlichen Perspektive und du erkennst: *»Ich will nicht hier sein, aber ich kann nicht weg.«* Übersetze diese Worte in die

Selbstwahrnehmung im brennenden Konflikt und du hörst: *»Ich kenne mich nicht mehr, aber ich kenne dich.«* Du, der alte Schatten, die Kontur der Widersacher, die Geister der Vergangenheit, der Schmerz meiner Ohnmacht.

Wir funktionieren als dieser Flickenteppich. Dünne und dicke Stoffe, die durch eine Naht zusammengehalten werden. Was im Konflikt berührt wird, ist die Naht, die wir in der Not von damals gestochen haben. Wenn Kräfte von außen an unserem Teppich ziehen, klafft die Naht an der Wunde. Der Spalt wird bewusst und der Schmerz der früheren Zerteilung kommt wieder zurück. Wir dachten, dass wir durch unsere Anpassung die Lücke geschlossen haben. Sie wurde jedoch unzureichend von Kinderhänden genäht und droht, unter Druck zu reißen. Für unser Selbst muss der Teppich ganz bleiben, die genähte Stelle muss weiterhin funktionieren, weil sie schließlich bis hierhin gehalten hat. Wir sind mehr identifiziert mit den Nähten als mit den getrennten Stoffen, die durch sie zusammengehalten werden. Das gibt uns den Anlass, den drohenden Riss zu verteidigen, statt die Geschichte der Trennung beider Teile noch einmal zu betrachten.

Statt zu agieren und die Botschaft in uns wirklich zu erkennen und zu fühlen, reagieren wir. Wir gehen mit der Verteidigung nach außen und wehren den Angreifer ab. Die Naht ist die schwache Stelle, die als Erstes reißt. Folglich tun wir alles, um unsere Ganzheit, unsere Komposition als Mosaik zu bewahren. Wenn wir reagieren, wehren wir den Angreifer ab. Wir geben der Bedeutung einer Sache in uns nach und sie bekommt dadurch mehr Gewalt über unsere drohende Zerstörung. Wir glauben der Bedrohung dadurch umso mehr. Was wir einst erfolgreich verteidigt haben, werden wir zukünftig noch besser verteidigen können. Wir werden Spezialisten darin, die Naht zu fixieren und den wunden Punkt geschickt zu umgehen oder die Bedrohung frühzeitig abzuwehren.

NARRATIVE VERÄUSSERN, WAS WIR INNEN NICHT ERTRAGEN.

Wenn wir mit dem Verstand reagieren, wirken Narrative in uns. Wir erfinden eine Geschichte über den Angreifer, seine bösen Absichten und warum wir uns verteidigen müssen. Das Narrativ ist eine Art Höhlenmalerei, ein Relikt vergangener Zeiten unseres Lebens, in denen sich die Deutung tief in die Psyche eingraviert hat: *»So sieht ein Säbelzahntiger aus, dort hält er sich auf, so greift er dich an und mit diesen Waffen tötest du ihn.«* Das Narrativ wirkt im Innen mit der Aktivierung unserer Schutzmechanismen und im Außen mit den Maßnahmen, mit denen wir uns für den drohenden Angriff vorbereiten.

In unserem Beispiel: Ina geht mit ihren Freundinnen aus und erzählt vom Stress, den sie mit Tom hat. Ihre Freundinnen stimmen ihr zu: Solche Säbelzahntiger kennen sie, direkt oder indirekt. Sie geben ihr Tipps, wie sie mit der Situation umgehen kann. Sie schätzen Tiger Tom ein, stellen Vermutungen auf, wann der nächste Angriff kommen wird. Wie es weitergeht. Was man jetzt tun kann. Danach erzählen die Freundinnen von Erlebnissen mit Tigern und Faultieren in ihren Beziehungen.

Das alles schafft drei Dinge: eine Verbindung zwischen Freundinnen, eine Angst, die in Schach gehalten wird, und Distanz zum Partner. Mit dem Narrativ über den Partner wird dieser zum Objekt. Die unbewussten Anteile unseres Gehirns bewerten jetzt Tom: vormals sicher, jetzt potenziell gefährlich. Mit dieser Kategorie werden wir über die Zeit spitzfindiger, schauen genau hin, wie der Partner heute und morgen so drauf ist. Wir speisen und bestätigen unser Narrativ und vergrößern damit den Abstand zueinander. Ein negativer Kreislauf entsteht. Auf Grundlage unserer Geschichte führen wir den Beweis und bestärken dadurch wiederum den Glauben an die Geschichte. Mit jedem gefundenen Beweis wird der vorherrschende Glaube belohnt und das Detektivspiel zur Kontrollsucht.[10]

Was nicht erforscht wird, ist der Anlass: Was in mir hat den Partner in erster Linie zum Tiger gemacht? Es ist die unaufgelöste Emotion und die mitschwingende Bewertung in dir selbst, die deinem Partner eine Kategorie zuteilt. Der Auslöser ist in dir, aber der Beweis für die Gefahr scheint da draußen zu sein. Es ist deine Angst, die den Tiger macht, es ist nicht der Tiger, der beängstigend ist. Deine selektive Wahrnehmung schneidet den Teil der Realität aus, die deinem System ein Gefühl von Eigenmacht vermittelt. Die Deutung von dem, was außerhalb von uns geschieht, ist das, was ein Gefühl von Sicherheit vermittelt. Dein Partner hat in dieser Situation immer weniger Chancen, dieses Narrativ aufzulösen. Es gibt immer mehr Situationen mit ähnlichen Konflikten und immer wieder wird die Suppe von gestern aufgewärmt. Dass du es bist, die mit der Deutung im Innen den Streit von außen wahrscheinlicher macht, fällt nicht mehr auf, wenn das Gegenüber ab jetzt immer dieser Tiger ist.

Auch aus Sicht des Mannes wird getan, was getan werden muss. Egal, ob das mit Freunden oder mit dem Internet ist – Tom wird zu seinen Rückschlüssen kommen. Wut und Scham mischen sich mit Trauer und er erlebt einen Cocktail aus Hormonen, der ihn nach unten zieht. Er hat sich so sehr bemüht, ein aufrichtiger und disziplinierter Mann zu sein – wie kann sie es wagen, ihn so zu demütigen? Sein System reagiert auf die Scham, nicht gut genug zu sein, und polstert sich mit Stolz. Im Dialog mit Freunden kommt vielleicht heraus, dass er eine bessere Freundin verdient hat. *»Es gibt viel mehr Fische im Meer, lass dich nicht unterkriegen!«* Auch in ihm entsteht das Narrativ über die Partnerin und ihr Verhalten ihm gegenüber.

Online liest er über »echte« Männlichkeit, sieht Videos zum Alphamann und lernt mehr über Psychologie. Er informiert sich über Tipps und Tricks beim Dating, fantasiert von Affären, Liebe,

Sex und Allmacht. Seine Selbstwirksamkeit ist in Gefahr, von einer Frau untergraben zu werden. In seinem patriarchalen Gehirn darf das nicht sein. Erstens wird er um jeden Preis die Hoheit behalten und sich nicht unterbuttern lassen. Zweitens wird er auf keinen Fall Schwäche zeigen, denn das Gefühl hat seine Kindheit oft genug überschattet.

Auch Tom macht Ina zum Objekt und zu einer Gefahrenkategorie statt zur individuellen Person, die er mit Empathie in ihrem ganz eigenen Leid und Schmerz sehen kann.

Ein Narrativ trifft auf das andere. Zwei Egos, die sich im Schützengraben eine Geschichte erzählen müssen, um nicht in die Konfrontation mit sich selbst zu gehen. Ab hier leben die beiden vielleicht noch im gleichen Haus, planen den gemeinsamen Alltag oder halten Beziehung anders aufrecht. Aber etwas Essenzielles ist verloren gegangen: der Kontakt. Beide sind noch da, aber die Kontaktpunkte sind weg. Die Geschichten haben die Führung übernommen und halten die gegenseitige Gefahr eine Armlänge auf Abstand. Paare bemerken: Die Lebendigkeit unserer Beziehung ist verloren gegangen. Sie hängt in unseren Geschichten fest und wird dort kleingehalten. Nicht zugunsten der anderen Person, sondern um unsere eigenen Gefühle zu managen. Die meisten Paare in dieser Situation würden sagen *»Wegen dir geht es mir so!«* und *»Du hast alles kaputt gemacht!«*. Es ist immer einfacher, mit dem Finger auf den anderen zu zeigen – doch dabei zeigen drei Finger auf uns selbst.

Die große Lebendigkeit ist ab jetzt leichter im Außen zu finden. Flirts am Arbeitsplatz, Fluchtfantasien und Sex mit Affären – sie finden ihren Nährboden in einer erneuten Projektion: Er oder sie war doch nicht der perfekte Partner. »Wie konnte ich das nur nicht sehen? Aber da draußen, da gibt es Leute, mit denen es klappen kann!« Der Sex in der Beziehung verändert sich mit der Distanzierung, wird erst zu Pflicht und dann zur Seltenheit. Sex ist in einer Beziehung nur ein weiterer Ausdruck für Verbindung, eine Form von Kommunikation. Eine Ebene, auf der sich zwei Menschen in einer Beziehung austauschen, wenn sie sich von Herzen etwas zu sagen haben. Ohne Verbindung ist das nicht möglich. Paare, die nicht ehrlich und verletzlich sprechen, erreichen diesen Zustand nicht mehr. Narrative und Rollen in uns lassen keine neuen Informationen mehr zu, weshalb sich beide im Konflikt nicht mehr gehört fühlen und deshalb ihre Geschichte als bestätigt sehen.

Und dann? Weniger Kontakt, mehr Distanz, weniger Liebe, mehr Alternative. Die Bedeutung dessen, was zwischen uns passiert ist? Das ist die Schuld des anderen. In der entstehenden Selbstbezogenheit fühlen wir uns im Recht, ohne zu bemerken, dass unter den Geschichten die eigene Lebendigkeit verschüttet wird. Was in uns befriedigt wird, ist das Ego, unser Überleben, unsere Unversehrtheit im Schock und in der Scham. Wenn wir unbewusst bleiben, leben wir fortan immer mehr in den Ideen und Interpretationen über andere, ohne jemals wirklich die Botschaft über uns selbst zu erkennen. Das Narrativ im Kopf ist so geläufig und unbewusst, dass wir selbst nicht mehr hören, was wir laut denken.

Was bleibt, sind die Spitzen des Eisbergs dieser Erzählungen – Schuldzuweisungen und der Fingerzeig. Und die funktionieren nie. Kurzzeitiger Gewinner ist unser Ego, denn es bleibt damit in der Sicherheit seiner Erzählung. Ängstlich und klein sucht es Lösungen im Außen und dort gibt es ein Meer von Ratschlägen, Tipps und Tricks von Beziehungsratgebern mit Ego- und Überlebenstipps. Verstand trifft auf Verstand, und was nicht verdaut ist, steckt weiterhin fest und sucht nach Auflösung. Die Beziehung öffnen, das wärs doch jetzt, richtig? Falsch. Was daraus folgt, sind meist nur Anforderungen und Appelle an die andere Person, damit sich der Peiniger nicht verändern muss.

Ina findet die Kommunikationstools, um mit Tom umzugehen. Sie lernt viel über Bindungstypen und ihr Ego sagt: *»Aha, kein Wunder, er hat einen vermeidenden Bindungsstil!«* Oder sie macht einen Onlinetest und findet heraus: *»Tom, der ist ja ein Narzisst!«* Diese Information bringt ihr nichts als einen Beweis für ihre Geschichte und Befriedigung im Verstand. Der Bindungsstil gehört zur Innenwelt von Tom und wirkt in Kombination mit ihr. Selbst wenn diese Information faktisch hilfreich sein kann, wird sie durch ihre Interpretation zur Bestätigung ihrer Glaubenswelt über andere – und nicht zur Einsicht, was das für sie bedeutet.

Gleichzeitig geht Tom tief in die Abgründe des Internets. Er hängt auf YouTube ab, hört Podcasts über die Polarität von Mann und Frau und fühlt sich bestärkt: *»Aha, kein Wunder, Ina ist bipolar!«* Auch er erhält damit nur eine weitere Linse, durch die er seine Weltsicht zu seinen Gunsten verzerrt. Wieder steckt eine Person die andere in eine Box mit einem Label, das nur beweist: Ich muss etwas im Außen definieren, damit ich mich nicht innerlich bewegen muss. Da ist vielleicht eine Person mit ihren Prägungen, aber da bin auch ich, der mit dieser Prägung in Resonanz steht. Es gibt eine Information über meine Partner, aber diese Information sagt vor allem etwas über mich. Jede Information über andere, die uns nicht zu mehr Mitgefühl und zur eigenen Verantwortung bringt, ist nur das: eine Mauer, die uns trennt.

Das Einzige, was durch die Recherchen bleibt, ist die Deutungshoheit. Wir erhalten die Illusion von Kontrolle über einen Menschen, den wir nur noch durch die Brille unserer Interpretation sehen. Selbst wenn wir uns mit den besten Absichten über Tipps und Tricks in der Kommunikation informieren, stellen wir uns ihre zukünftige Auswirkung vor, und das heißt Manipulation. *»Mein zukünftiges Leben, wenn du endlich anders bist!"* Ina versucht, Tom zu dressieren, und Tom versucht, Ina zu knüppeln. Vielleicht lesen wir schlaue Bücher und erstellen eine geniale Liste: *»Wenn X mich* *triggert, dann mache ich Y und das macht Z mit meinem Partner.«* Obwohl die Vorstellung von Kontrolle keine reale Sicherheit schafft, denkt der Verstand in geliehenen Auswirkungen von morgen. Nie hat die fantasierte Manipulation der Zukunft die Verbindung von zwei Menschen im Moment verbessert. Gedanken über zukünftige Gefühle sind keine Gefühle – sie sind ein Weg, Gefühle zu vermeiden.

Manchmal schaffen wir es, aus dem Egotrip auszusteigen. Nach Tagen oder Wochen können wir unseren Beitrag am Ganzen erkennen und Verletzlichkeit riskieren. Wir schaffen es, den Streit zumindest teilweise beizulegen und wieder zur Verbindung zu finden. Ein Gespräch hier, eine proaktive Entschuldigung da, ein Gelöbnis, uns zu bessern. Des Friedens willen. Doch das tiefere Thema ist damit nur selten gelöst, der nächste Konflikt lauert vermutlich bereits an der Ecke und der vorherige Streit wird nie ganz verdaut. So geschieht es, dass die Anziehung langsam und über Jahre abnimmt. Jeder Konflikt, der nicht zu Ende geführt wird, lässt eine Spur in uns zurück. Über Jahre werden aus Schrammen Kratzer und aus Kratzern blutende Wunden, bis die Stelle irgendwann nur noch amputiert werden kann.

Was können wir also tun, damit Trigger entschärft und Kratzer immer unwahrscheinlicher werden? Sprengstoff heißt Bedeutung und die gehört jedem selbst. Auf der Herzebene liegt diese Bedeutung nicht in der Interpretation von dem, was passiert, sondern im ehrlichen Mitteilen, was in mir ist und was passiert, wenn meine Wunden berührt sind. Das Sprechen über den Flickenteppich, seine Komplexität und die Nahtstellen, ist das, was uns für andere fühlbar macht. Es ist die Offenheit über meine Wunden, denn sie sind es, die mich zu diesem vielschichtigen Menschen machen, den man liebt. Es geht nicht darum, den Teppich zu ersetzen, und es geht nicht darum, die Fetzen zu bewerten. Es geht darum, die Nähte zu stärken, indem wir sie anerkennen. Durch andere Menschen ist der Riss entstanden, durch andere wird die Naht strapaziert und nur mit anderen Menschen wird sie wieder geheilt. Kein Tipp, kein Ratschlag oder Werkzeug kann das leisten, was zwischen zwei Menschen im Kontakt echte Heilung findet. Es ist die fehlende Empathie, Annahme und Verbindung, die den Riss gemacht hat. Es ist die menschliche Empathie, Annahme und Verbindung, die uns wieder ganz macht. Das bedingt auch, dass wir für uns und andere sichtbar werden. Die Risse wollen gefühlt, gesehen, betrauert, angenommen und geheilt werden. Es ist das *»Lass uns mutig sein, die Naht ansehen, die Prägung fühlen, ihre Bedeutung aussortieren und uns liebevoll halten, während sich die Wunde schließt.«*

Es gibt also zwei Möglichkeiten: Du kannst weiterhin die unbewussten Kämpfe austragen, in den Loopings von Angriff und Verteidigung stecken bleiben und für immer da draußen nach Tipps, Tricks und mentalen Krücken suchen, die den Schmerz erträglicher machen. Oder du arbeitest bewusst mit den Emotionen, die auf deine Ganzheit drängen. Du bist gewillt, auf dich zu schauen, wenn dein ganzes System flüchten will. Dich dem Sturm hinzugeben, statt gegen den Wind anzukämpfen. Eine Emotion vollständig zu fühlen, ohne sie zu lenken, zu denken oder zu bewerten. Damit gibst du preis, was dein Herz sonst mit aller Kraft behütet. Das ist der große Schmerz, den du glaubst, nicht überleben zu können – weil du ihn als Kind schon einmal kaum überlebt hast.

8

KRIEG

»EROS IS WHERE LOVE MEETS DESIRE
– AND IT IS ALWAYS DANGEROUS.«
— ESTHER PEREL

EROS UND EGO

Ein Blick, ein Satz, eine Begegnung, die etwas in uns berühren, das wir längst vergessen glaubten. Plötzlich ist da Spannung. Energie. Widerstand. Kein vernünftiger Grund, aber ein inneres Erbeben. So, als hätte jemand eine längst verschlossene Tür geöffnet – und etwas tritt hervor, das größer ist als die Idee von der Beziehungsperson, wie wir sie kennen.

Dieser Moment hat viele Namen. Drama. Schicksal. Leidenschaft. Doch unter diesen Etiketten wirkt eine Kraft, die sich nicht an Konventionen hält und sich nicht zähmen lässt. Eine Kraft, die selten bequem, aber oft notwendig ist. Denn sie ruft uns dorthin zurück, wo unsere tiefste Prägung liegt: zu dem, was wir verloren haben, was unser Ego geformt hat und was wir unbewusst im anderen suchen. Diese Kraft ist älter als jede Liebesgeschichte, größer als jede Beziehungsform. Sie heißt: Eros.

Wenn wir jemandem begegnen, der uns fasziniert oder magnetisch anzieht, passiert mehr, als wir glauben. Es fühlt sich an wie ein Sturm von Hormonen, wie ein körperlicher Rausch oder ein göttliches Zeichen – dabei ist es oft der feinste Mechanismus unserer emotionalen Geschichte, der in Bewegung kommt. Was uns bewegt, ist nicht nur die Person, sondern das, was sie in uns aufrührt. Denn Eros zieht nicht nur das an, was uns gefällt. Er bringt uns in Resonanz mit dem, was in der Liebe noch offen ist. Im Rausch der Anziehung begegnen wir genau dem, was wir verloren haben – oder was uns nie ganz zugestanden wurde. Das Wilde, das Freie, das Hingebungsvolle, das Kraftvolle, das Zarte.

Eros ist Spiegel und Brennglas zugleich. Was er entflammt, ist nicht nur Lust und Feuer – es ist die Spannung zwischen Sehnsucht und Erinnerung, zwischen dem, was war, und dem, was noch werden will. Es gibt einen Grund, warum wir nicht in jeden Menschen verliebt sind. Warum wir auf bestimmte Augen, Stimmen, Haltungen oder Energien anspringen. Es ist kein zufälliger Pfeil von Amor. Es ist ein hochintelligentes Zusammenspiel der emotionalen Codes zweier Menschen.[1] Eros ist Anziehung, Verlangen, Begehren, Besessenheit. Eine Seite in dir erkennt instinktiv etwas im Gegenüber, das die andere Seite in dir dringend erkennen will, damit sie ganz wird. Ein Echo, das sich zu Wort meldet: Kenn ich. Hab ich verloren. Will ich zurück.

Die Masken unserer Ego-Identität kommen auf die Bühne. Die Netten suchen jemanden, bei dem sie sich endlich zeigen können, ohne sich auflösen zu müssen. Die Prinzen/Prinzessinnen hoffen, wirklich anerkannt zu werden – und nicht nur ihre Maske. Die Rebellen wollen fühlen, ob sie sich fallen lassen können, ohne die Kontrolle zu verlieren. Und die Verführer wollen wissen, ob jemand sie liebt, selbst wenn sie nichts anbieten, außer sich selbst. Und Eros führt sie geschickt in ihre schlimmste Angst.

Die Netten erhalten ihre Prägungen von Ohnmacht. Die Prinzen/Prinzessinnen geraten an die Wut, nicht für sie selbst gesehen zu werden. Die Verführer balancieren zwischen Macht und

Unsicherheit, um nicht die Angst vor dem Verlassensein fühlen zu müssen. Und die Rebellen rennen, sobald sie zu nah an die Trauer ihrer gefühlten Unzulänglichkeiten kommen. Nicht, weil sie es wollen. Sondern weil ihre Körper erinnern. Weil Eros sie näher an das Gravitationsfeld der Liebe führt, an das Herz, das sie schützen müssen. Jeder Mensch reagiert auf seine Weise. Aber niemand reagiert nur auf die Person, sondern auf die Ego-Maske und ihre Prägung. Sie reagiert auf die Geschichte. Auf die Wunde. Auf die Hoffnung, dass diesmal vielleicht alles anders ist. Deshalb fühlt sich Eros manchmal an wie Heimkommen – und ist doch oft nur die Rückkehr zu einer offenen Rechnung.

Du näherst dich in der Beziehung dem wunden Punkt und plötzlich ist da Konflikt – dein ganzes System aktiviert sich. Du schläfst nicht mehr, denkst ständig an die Situation, schwankst zwischen Angst und Hoffnung. Weil dein Nervensystem Alarm schlägt. Nicht, weil du in Gefahr bist – sondern weil dein emotionales Archiv in Bewegung kommt. Die Person vor dir ist tatsächlich ein Stellvertreter, eine Kontur deiner prägendsten Liebesbeziehung.[2] Alte Muster, alte Hoffnungen, alte Verletzungen. Alles, was du jemals verdrängt hast, meldet sich zurück. Eros weckt die Erinnerung an den intensiven Zustand: So fühlt sich die gebündelte Energie im Schmerz an. So fühlt es sich an, wenn etwas in dir wieder erwacht, das du vergessen glaubtest. So viel Lebendigkeit wartet in den Schatten.

Was in dir erwacht, ist nicht nur Schmerz. Es ist der Wunsch, gesehen zu werden, ohne dich zu verstellen. Es ist der Hunger nach Kontakt ohne Kontrolle. Die Hoffnung, dass da jemand ist, der dich ganz sieht – und trotzdem bleibt. Das Überkommen der Prägungen, mit dem Nachteil, dass Eros dich auf dem Weg zur Liebe an den heißen Punkt ihrer Verletzung führt.

Eros bringt dich zu dem Menschen, der die Lernerfahrung für dich bereithält. Er kennt die Kombination mit Partnern, die ein

Elixier in sich tragen: die eigene Lebendigkeit, das eigene Begehren, die eigene Sehnsucht. Eros bringt dich in Kontakt mit dem, was du bist – und oft nicht sein durftest. So ist es, dass manche Egos kompatibel sind und uns deshalb so magnetisch anziehen, weil sie das Gegengift für uns bereithalten, das den Schmerz und die Hoffnung in einer alchemistischen Wechselwirkung berührt.

Das Verhängnis beginnt dort, wo wir diese aufkommenden Emotionen festhalten wollen. Wo wir aus dem Impuls eine Abwehr machen, aus der Anziehung ein Konzept, aus dem Moment eine Struktur. Wo wir den Rausch nicht nur fühlen, sondern kontrollieren wollen. Und so kämpfen wir. Um Aufmerksamkeit. Um Sicherheit. Um Nähe. Und Eros verflüchtigt sich. Die Dinge werden festgefahren, die energetische Ladung ist zwar noch da, findet aber nicht den gesunden Weg in die Auflösung.

Dieselbe Kraft, die uns in Ekstase versetzt, trägt auch den Keim des Krieges in sich. So beginnt aus der größten Anziehung oft die heftigste Abwehr. Unbewusste Strategien von Angriff und Verteidigung machen jetzt den ewigen Krieg aus. Manchmal ist es ein kalter Krieg, manchmal ein heißer Krieg. Im kalten Krieg herrscht Schweigen, die Fronten verhärten, die Partner prallen jahrelang an den kalten Schultern des anderen ab. Im heißen Krieg fliegen die Fetzen, Worte werden zu Waffen, und doch wird nie Friede erreicht. Wenn der Ausnahmezustand einmal erklärt ist, fällt es leichter, aufgestaute Munition von Jahren aus dem Schützengraben zu feuern. Dann zeigen wir unser hässlichstes Gesicht.

Viele Paare finden nach einem essenziellen Konflikt nie wieder ganz aus der Deckung zurück. Eine Affäre fliegt auf, ein anderer Ton bricht hervor, ein Schatten wird hinter der Maske sichtbar – Wut, Trauer, Angst, Ohnmacht. Plötzlich erkennen wir Seiten aneinander, die wir nie vermutet hätten. Und doch gehören sie dazu. Denn wenn wir uns tief genug begegnen, sind alle Menschen unergründlich, komplex und unvorhersehbar – für andere und für sich selbst.

Auf den ersten Schock folgt Vorsicht, auf Vorsicht Angriff oder Verteidigung. Mal sind wir Opfer, mal Retter, mal Täter. Jede Rolle zwingt die andere Seite in die Gegenrolle – ohne Angreifer kein Opfer, ohne Retter kein Bedürftiger.[3] Solange wir in Rollen gefangen sind, gibt es keine Lösung. Die Liebe kennt keine Täter und keine Gewinner, das Ego sehr wohl. Wir drehen uns im Kreis, und es fühlt sich nach einer endlosen Schleife an.

Der Kreislauf beginnt fast immer gleich:

1. Ein Blick, ein Wort oder eine kritische Aussage genügt und der Spiegel triggert den Sprengstoff aller Anteile in uns.
2. Alte Prägungen aktivieren den Schmerz unserer Vergangenheit, das Nervensystem mobilisiert den Überlebensmodus.
3. Unser altes Gehirn übernimmt mit seiner unbewussten Reaktion und identifiziert die Gefahr.
4. Unser Ego geht in die Verteidigung seiner Geschichten. Narrative und Projektionen verfestigen sich.
5. Unsere Affektregulation greift – im Stress suchen wir Sicherheit über Verbindung oder Kontrolle durch Selbstbehauptung.
6. Wir gehen in das emotionale Wechselbad der Gefühle aus Aktion und Reaktion.[4]

Wenn diese Kräfte in uns erst einmal aktiv sind, arbeitet das ganze System auf absoluten Hochtouren. Nicht aus Lust am Streit, sondern aus der unbewussten Notwendigkeit, unsere Ego-Identität zu retten. Affekte sind Versuche, wieder Sicherheit zu erlangen. Wie genau wir das tun, hängt von unseren Prägungen ab: von Wutausbruch bis Liebesentzug.

Es gibt zwei grundlegende Achsen, auf denen wir diese Sicherheit herstellen, wobei eine davon stärker in der jeweiligen Person ausgeprägt ist. Sobald der Stress von Konflikten essenziell für unser Ego wird, regulieren wir uns entweder auf der Achse von Verbindung oder von Identität. Jeder Mensch hat eine Achse, auf der er das vorrangig tut.[2] Was genau bedeutet das?

Eine Strategie ist die Achse der Verbindung. Ihr Ziel ist Nähe – auf welchem Weg auch immer. Für Menschen auf dieser Linie ist jede Distanz wie ein kleiner Tod, eine Miniatur des großen Verlustes, den Eros in ihnen berührt. Sie scannen jedes Zucken im Gesicht des Gegenübers, jedes Schweigen, jeden abgewandten Blick. Und so greifen sie nach der Hand, suchen den Blick, werfen Worte ins Schweigen – alles, um das Band zurückzuziehen, das ihnen Sicherheit gibt. Sie wiegen sich in Ruhe, wenn die Nähe zum Partner hergestellt ist. Sie spüren den Drang ihrer Affekte, sobald Verbindung abreißt. Verbindung – das kann Berührung, Verständnis, Gesehenwerden, Kontakt jeder Art sein.

Stell dir die Verbindungsachse auf einem einfachen Fadenkreuz als die horizontale Linie vor. In der Mitte liegt die Verbindung zum Partner und je näher wir uns dieser Mitte fühlen, desto weniger Stress haben wir, den wir regulieren müssen. An den äußeren Punkten dieser horizontalen Linie liegt die Angst. Je weiter sich eine Person von der Verbindung in der Mitte entfernt, desto mehr Angst verspürt sie. Diese Angst gibt ihr wiederum den Anlass, in die Mitte zurückzukehren. Wie sie das macht, ist der Angst egal. Das kann mit Angriff oder mit Schlichtung passieren – es ist unsere individuelle Erfahrung mit der Art und Weise, was im Verbindungsverlust am besten für unsere Sicherheit funktioniert. Ihr großes Ziel bleibt aber auf allen Wegen das eine: Verbindung, Nähe und Sicherheit wiederherstellen. Zurück in die Mitte kommen.

Du kannst bei dir selbst und bei anderen erkennen, ob jemand primär über die Verbindungsachse reguliert. Menschen auf dieser Achse haben ein feines Radar für emotionale Distanz. Sie spüren sofort, wenn sich etwas zwischen ihnen und dem Gegenüber verändert – sei es durch einen Tonfall, eine abweisende Körperhaltung oder das Fehlen von Blickkontakt. Ihr ganzes System reagiert dann hochsensibel, fast schon automatisch, auf diesen gefühlten Bruch. Typische Signale sind das schnelle Suchen nach Klärung, das Bedürfnis nach körperlicher Nähe oder auch die unbewusste Neigung, Konflikte zu entschärfen, um die Beziehung nicht zu gefährden. Manche suchen Nähe aber nicht nur über Harmonie, sondern auch über Reibung: Streit, Drama oder lautstarke Gefühlsausbrüche können ebenso als Versuche dienen, den Kontakt wiederherzustellen – weil selbst negative Aufmerksamkeit besser ist als gar keine. Das Muster dahinter ist dasselbe: *»Hauptsache, wir spüren unsere Verbindung.«* Auch in ihrer Körpersprache zeigt sich das deutlich: Sie lehnen sich vor, suchen Augenkontakt, berühren den anderen beiläufig. Ihr größter Stress beginnt da, wo sie sich innerlich getrennt oder ausgeschlossen fühlen. Deshalb drehen sich ihre Gedanken oft um die Fragen: *»Wie steht es um uns? Sind wir in Gefahr? Magst du mich noch?«* Ihre ganze Wahrnehmung filtert die Situation durch diese Brille. Wenn du das bei dir erkennst, ist das keine Schwäche – es ist deine Art, Sicherheit über Nähe herzustellen.

Die zweite Strategie ist die Achse der Identität. Ihr Ziel ist Würde, Stolz, Selbstbehauptung. Für Menschen, die sich auf der Identitätsachse regulieren, bedeutet jede Bewertung, jede Abwertung durch den Partner einen Sturz in die Scham. Eros trifft hier nicht die Sehnsucht nach Nähe, sondern die offene Wunde des Selbstwerts und der Selbstwirksamkeit. Was sie verteidigen, ist nicht bloß ein Argument – es ist ihr Recht, zu existieren, und der Stolz, der hinter der Anstrengung steckt, das immer wieder zu beweisen.

Deshalb wirken ihre Reaktionen kühl, scharf, manchmal gnadenlos. Denn was sie fürchten, ist nicht Distanz, sondern Erniedrigung.

Diese Achse ist in unserem Fadenkreuz die vertikale Achse. Anders als bei der Verbindungsachse ist hier das Ziel, Sicherheit in einem hohen Gefühl von Identität, Stolz und Status zu finden. Diese Menschen haben in ihren Prägungen eine andere Erfahrung gemacht: »*Verbindung und Sicherheit ist, wenn ich den Dingen erhaben bin.*« Sie haben verinnerlicht: »*Nie (mehr) wird jemand über mich bestimmen, nie (mehr) wird mir jemand das Gefühl geben, nicht gut genug zu sein!*« Es gibt einen Schmerz, der uns veranlasst, der drohenden Scham erhaben zu sein. Es ist das Gefühl, wirklich nicht gut genug, nicht okay oder nicht liebenswürdig zu sein, wie wir sind. Diese Scham ist wie ein Gravitationsfeld, etwas, das immer droht, uns im Selbstwert anzugreifen. Überall lauert potenziell jemand, der uns als unfähig, nicht liebenswürdig oder als nicht gut genug entlarven könnte. Prangert uns jemand an und droht mit Verbindungsentzug oder mit Einengung, reagieren diese Personen mit Groll, Wut, Angriff oder Flucht. Sie haben beschlossen, die schwierigen Gefühle von Ohnmacht und Hilflosigkeit nie mehr zu erleben. Und nie waren sie so nah dran, diesen Kampf gegen diese Schwerkraft »ein für alle Mal« zu gewinnen. Als viel ältere und erwachsenere Menschen wollen sie endlich (und müssen sie immer noch) das bezwingen, was sie als Kind hilflos überrollt hat.

Du erkennst Personen, die stark auf der Identitätsachse regulieren, meist an ihrem ausgeprägten Bedürfnis nach Eigenständigkeit und innerer Souveränität. Solange sie sich in ihrer Kompetenz, Autonomie oder Selbstwirksamkeit bestätigt fühlen, sind sie ruhig und zugänglich. Doch ist ihr Status in Gefahr, müssen sie dem entgegenwirken. Diese Menschen reagieren auf alles, was sie subjektiv als Entwertung, Bevormundung oder Schwäche deuten. Sie wirken dann kühl, abgrenzend oder offensiv, verteidigen sich oder ziehen sich demonstrativ zurück. Hinter dem Stolz und der scheinbaren

Unabhängigkeit steckt jedoch oft ein sensibles Nervensystem, das tief geprägt ist von Scham und Überforderung in der Vergangenheit. Ihre größte Angst ist es, sich klein, falsch oder ausgeliefert zu fühlen – darum werden sie aktiviert, wenn sie sich bedroht fühlen, selbst wenn sie innerlich mit sich selbst kämpfen. Du erkennst dieses Muster bei dir selbst, wenn du in einer Beziehung vor allem dann Unruhe oder Rückzug spürst, wenn du das Gefühl hast, nicht gesehen, nicht respektiert oder fremdbestimmt zu werden. Auch Gedanken wie *»Das lasse ich mir nicht gefallen«*, *»Ich muss mich schützen«* oder *»Sag das noch ein Mal, dann...!«* sind typische Begleiter dieser Achse.

WIE WIR AUF DEN ACHSEN STREITEN

Zwei Partner auf der Verbindungsachse

Beide wollen vor allem eins: wieder in die Nähe zurück. Ihre Aufmerksamkeit richtet sich nicht so sehr auf das Thema des Streits, sondern auf die Wiederherstellung von Verbindung. Deshalb greifen sie zu allen Mitteln, die sie kennen – von beschwichtigend, verständnisvoll und validierend bis hin zur Aufopferung. Was sie fürchten, ist die Reibung und die Distanz. Ihr Risiko: Sie verlieren sich in endlosen Schleifen aus gegenseitiger Vermeidung oder vorschneller Beschwichtigung, die sie nicht wirklich wachsen lassen. Der Trost ist, dass sie nie lange mit einem schwierigen Gefühl sitzen müssen – die Gefahr liegt darin, dass sie dadurch nie wirklich tiefer kommen.

Zwei Partner auf der Identitätsachse

Hier steht nicht Nähe im Zentrum, sondern Status und Selbstbehauptung. Jeder verteidigt seine Integrität – und erlebt den Stolz des anderen schnell als eigenen Untergang. Weil beide Angst vor Erniedrigung und Scham haben, sind die Kämpfe oft zäh und endlos. Es geht nicht so sehr um das eigentliche Thema, sondern um die Frage: »*Wer wahrt sein Gesicht?*« Der Konflikt kann sich in feindseligen Angriffen entladen, aber auch in kalter Distanz. Ihr Risiko: ewige Rechthaberei ohne Gewinner, weil jeder Sieg des einen den anderen demütigt. Solche Paare wirken nach außen oft stark und souverän, doch hinter verschlossenen Türen verwandeln sich ihre Diskussionen in Duelle. Wer hier nicht aufpasst, macht aus der Partnerschaft ein Tribunal, in dem Liebe nach und nach dem Stolz geopfert wird.

Verbindungsachse trifft Identitätsachse

Das ist die wohl dynamischste Kombination – und eine, die viele Paare kennen. Der eine sucht Nähe, der andere Freiheit. Der eine ruft »Komm her!«, der andere »Bleib weg!«. Der Partner auf der Verbindungsachse erlebt Rückzug als bedrohlich und reagiert mit Klammern, Bitten oder Drängen. Der Partner auf der Identitätsachse erlebt dieses Klammern als Einengung und reagiert mit Abgrenzung, Stolz oder Rückzug. So verstärken sie gegenseitig ihre Wunden: Nähe wird als Gefahr und Distanz als Verlust erlebt. Ihr Risiko: ein ständiges Push-and-pull-Spiel, in dem beide genau das bekommen, wovor sie am meisten Angst haben. Hier zeigt sich am deutlichsten, wie unsere alten Prägungen ineinandergreifen: Was für den einen Rettung bedeutet, ist für den anderen Bedrohung. Nähe wird zur Zange, Distanz zum Abgrund. Wenn sich diese Dynamik zuspitzt, fühlt sich das Zusammensein nicht mehr nach Liebe an, sondern nach Überlebenstraining.

So unterschiedlich diese Dynamiken auch sind – sie alle haben eines gemeinsam: Wir brauchen sie nur, wenn Stress unser Nervensystem überfordert. Ob wir klammern, kämpfen oder uns zurückziehen – in Wahrheit zeigt sich nur, wie viel Kapazität unser inneres System in diesem Moment noch hat. Fällt die Kapazität weg, übernimmt das alte Programm des Überlebens. Genau hier setzt das Verständnis von Stress und Kapazität an.

STRESS UND KAPAZITÄT

Erst wenn wir aus der Kapazität fallen und der Stress einer Situation überläuft, brauchen wir Affektregulation. Dann startet unser internes Programm für das Überleben. Stell dir diese Kapazität wie ein tatsächliches Fass vor. Ein rundes Holzfass mit Dauben, den länglichen Holzbrettern, aus denen Holzfässer gemacht werden. Nun stell dir vor, wie verschiedene Formen von Stress dafür sorgen, dass eine dieser Dauben mit jedem Stress, den wir erleben, kürzer wird. Die kürzeste Daube bestimmt dann, wie viel Wasser – in unserem Fall Stress – das Fass tragen kann, bevor es ausläuft.[5]

Der erste Faktor dabei ist der Basisstress. Den bringen wir durch unsere individuelle Beschaffenheit mit in das Erwachsenenalter. Das sind beispielsweise Faktoren wie unsere DNA bis zu den Prägungen und Traumata unserer Kindheit. Diese Faktoren verringern unsere Kapazität und sind der erste Umstand, der uns schwächt und anfälliger für Stress macht, als unser gesundes, vollständiges Fass eigentlich tragen könnte.

Der zweite Faktor sind Lebensereignisse. Das sind Themen, die in mittel- bis kurzfristigen Geschehnissen oder Episoden dafür sorgen, dass wir weniger Kapazität haben als üblich. Stell dir Lebensereignisse als Umbrüche oder Situationen vor, in denen wir uns neu orientieren müssen: Umzug, Jobwechsel, Krankheit, Weltgeschehen bis zum Tod geliebter Menschen. Sie alle haben einen Einfluss auf unsere Kapazität, weil ein Teil davon im Hintergrund andere Vorgänge bereits unterbewusst verarbeitet und einen erhöhten Verarbeitungsaufwand für unser Gehirn darstellt.

Der dritte Faktor ist der akute Stress. Der entsteht durch unsere aktuelle Lebenssituation. Das sind beispielsweise intensive Arbeitsphasen, unvorhergesehene Umstände wie das plötzlich kaputte Auto oder alltägliche Herausforderungen. Für diese Bewältigung benötigen wir kurzfristig mehr Energie. Die Herausforderungen bündeln unsere Aufmerksamkeit und beschäftigen uns zusätzlich zum Basisstress und unseren Lebensereignissen.

Je mehr Stress wir haben, umso weniger Kapazität haben wir für weitere Herausforderungen. Was das Fass tragen kann, ist die Menge an Stress, die wir bewältigen können, ohne in die emotionalen Affekte zu kippen. Stell dir vor, wie viel Auseinandersetzung du in deiner Beziehung navigieren kannst, wenn du in deinem Zentrum bist, keine großen Lebensthemen auf dich einwirken und du wenig bis keinen Stress bei der Arbeit erlebst. Hier kannst du viel mehr Unsicherheit aushalten, kannst die Dinge auf dich wirken lassen und aktiv eine Veränderung bewältigen.

Dann stell dir vor, wie schnell du an deine Grenzen in der Beziehung kommst, wenn du zusätzlich eine ständige Angst vor dem Verlassenwerden in dir trägst, gerade in eine neue Stadt gezogen bist und dich täglich mit Bewerbungen um einen neuen Arbeitsplatz beschäftigen musst. Jetzt mit deinem Partner über eure Beziehung diskutieren, das Beziehungsmodell anzweifeln oder die Ehe öffnen? Das erscheint dir in diesem Umstand unmöglich.

Kombiniere die Stresskapazität mit den Achsen der Affektregulation und dir erschließt sich ein vollständigeres Bild. Die Verbindung ist jetzt der Person auf der Verbindungsachse viel wichtiger, da die Angst durch den Stress größer wird. Die Identität auf der Identitätsachse wird wichtiger, wenn die Scham – Angst zu versagen, geringeres Selbstvertrauen, unsicheres Selbstwertgefühl – am unteren Ende droht.

Der Konflikt in der Beziehung basiert jetzt auf einer Vielzahl von Faktoren, die wir nicht mehr wirklich auseinanderhalten können. Ist es ein Bindungsthema? Leben wir in Projektionen? Ist es ein Ego-Kampf? Passen wir überhaupt noch zusammen? Oder ist es nur der Stress in der Arbeit? Im Streit und im Affekt gelingt uns diese Unterscheidung nicht mehr. Alles, was wir spüren, ist: raus hier. Alles ist gerade eins zu viel. Wir verlieren im überlaufenden Stress den Kontakt mit uns und streiten auf der Basis von Ego und Emotionen. Deshalb sind unsere Bedürfnisse und die eigentlichen Gründe so unklar. Wir tun nur das, was wir gerade noch tun können: im Affekt unser Überleben sichern.

BEWUSSTE UND UNBEWUSSTE PAARE

Jetzt kommen wir an die Weggabelung, die bewusste von unbewussten Paaren trennt. Konflikte sind unumgänglich, doch das Bewusstsein entscheidet, ob die Energie uns trennt oder der Liebe näherbringt. Schaffen wir es nicht, in der bewussten Wahrnehmung zu bleiben, müssen wir zwangsläufig in die Verteidigung gehen und den Konflikt austragen. Oder aber wir schaffen es in die bewusste Wahrnehmung von allem, was gerade in uns lebendig ist. Wenn wir es im Konflikt schaffen, über die tieferen Ebenen der Emotionen – statt über ihre Verteidigung – zu kommunizieren, nähern wir uns einem verletzlichen Teil. Die Bedeutung auf der Herzebene öffnet die Tore für die wirkliche Gefühlswelt im Untergrund. Meine unsichere, gestresste, getriggerte, ungeliebte Seite wird aktiv. Auch wenn ich mittlerweile weiß, dass mein Gegenüber mich nicht fühlen macht, sondern meine Gefühle meine sind. Der Spiegel spiegelt, und was ich sehe, bin ich selbst. Das verletzte Herz steckt in uns, aber wir beschützen es.

Lass uns einen Streit bei unserem Paar Ina und Tom beobachten. Tom (Identitätsachse und von der Arbeit gestresst) und Ina (Verbindungsachse) treffen am Abend nach der Arbeit aufeinander. Das Abendessen ist still und angespannt. Nach dem Essen treffen sie im Wohnzimmer aufeinander:

Ina: *»Du hast den ganzen Abend über kaum ein Wort gesagt … Ich weiß gar nicht, was los ist. Bist du sauer auf mich?«*

Tom (kühl, abweisend): *»Ich hab doch gesagt, alles gut. Muss ich dir jeden Abend meine Gedanken auf dem Silbertablett servieren, oder was?«*

Ina: *»Sei doch nicht so abweisend ... Ich merke doch, dass da was ist. Ich will einfach nur offen mit dir reden können.«*

Tom (hebt die Arme, Stimme wird schärfer): *»Gib mir doch mal fünf Minuten Luft, bevor du wieder alles dramatisierst!«*

Ina (Augen füllen sich mit Tränen, Stimme bricht): *»Ich will einfach nur, dass wir uns wieder nah sind. So wie früher ... Kannst du nicht ein Mal sagen, wie es dir geht?«*

Tom (ironisch, mit spöttischem Lachen): *»Ach, jetzt bin ich wieder schuld an deinen Gefühlen. Kenn ich schon. Mach nur weiter so.«*

Ina (wird lauter, verzweifelt): *»Tom, das verletzt mich, wenn du so redest. Ich fühle mich, als würde ich gegen eine Wand rennen. Ich will doch nur ... dass du mir zeigst, dass wir noch wichtig sind ...«*

Tom (platzt): *»Und ich will nicht wie ein Kleinkind behandelt werden, das man manipulieren muss! Du weißt genau, ich hasse das. Muss ich mich jetzt auch noch rechtfertigen, warum ich meine Ruhe will?«*
Ina (fängt an zu weinen, ihre Stimme überschlägt sich): *»Warum schreist du jetzt? Immer wenn ich das Mindeste von dir will, greifst du an. Das ist so bitter ...«*

Tom (zynisch): *»Und ich fühl mich wie der letzte Idiot, der sich hier ständig erklären soll, nur weil ich nicht auf dein Genörgel einsteige. Such dir doch einen, der deine beste Freundin wird!«*

Das ist der Engpass, den alle Paare mit solchen Konflikten kennen. Die Chance zur Auflösung ist so greifbar nahe, wenn nur eine Person aus dem Schützengraben käme. Hier im Graben kippen wir in die erneute ohnmächtige Zerstörung oder in die Zuversicht der Heilung. Ohne Navigation flüchten wir schnell in Projektionen, Kritik und Bewertungen. Das du-o-matische Spiel kennt unendliche Wege, mich von der Emotion zu distanzieren, um sie auf das Gegenüber zu übertragen. Wir wollen den Krieg der Kindheit in uns nicht fühlen. Wirklich nicht.

Was wir stattdessen fühlen, sind unsere Ängste und deren Entstehungsgeschichte. Die Masken, die wir in unserer Vergangenheit annehmen mussten, sind die Egos, die im Konflikt angegriffen werden. Die Masken fühlen sich echt an und doch sind sie nur Schutzschichten, die wir so gewohnt tragen, dass wir sie für unsere Identität halten. Jetzt im Drama ist diese Identität in Gefahr, denn was darunterliegt, ist roh und verwundbar. Der Panzer, der uns schützt, ist die Mauer vor dem verletzlichen Herzen.

Im Tanz der Liebe waren wir einst von der Maske des Gegenübers angezogen, jetzt verlangt Eros, dass wir tiefer gehen und sie vom Gesicht nehmen. Ein dynamisches Schauspiel entfaltet sich zwischen Hingabe und Auflösung. Denn das Drama der Verteidigung der Maske ist die elektrische Ladung der Heilung. Lass uns genauer verstehen, wie diese Masken zueinander stehen.

9

MASKEN

»WE WEAR MASKS BECAUSE WE FEAR LOVE,
AND WE FEAR LOVE BECAUSE IT DESTROYS THE MASKS.«
— OSHO

ARCHETYPEN IM WECHSELSPIEL

Masken sind nicht nur Rollen, die wir spielen – sie sind der Code unserer unbewussten Programmierung. Jede Zeile davon schreibt, wie wir gelernt haben, Liebe zu sichern oder mit ihrem Verlust umzugehen. In Beziehungen laufen diese Codes gleichzeitig, interagieren, erzeugen Endlosschleifen oder Systemfehler. Wer sie liest, versteht, warum manche Begegnungen crashen, während andere stabil laufen – und wie sich die verborgenen Algorithmen hinter der Maske entschlüsseln lassen. Doch der Code lebt erst, wenn er ausgeführt wird – im Kontakt, in der Begegnung, in der Beziehung. Dann offenbart sich, wie zwei Programme ineinandergreifen, kollidieren oder sich gegenseitig befreien.

Der Mensch, der dich elektrisiert, bringt durch seine Maske Licht und Schatten mit sich. Das Elixier seiner Persönlichkeit ist Fluch und Segen, Hölle und Heilversprechen deiner dunklen Anteile. Der Schatz, den er freilegt, ist die Lebenskraft, die du hinter deiner Maske versteckt hast. Denn wo zuvor deine volle Kraft durch Ängste gedrosselt war, gibt er dir den Anlass, Limitierungen zu überkommen und eine vollkommenere Version von dir selbst zu verkörpern. Das ist der positive Anteil von Eros: Er befreit die Lebensenergie unseres vollständigen Selbstausdrucks.

Ist dein Partner beispielsweise Prinz oder Prinzessin, dann ist zu Beginn eurer Begegnung von der alten Wut nichts zu spüren – jener Wut, einst nur für Anpassung und Wohlverhalten geliebt worden zu sein. Der Prinz fühlt sich in der ersten Phase einer Beziehung endlich vollständig angenommen und durch das starke Interesse des Gegenübers in seiner Ganzheit gesehen. Der alte Fluch scheint aufgehoben: Es gibt keinen Grund mehr, Anteile von sich zu verstecken, um Liebe nicht zu verlieren. In der Verliebtheit fließen die Projektionen in beide Richtungen. Die goldenen Seiten, die der andere in uns erkennt und bestätigt, füllen für einen Moment das Loch in uns. Wir fühlen uns ganz, liebenswert, vollständig. Und das Loch ... welches Loch?

Wir finden zu einer festeren Form. Unsere Stärken sind gestärkt, die Schwächen geschwächt. Für einen langen Moment schweben wir in einer Stabilität, die wir am liebsten für immer festhalten wollen. Doch wie es mit Eros so ist, führt er uns ans Licht, an den heißen Punkt der Liebe. Zwar könnten wir diesen heißen Punkt vermeiden, indem wir versuchen, die Liebe zu umgehen, vor ihr zu flüchten oder sie kleinzuhalten. Und trotzdem wäre da die Prägung der Liebe, die im Untergrund in uns lebt. So oder so, früher oder später schmilzt das Feste in eine weiche Form, kommt die lebendige Historie unserer Menschwerdung an die Oberfläche.

Ein Pendel in uns schwingt auf die Gegenseite. Das Vakuum, das zuvor mit liebevoller Aufmerksamkeit aufgefüllt wurde, ist hungrig wie das Kind, in dem die Wunde entstanden ist: Mama ist da – ah! Mama ist weg – aua! Dein Partner berührt unweigerlich die Stellen, die unersättlich nach Liebe hungern. Stolpert über die Muster, in denen du dich verlassen gefühlt hast. Aktiviert Momente, die du eigentlich nie mehr fühlen wolltest. Bewusst oder unbewusst – der Funke wird den Sprengstoff in dir berühren, die Explosion ist nur eine Frage der Zeit.

Was wir als Drama erleben, sind keine neuen Konflikte, sondern alte Emotionen, die sich im Jetzt Bahn brechen.[1] Ihre Wurzeln liegen in den Masken, die wir einst aufsetzen mussten, um geliebt zu werden. Sie sind die Ego-Identitäten, die wir aus unserer Geschichte entwickelt haben, um geliebt, sicher und gesehen zu bleiben. In ihrer Entstehungsgeschichte haben wir sie bereits kennengelernt: die Netten, die Prinzen/Prinzessinnen, die Verführer und die Rebellen. Jeder dieser Archetypen trägt eine prägende Erfahrung von Liebe und Verlust in sich – bewusst oder unbewusst gewonnen, bewusst oder unbewusst verloren. Doch spannend wird es dort, wo sie aufeinandertreffen.

Denn Beziehung ist kein Monolog. Sie ist ein Wechselspiel, in dem die Masken nicht nur uns selbst schützen, sondern auch aufeinander reagieren. Was sich anzieht, sind nicht bloß Persönlichkeiten, sondern vertraute Dynamiken. Die alten Muster erkennen sich wieder – und greifen ineinander wie Zahnräder. Genau dort, wo wir uns am stärksten angezogen fühlen, lauert deshalb auch das größte Konfliktpotenzial. Denn diese Anziehung ist Eros – der Magnetismus in uns, der auf die gegenüberliegende Seite unserer Wunde mit Feuer reagiert.

DIE VIER MASKEN

Bevor wir die Dynamik der Begegnungen betrachten, lass uns erinnern: Jede Maske trägt eine spezifische Prägung, eine Grundangst und eine überlebenswichtige Strategie in sich.

Erinnerst du dich an die Fragen vom Anfang: Wer von euch ist mächtiger? Wer ist die abhängigere Person? Diese Fragen waren kein Spiel. Sie zeigen das unsichtbare Spannungsfeld, in dem sich jede Beziehung bewegt. Manche von uns sichern Liebe durch Anpassung, andere durch Kontrolle. Manche halten fest, um nicht verlassen zu werden, andere fliehen, bevor sie sich wirklich zeigen. Und obwohl diese Strategien ganz unterschiedlich aussehen, entspringen sie demselben Ursprung: dem Versuch, Schmerz zu vermeiden und Sicherheit herzustellen.

Genau hier treffen sich unsere Masken und jede davon hat eine gewohnte Überlebensstrategie. Jede Maske bewegt sich zwischen zwei Polen – Macht und Ohnmacht, Abhängigkeit und Unabhängigkeit.[2] Es sind die beiden inneren Achsen, entlang derer sich unsere Konflikte entfalten. Sie sind keine bewussten Entscheidungen, sondern Ausdruck tief verankerter Überlebensimpulse. Denn hinter jeder Maske stehen ein Körper und ein Nervensystem, die gelernt haben, auf Gefahr zu reagieren – mit Kampf, Flucht oder Erstarren. Und unter jeder Reaktion liegt eine Emotion, die uns schon als Kinder durchströmt hat: Angst, Trauer, Wut oder Freude.[3]

Diese vier Grundbewegungen leben weiter in uns, auch wenn wir längst erwachsen sind. Sie fließen in unsere Art zu lieben, zu streiten, zu kontrollieren, uns zurückzuziehen oder festzuhalten. Manchmal erkennen wir sie als Wiederholung: dieselbe Dynamik, nur mit einem neuen Gesicht.

Mit dieser Brille schauen wir nun auf die vier Masken. Sie sind die sichtbaren Gesichter dieser alten Spannungen – vier Wege, mit derselben Sehnsucht umzugehen: geliebt zu werden, ohne sich selbst zu verlieren.

DIE NETTEN

Die Netten sind geprägt durch den bewussten Verlust von Liebe. Sie wissen genau, wann und wie Nähe entzogen wurde, und tragen diese Erfahrung wie eine offene Wunde in sich. Ihre größte Angst ist der erneute Verlust und damit die prägende Emotion der

Ohnmacht. Um dem zu entkommen, passen sie sich an, vermeiden Konflikte und versuchen, es allen recht zu machen – in der Hoffnung, den Schmerz nie mehr fühlen zu müssen.

Die Netten fühlen sich im Konflikt ohnmächtig und abhängig und erleben deshalb vor allem Angst. Ihr Nervensystem reagiert mit Erstarrung – sie ziehen sich zurück, lächeln, beruhigen, vermeiden Spannung. In ihrer Welt ist Sicherheit nur möglich, wenn alle anderen versorgt und glücklich sind. Dadurch verlieren sie oft den Kontakt zu ihrer eigenen Kraft. Ihre Beziehung wird zum Balanceakt zwischen Nähe und Selbstverlust, zwischen Zugehörigkeit und dem ungesagten Wunsch, endlich angstfrei lieben zu können.

DIE PRINZEN/PRINZESSINNEN

Die Prinzen/Prinzessinnen haben Liebe bewusst gewonnen. Leistung, Anpassung, Fleiß oder Schönheit waren ihre Werkzeuge, um Zuwendung zu erhalten. Tief in ihnen sitzt die Angst, nicht genug zu sein. Im Erwachsenenleben sehnen sie sich nach der »Krönung«: endlich für das, was sie sind, ohne Mühe geliebt zu werden. Erhalten sie das nicht, kommen sie an die prägende Emotion der Wut.

Die Prinzen/Prinzessinnen nutzen im Konflikt die Wut als Machtausübung, mit der sie die Liebe gewinnen wollen. Dadurch erleben sie aber auch die Abhängigkeit dieser Liebe vom Gegenüber. Ihr Nervensystem reagiert mit Kampf, weil sie unbewusst gelernt haben: Wut erzwingt die Anerkennung, Kontrolle schützt vor Verletzung. Hinter der Fassade von Stärke, Erfolg und Verantwortungsbewusstsein liegt die alte Angst, durch Unzulänglichkeit die Liebe doch nicht zu erhalten. Ihre Wut ist die Stimme ihrer verlorenen Unabhängigkeit – ein Aufbäumen gegen die Selbstverleugnung, die einst notwendig war, um geliebt zu werden.

DIE VERFÜHRER

Die Verführer haben Liebe unbewusst gewonnen. Schon früh spürten sie, dass Aufmerksamkeit an Bedingungen geknüpft war.

Um die Liebe zu gewinnen, mussten sie faszinieren, manipulieren oder alternative Wege finden, um die Eltern um den Finger zu wickeln. Ihre Angst ist das Verlassenwerden – dass ihre Fassade doch entlarvt wird und die gewonnene Liebe verloren geht. Deshalb suchen sie immer wieder Bestätigung, indem sie attraktiv erscheinen, das Begehren anderer auf sich ziehen, sich nie ganz fangen lassen.

Die Verführer erleben im Konflikt ihre Macht, mit der sie auf ihr Gegenüber einwirken. Im Hintergrund stützt sich diese Macht auf die Unabhängigkeit – denn im Zweifel kann sie einfach gehen. Ihr Nervensystem reagiert mit Flucht, oft getarnt als Leichtigkeit oder Freiheit. Ihre Basisemotion ist eine subtile Freude, die weniger echt als schützend ist – ein Ausweichen vor Verletzlichkeit. Sie vermeiden Tiefe, um Kontrolle zu behalten, und verwechseln Resonanz mit Bestätigung. Erst wenn sie lernen, nicht mehr zu gefallen, können sie wirklich lieben – ohne Maske, ohne Bühne.

DIE REBELLEN

Die Rebellen schließlich haben Liebe unbewusst verloren. Für sie brach Nähe weg, ohne dass sie verstanden haben, warum. Strafe folgte auf Lob, Kälte auf Wärme. Genau das heißt unbewusst verloren: Zuneigung und Liebe blieben für sie ein Rätsel, ihr Verlust bleibt die drohende Angst. Diese Erfahrung sitzt tief im Körper, wie ein unsichtbarer Schock. Ihre Grundangst ist deshalb die Trauer, erneut für ihre Bemühungen Ablehnung zu spüren. Deshalb verteidigen sie ihre Freiheit und Autonomie um jeden Preis – und halten sich lieber fern, als erneut in Abhängigkeit und dadurch in Kontrollverlust zu geraten.

Die Rebellen erleben im Konflikt die Ohnmacht des erneuten Liebesverlustes und ihre Rettung aus dem Schmerz in Form von Unabhängigkeit. Ihr Nervensystem reagiert mit Flucht, angetrieben von Trauer, die sie kaum zulassen können. Sie ziehen sich zurück, bevor jemand sie verlassen kann. Ihre Stärke ist Selbstbestimmung, ihre Falle die Einsamkeit. In Beziehungen kämpfen sie um Freiheit, wo sie sich eigentlich nach Nähe sehnen. Erst wenn sie sich erlauben, die Trauer wirklich zu fühlen, können sie aufhören, vor ihr davonzulaufen.

SCHLÜSSEL UND SCHLOSS

Es gibt Kombinationen von Egos, die besonders viel Konfliktpotenzial bergen. Sie ziehen sich nicht zufällig an, sondern weil ihre jeweilige Erfahrung von gewonnener oder verlorener Elternliebe in der Begegnung gespiegelt wird.

NETTE × VERFÜHRER

So begegnen die Netten, die die Liebe bewusst verloren haben, oft den Verführern, die sie unbewusst gewonnen haben. Die Netten tragen die offene Wunde des Verlustes in sich – und damit die ohnmächtige Abhängigkeit. Sie wissen genau, wann und wie ihnen Zuwendung entzogen wurde, und sie hoffen, diesen Schmerz irgendwann durch neue Nähe rückgängig machen zu können. Die Verführer hingegen haben Liebe nie als selbstverständlich erlebt. Sie mussten schon früh lernen, dass Anerkennung von ihrer Anstrengung abhängt und sie sich deshalb niemals von anderen abhängig machen sollten. Sie kennen die Macht ihrer verführerischen Wirksamkeit und bleiben unabhängig, um ihre Kontrolle niemals so weit aufzugeben, dass sie verlassen werden könnten.

Beide Systeme passen wie Schlüssel und Schloss: Die Netten sehnen sich nach vollkommener Verbindung, die Verführer bieten sie – doch nie ganz oder nur mit Bedingungen. So kommen die Netten immer wieder an ihre Prägung der Ohnmacht: Mit den Verführern gibt es endlose Möglichkeiten, sich allein und verlassen zu fühlen. Denn die Verführer brauchen unbewusst den Ablauf, den drohenden Verlust der Liebe auch weiterhin zu überkommen. Sie sehnen sich zwar nach vollständiger Annahme, doch die Angst vor dem Verlassenwerden bleibt der Antreiber ihrer Muster. Die Netten, die gelernt haben, sich kleinzumachen, anzupassen und zu hoffen – sie nähren die Dynamik, indem sie genau das geben, was die Verführer zwar brauchen, aber nicht ertragen können. Das treibt die Verführer in ihrer Suche und Flucht nach Bestätigung zur nächsten Person, die sie *vielleicht* lieben wird.

Kannst du erkennen, wie beide Seiten das bieten, was ihr Gegenüber braucht, aber durch seine Prägung nicht vollständig geben oder annehmen kann?[4] Die Liebe der Netten ist einfach da, doch das Programm der Verführer sagt, dass sie hart verdient sein muss. Und selbst wenn die Verführer eine Zeit lang bleiben, erschaffen die Netten bereits durch ihre Befürchtungen Verlassenheitsgefühle, weil sie den Verlust der Liebe als Bestandteil jeder Beziehung erwarten.

Warum diese Dynamik viel Eros erzeugt? Weil es eine Wechselwirkung gibt, bei der sich die beiden Energien von Netten und Verführern kreuzen. Die Netten sagen: »Ich brauche dich«, die Verführer sagen: »Ich will dich« und mit dieser Dynamik drängen sie durch die Prägungen zum heißen Punkt der verletzten Liebe

PRINZEN/PRINZESSINNEN X REBELLEN

Ähnlich verhält es sich mit den Prinzen/Prinzessinnen, die Liebe bewusst gewinnen mussten, und den Rebellen, die sie unbewusst verloren haben. Die Prinzen/Prinzessinnen kennen das Spiel der Anpassung und erwarten im Erwachsenenleben die Krönung: endlich für das, was sie sind, ohne Mühe geliebt zu werden. Die Rebellen hingegen haben die Erfahrung, dass Nähe jederzeit wegbrechen kann, tief im Körper gespeichert – ohne zu verstehen, warum. Sie schützen sich, indem sie Autonomie über alles stellen. So entsteht auch hier eine gegenseitige Anziehung, die beide zugleich lockt und verletzt: Die Prinzen/Prinzessinnen wollen uneingeschränkte Bestätigung, die Rebellen müssen ihre Freiheit verteidigen.

Beide Systeme greifen perfekt ineinander: Die Prinzen/Prinzessinnen sehnen sich nach der endgültigen Anerkennung, die Rebellen geben nur genau so viel, wie sie sich selbst hingeben können. Denn in der Ermächtigung der Prinzen/Prinzessinnen droht der Schmerz des Verlustes. Die Rebellen erleben genau das, was sie am meisten befürchten: verletzt zu werden von einer Person, die zu viel Macht über sie hat. Diese Trauer ist altbekannt – sie wollen sie nie mehr erleben. Auch die Prinzen/Prinzessinnen erleben damit ihre alte Prägung: Sie geben, passen sich an und erwarten die ersehnte Annahme – und erleben mit den Rebellen doch Distanz und Rückzug. In ihnen steigt die Wut, wieder nicht gesehen und anerkannt zu werden – und schuld sind die Rebellen, die sich wegen dieser Anschuldigungen weiter zurückziehen ... eine Abwärtsspirale entsteht. Die Prinzen/Prinzessinnen erwarten, für ihre Leistung gewollt zu sein, und sagen: »Du willst mich«, die Rebellen erleben Unabhängigkeit in ihrer Flucht und sagen: »Du brauchst mich«. Beide sind voneinander abhängig im Spiel zwischen Anziehung und Abstoßung, das sie wie ein magisches Band bindet.

In beiden beschriebenen Konstellationen erkennt jeder im anderen die vertraute Spannung der eigenen Geschichte. Genau das macht die Anziehung so intensiv – und die Dynamik so anfällig für alte Dramen. Denn was sich anfühlt wie Liebe, ist der Tanz um die Angst im Zentrum. Es fühlt sich an, als würden wir die Anteile, die in unserer Kindheit außerhalb unserer Kontrolle lagen, durch den Partner erkennen und versuchen, unter Kontrolle zu bringen. Auch fühlt es sich damit so an, als könnten wir bezwingen, was durch die übermächtigen Menschen unserer Kindheit vollkommen unkontrollierbar war. Wir fühlen uns dadurch etwas ganzer, etwas mehr im Frieden, weil die Angst damit scheinbar unter Kontrolle kommt, obwohl sie nur zeitweise kleingehalten wird. Was wir dadurch auch finden, ist die Aufgabe, die drohende Anspannung zu regulieren. Falls unser Partner wirklich eine Person ist, die viele Eigenschaften unserer Kindheitserlebnisse verkörpert, reagieren wir sehr feinfühlig und intuitiv auf die drohende Wiederholung von schwierigen Situationen.

Genau deshalb erleben die ersten beiden beschriebenen Kombinationen – Nette mit Verführern und Prinzen/Prinzessinnen mit Rebellen – den meisten Eros.[5] Hier treffen die polaren Gegensätze von bewusst und unbewusst, von Gewinn und Verlust der Elternliebe aufeinander. Diese Differenz ist wie ein elektrisches Feld: Sie ist so anziehend, weil sich die alten Muster exakt ineinander verhaken. Eros lodert dort am stärksten, wo die Spannung zwischen Nähe und Entzug, zwischen Anerkennung und Rückzug am größten ist. Beide Prägungen in unserem Beispiel verkörpern das gegenüberliegende Extrem und damit den größten Spiegel durch die Andersartigkeit des anderen. Der Funke entzündet den Sprengstoff, weil beide Seiten im Partner das Gegenstück finden, das sie brauchen – aber zugleich fürchten.

Doch diese beiden Kombinationen sind nicht die einzigen, die ihre eigenen Dynamiken hervorbringen. Auch die anderen Paarungen bergen sowohl Verheißung als auch Gefahr. Manche wirken stabiler, weil sie weniger Eros in sich tragen. Andere knistern auf subtile Weise, weil sie vertraute Muster bedienen, die wir kaum bewusst wahrnehmen.

NETTE × PRINZEN/PRINZESSINNEN

Hier begegnen sich zwei, die beide die Not haben, Liebe aktiv zu sichern – der eine Partner durch Anpassung, der andere durch Leistung. Anfangs funktioniert das wunderbar: Die Prinzen/Prinzessinnen werden bewundert und bestätigt, die Netten schenken genau die Aufmerksamkeit, die sie selbst ersehnen. Die Netten erhalten damit die Gunst der Prinzen/Prinzessinnen und fühlen sich der Ohnmacht erhaben. Für kurze Zeit fühlen sich beide wie in einem sicheren Hafen. Doch je länger die Beziehung dauert, desto deutlicher wird der Preis: Die Prinzen/Prinzessinnen wollen gekrönt werden, ohne sich beweisen zu müssen. Die Netten hoffen, endlich Liebe zu erhalten, ohne sich ständig aufopfern zu müssen. Doch beide greifen nach Anerkennung, die der andere nicht dauerhaft geben kann. So entstehen Spannungen: Der eine fühlt sich ausgenutzt, der andere fühlt sich nicht genug gewürdigt. Am Ende bleibt ein Kreislauf aus Erschöpfung auf der einen und Frustration auf der anderen Seite.

Der unsichtbare Deal, den beide eingehen, findet mehr im Verstand als im Schatten statt. Das ist der Grund, warum in dieser Kombination Sex und Leidenschaft wenig Feuer haben. Paare in dieser Kombination sind eher intellektuell und auf den Ausgleich ihrer Bedürfnisse bedacht – nicht auf die unbewusste Ladung von Anima und Animus, die Sexualität aus dem Untergrund. Stell dir im Comicstil eine Beziehung zwischen einer hilflosen Frau und einem stolzen Prinzen vor. Klingt vielleicht ganz seicht, aber genau das ist das Problem: Wie viel Begehren lebt zwischen den beiden? Wie sind ihre Dynamiken in deiner Vorstellung? Ist da rasende Leidenschaft oder rationale Beziehungsführung?

NETTE × REBELLEN

Dies ist eine der fragilsten Konstellationen: Die Netten suchen Sicherheit in der Nähe, die Rebellen verteidigen ihre Freiheit. Was für den einen Geborgenheit bedeutet, fühlt sich für den anderen wie Bedrohung an. Die Netten klammern, bitten, wollen halten – und stoßen damit genau die Alarmanlage der Rebellen an. Diese wiederum ziehen sich zurück, wehren ab, grenzen sich ab – und bestätigen damit die Urangst der Netten: die Ohnmacht, wieder und wieder verlassen zu werden. Beide verstärken so das Drama des anderen, bis aus der Sehnsucht nach Verbindung eine endlose Verfolgungsjagd der Netten wird.

Beide haben in ihrer Geschichte die Liebe auf einer bewussten oder unbewussten Ebene verloren. Es ist, als würden beide auf einer Seite eines Magneten existieren, als gäbe es schlichtweg nur Abstoßung, kaum Anziehung. Was beide anziehen kann, ist die Selbsterkenntnis im anderen: *»So ist also jemand, der die Liebe verloren hat.«* Was sie unterscheidet, ist die genau umgekehrte Art, mit diesem Verlust umzugehen: Die Netten mit dem Versuch, unendlich viel Kontakt herzustellen. Die Rebellen mit dem Druck, nie zu viel Kontakt zuzulassen, den sie wieder verlieren könnten. Damit wird ihre Beziehung unwahrscheinlich bis unmöglich – es gibt in der Tiefe keinen Anlass für Eros, es gibt hier kaum Dynamik, die sich für ihre Auflösung anzieht.

VERFÜHRER × PRINZEN/PRINZESSINNEN

Auf den ersten Blick ein Power-Paar: attraktiv, strahlend, voller gegenseitiger Bewunderung. Beide definieren sich über Bestätigung – die Verführer gewinnen sie über Charme und Begehren, die Prinzen/Prinzessinnen über Leistung und Anerkennung. Das schafft eine Aura von Sex-Appeal, beide tragen die gewonnene Liebe in sich. In der ersten Phase wirkt das fast unbesiegbar: Sie feiern einander, zeigen sich als glänzendes Duo, das von außen betrachtet beneidenswert scheint. Doch unter der Oberfläche lauert Konkurrenz. Wer bekommt mehr Aufmerksamkeit, wer mehr Applaus? Die Verführer fürchten, für ihre Bedürftigkeit entlarvt zu werden – die Prinzen/Prinzessinnen fürchten, nicht genug zu sein. Aus Bewunderung wird schnell Vergleich, aus Anziehung Eifersucht. Und was sie nach außen als Stärke zeigen, zerreibt sich innen im stillen Wettstreit um Bestätigung.

Die Liebe, die beide gewonnen haben, ist zwar gewonnen – aber unter Bedingungen. Fallen die Bedingungen weg, fehlt das Stützrad. Denn nur durch die Bedingung erhalten sie das System, mit dem sie die Liebe immer wieder sichern können. Die Prinzen/

Prinzessinnen sichern diese durch Leistung, für die sie Anerkennung erwarten. Die Verführer erhalten die Liebe durch ihr Wirken auf das Gegenüber. Der unbewusste Vergleich kommt dazu: *»Habe ich die Liebe gewonnen, wenn du sie auch gewinnst? Bleibt die Krone auf meinem Kopf oder versuchst du insgeheim, sie mir zu stehlen?«* Nur wenn beide zu der Reife kommen, sich als Gewinner zu erleben und sich gegenseitig die gekrönte Rolle zu gönnen, funktioniert diese Beziehung dauerhaft. Eros bringt sie unweigerlich in Situationen, in denen der Test ansteht: Werden die Prinzen/Prinzessinnen wütend, wenn die Verführer auch ohne sie strahlen? Spüren die Verführer die Angst vor dem Verlassensein, wenn die Prinzen/Prinzessinnen erhaben ihre Krone tragen und ihrer Verführung nicht mehr verfallen?

VERFÜHRER × REBELLEN

Hier flirten Nähe und Distanz in einer ständigen Unruhe. Die Verführer inszenieren Verbindung, um Bestätigung zu sichern – die Rebellen ziehen die Reißleine, sobald sie Gefahr laufen, zu viel von sich preiszugeben. Anfangs wirkt das aufregend: Die Verführer jagen, die Rebellen flüchten, und gerade diese Spannung elektrisiert beide. Diese Kombination ist hoch sexuell, denn beide haben auf der unbewussten Seite den Antrieb der gewonnenen und verlorenen Liebe. Doch mit der Zeit zeigt sich die Falle: Die Verführer erleben den Rückzug als befürchtetes Verlassenwerden, die Rebellen erleben die Verführung als Manipulation. Die einen fühlen sich wieder verlassen, die anderen wieder gefangen.

Sex zwischen beiden ist ein Tanz am Abgrund – intensiv, leidenschaftlich, aber kaum stabil. Eros entzündet sich genau dort, wo die Angst am größten ist: bei den Rebellen in der drohenden Abhängigkeit, bei den Verführern in der drohenden Ablehnung. In dieser Konstellation wird Erotik schnell zum Schauplatz der Machtfrage: Wer verführt wen, wer entzieht sich, wer bleibt souverän? Was im Bett noch wie prickelnde Spannung wirkt, kann im Alltag zum ständigen Kampf um Freiheit und Kontrolle eskalieren. Nur wenn beide lernen, ihre Unsicherheiten ehrlich offenzulegen – die Verführer ihre Angst vor Entlarvung, die Rebellen ihre Angst vor Kontrollverlust –, kann die leidenschaftliche Energie in echte Intimität überführt werden.

GLEICHE MASKEN UNTER SICH

So gegensätzlich viele Kombinationen wirken, auch die Paarungen aus demselben Archetyp haben ihre eigene Logik. Denn hier treffen zwei Systeme aufeinander, die denselben Ursprung, dieselben Strategien und dieselben Ängste kennen.

ZWEI NETTE

Sie erkennen sich in der Anpassung durch ihre Wunden. Sie spüren, wann der andere zurückweicht, und gehen den Konflikten gleichzeitig aus dem Weg. Das schenkt Ruhe und Sicherheit – auch wenn unter der Oberfläche wenig Eros brennt. Ihre Beziehung lebt von Harmonie, Verlässlichkeit und gegenseitiger Fürsorge. Doch gerade weil beide so viel Rücksicht nehmen, bleiben die eigenen Bedürfnisse oft unbenannt. Das kann zu einer stillen Leere führen, in der zwar Frieden herrscht, aber kaum Lebendigkeit.

Damit diese Beziehung nicht in Freundlichkeit erstickt, braucht es Mut zur Zumutung. Beide müssen lernen, dass Liebe nicht daran zerbricht, wenn sie Nein sagen, einen Wunsch aussprechen oder ihre Emotionen zeigen. Tragfähig wird diese Konstellation, wenn sie sich bewusst kleine Reibungsflächen erlauben: ehrliche Gespräche über Bedürfnisse, klare Grenzen, das Risiko, den anderen kurz zu irritieren, um wahrhaftig zu bleiben. Scheitern wird sie dort, wo beide weiter so tun, als wäre alles gut – während innerlich längst Resignation wächst.

PRINZ × PRINZESSIN

Prinz und Prinzessin verstehen die Anstrengung des jeweils anderen. Sie wissen, wie es ist, Liebe durch Leistung sichern zu müssen, und begegnen sich deshalb mit Anerkennung. Ihre Beziehung kann voller Dynamik und gegenseitiger Bewunderung sein – fast wie ein Team, das sich nach außen stark präsentiert. Doch die Gefahr liegt in der Erschöpfung: Beide wollen gekrönt werden, keiner will ewig geben. Bleibt die ersehnte Anerkennung aus, explodiert die angestaute Wut in beiden.

Diese Kombination scheitert, wenn beide nur noch um den Thron kämpfen – darum, wer mehr leistet, wer wichtiger ist, wer mehr »verdient«. Tragfähig wird sie, wenn beide beginnen, den Wert des anderen jenseits von Leistung wahrzunehmen. Sie brauchen Momente, in denen niemand glänzen muss: Räume für Scheitern, Schwäche, Nicht-Können. Echte Intimität entsteht, wenn Prinz und Prinzessin einander nicht mehr als Projektionsfläche für Anerkennung nutzen, sondern sich gegenseitig entlasten: *»Du musst nichts beweisen, um geliebt zu sein – und ich auch nicht.«* Ohne diese Entlastung wird aus der Krönung ein Machtkampf, in dem am Ende beide die Krone verlieren.

ZWEI VERFÜHRER

Beide spielen das gleiche Spiel – und kennen jede Masche. Sie begehren einander, verführen und inszenieren Nähe, die hoch geladen und erotisch wirkt. Anfangs brennt es lichterloh: Zwei, die mit ihrer Ausstrahlung arbeiten, schaffen ein elektrisches Feld voller Spannung. Doch was sie anzieht, kann sie auch erschöpfen: Jeder sucht im anderen Bestätigung, die beide gleichzeitig brauchen. So lebt ihre Beziehung vom Spiel, das aufregend, aber ohne Tiefe auf Dauer instabil bleibt.

Scheitern wird diese Konstellation dort, wo das Spiel wichtiger bleibt als die Wahrheit. Wenn beide weiter glänzen, statt sich einzugestehen, wie groß ihre Angst vor echter Nähe ist, wird die Beziehung zur Bühne – mit ständig drohendem Abbruch. Gelingen wird sie, wenn die Verführer einander das geben, was sie sonst vermeiden: radikale Ehrlichkeit über Bedürftigkeit, Eifersucht, Unsicherheit. Sie müssen lernen, Momente ohne Inszenierung auszuhalten: keinen perfekten Auftritt, kein kalkuliertes Begehren, sondern simple Präsenz. Erst wenn sie sagen können *»Ich brauche dich – nicht nur dein Begehren«*, wird aus Verführung Verbindung.

ZWEI REBELLEN

Zwei Rebellen schließlich teilen die gleiche Skepsis gegenüber Nähe. Sie lassen sich ungern einengen, sie wachen über ihre Freiheit wie über ein Heiligtum. Das kann gut gehen, wenn beide ihre Autonomie wahren und sich in einer losen Bindung respektieren. Ihre Beziehung lebt von Abenteuer, Kreativität und gegenseitigem Respekt für Grenzen. Doch sobald einer mehr Verbindlichkeit will, trifft Distanz auf Distanz und die Verbindung löst sich auf.

Diese Beziehung misslingt, wenn Freiheit ausschließlich als Abwesenheit von Bindung verstanden wird. Dann reicht ein Hauch von Verpflichtung und beide sind weg. Ein Weg entsteht, wenn beide lernen, zwischen »Freiheit von« und »Freiheit zu« zu unterscheiden: Freiheit von Kontrolle – ja; aber auch Freiheit zu Nähe, zu Verlässlichkeit, zu echter Entscheidung füreinander. Sie brauchen klare, bewusst verhandelte Absprachen darüber, wie viel Raum jeder braucht – und das Versprechen, im Konflikt nicht einfach die Tür hinter sich zu schließen. Der wichtigste Schritt ist hier, nicht bei der ersten Unruhe zu flüchten, sondern zu bleiben und zu sagen: *»Ich habe Angst, mich zu verlieren – aber ich will mit dir daran wachsen.«*

DIE DYNAMIK DER MASKEN

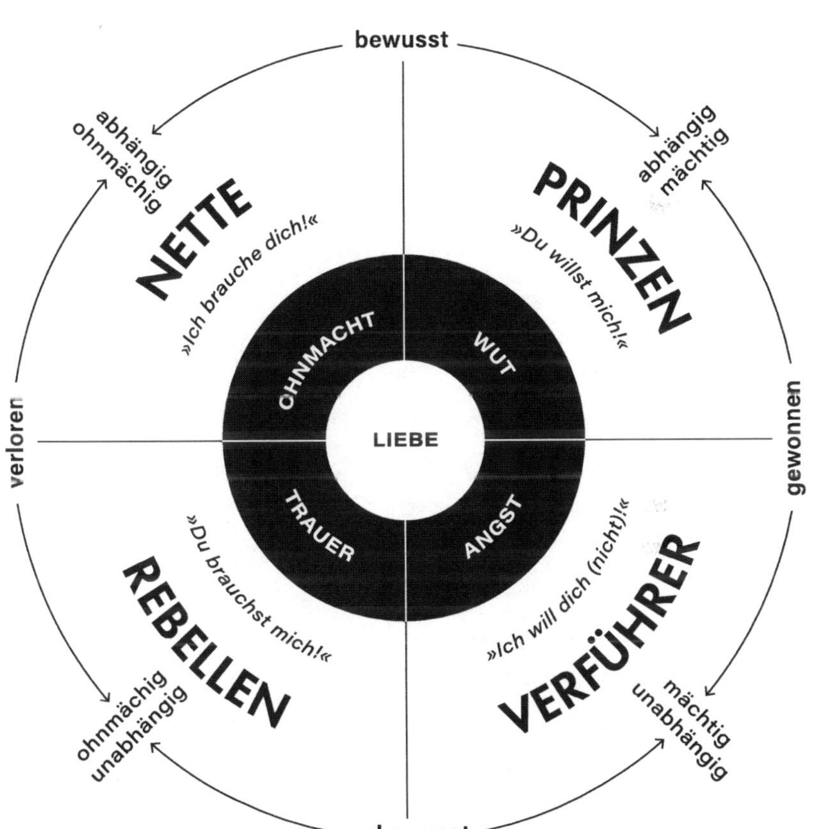

▶ **DYNAMIKEN UND IHRE AUFLÖSUNG**

Ergänzende Materialien und vertiefende Modelle auf unserer Website als Download: **www.reinundraus.com/match**

VON DER ROLLE ZUR REALITÄT

Was lernen wir von den Kombinationen der Masken? Eros entsteht nicht dort, wo alles glatt läuft, sondern dort, wo Spannung herrscht. Gegensätze ziehen sich an, weil sie alte Wunden berühren – genau das erzeugt Feuer.[6] Und dieses Feuer ist nie ohne Preis: Wo viel Eros ist, ist der Konflikt nie weit.

Masken erklären, warum wir uns anziehen, warum wir streiten und warum wir in alten Dramen hängen bleiben. Sie sind jedoch nicht das Ende der Geschichte, sondern nur ihr sichtbares Kostüm. Sie formen das Rollenspiel, aber sie verdecken den Kern. Hinter jeder Dynamik, hinter jeder Spirale aus Nähe, Rückzug oder Machtkampf wartet die verletzliche Wahrheit, die wir so lange verteidigt haben. Und genau dort, jenseits der Strategien, beginnt der eigentliche Prozess: nicht mehr die Rolle zu spielen, sondern die Emotion zu fühlen.

Das Wissen um die Masken des anderen kann eine wertvolle Orientierung sein – und doch birgt es eine Falle. Denn sobald wir beginnen, das Verhalten des Partners durch diese Brille zu deuten, entsteht leicht ein neues Machtspiel: Wer die Dynamik »durchschaut«, beansprucht Deutungshoheit. Dann wird das Wissen zur Waffe, zur subtilen Manipulation, mit der wir erklären, analysieren und rechtfertigen, statt wirklich zu fühlen. Doch solange wir den Fokus auf den anderen richten, bleiben wir von unseren eigenen Themen entfernt. Wirkliche Transformation geschieht nicht, indem wir die Maske des Gegenübers entlarven, sondern indem wir den Mut finden, die eigene abzulegen.

Was unter der Maske liegt, sind die rohen, ursprünglichen Emotionen: Angst, Wut, Trauer, Freude. Sie sind die eigentliche Sprache unserer Seele. Das nächste Kapitel legt diese Schichten frei. Es zeigt, wie wir durch die Maske hindurch zum echten Gefühl gelangen – und wie daraus nicht mehr nur ein Spiel der Rollen entsteht, sondern echter Kontakt.

10

EMOTION

»THE BODY REMEMBERS WHAT THE MIND TRIES TO FORGET.«
— BESSEL VAN DER KOLK

SCHICHT UM SCHICHT

Wenn Eros uns die Maske abreißt – wenn wir zu nahe an unsere Wunden kommen, zu nahe an den heißen Punkt der Liebe, dann übernehmen alte Emotionen die Szene. In der Not unserer Affekte übernimmt der Teil in uns, der kurz und intensiv auf den Angriff unserer Maske reagiert – und dadurch leider unbewusst bleibt. Affekte sind schnell und spitz, scheinbar wirkungsvoll, aber nicht nachhaltig für unsere Selbsterkenntnis. Wutausbrüche, Fluchtimpulse, Machtdemonstrationen – im Sturm der Gefühle machen sie es unmöglich, dass wir innehalten, reflektieren und Neues erkennen. Eine spontane Gefühlsexplosion aus Angriff und Verteidigung bringt uns als Paar nicht näher an Lösungen, sie hinterlässt meist nur verbrannte Erde.

Was wir im Streit erleben, ist kein Charakterfehler, sondern Biologie im Eilverfahren. Unser System springt auf »sofort sichern« – schneller, als der denkende Teil hinterherkommt. Genau hier hilft ein Blick ins Gehirn. Vereinfacht gesagt, wirken in uns zwei Systeme: das schnelle emotionale Reagieren und das langsame, reflektierende

Denken.[1] Auf der einen Seite stehen die Affekte, unmittelbar und heftig. Auf der anderen Seite gibt es die Fähigkeit, unser Erleben zu reflektieren, einzuordnen und daraus zu lernen.

Die evolutionär jüngeren Gehirnareale – vor allem der präfrontale Kortex – ermöglichen logisches Denken, Planung, Kontextverständnis und die Einordnung von Vergangenheit und Zukunft.[2] Vor allem erkennen wir damit andere als komplexe, eigenständige Wesen: Wir können abstrahieren, Perspektiven wechseln und Verhalten nachvollziehen.

Und dann gibt es den evolutionär viel älteren Teil unseres Gehirns: den Hirnstamm und das limbische System. Hier liegen die Schaltzentralen für unser unmittelbares Überleben. Der Hirnstamm reguliert automatisch Atmung, Herzschlag und Temperatur. Das limbische System ist der Wächter unserer Emotionen – es registriert blitzschnell, ob etwas sicher oder bedrohlich ist. Diese älteren Areale arbeiten wie ein unsichtbarer Scanner, der das Umfeld konstant prüft. Alles, was unsere innere Balance stören könnte, wird sofort erfasst. Ihre Reaktionen sind unmittelbar, emotional und meist schneller als jeder bewusste Gedanke. Sie haben Vorrang – weil Sicherheit und Verbindung in unserer Biologie absolute Priorität haben.

Die Fähigkeit, blitzschnell zu reagieren, ohne erst nachzudenken, ist überlebenswichtig. Wenn du nachts um drei in einem brennenden Haus aufwachst, wirst du nicht erst überlegen, welche Tür die schönste ist – du rennst instinktiv den kürzesten Weg nach draußen. In solchen Momenten übernimmt der ältere Teil deines Gehirns die Kontrolle. Er reagiert in Lichtgeschwindigkeit mit Hormonen, Emotionen und aktiviertem Nervensystem, um dich zu retten. Doch derselbe Mechanismus bringt auch seine Schattenseite mit: Er arbeitet grob, nicht fein. Was dir im Feuer das Leben rettet, führt im Beziehungsdrama oft ins Chaos. In einem emotionalen Konflikt siehst du dein Gegenüber nicht mehr als den komplexen Menschen, der er ist, sondern als Stellvertreter – für Sicherheit oder Bedrohung, Nähe oder Gefahr. Im Beziehungsdrama sieht das Gehirn keine Nuancen mehr, sondern eine innere Ampel – grün (sicher), gelb (Vorsicht), rot (Angriff oder Rückzug).

Unsere alten und jüngeren Gehirnteile stehen im ständigen Austausch. Stell sie dir wie Elefant und Reiter vor: Der Elefant steht für die älteren, blitzschnell reagierenden Areale – mächtig, emotional, instinktiv. Der Reiter verkörpert die jüngeren, rationalen, planenden Anteile.[3] Solange beide im Einklang sind, geht es gut: Der Elefant trottet gelassen voran, und der Reiter kann ihn lenken, achtsam eine Route wählen und auch Herausforderungen bewältigen, solange sie machbar erscheinen.

Doch wenn der Elefant panisch wird, übernimmt er das ganze Gespann. In diesem Moment hat der Reiter keine Chance mehr. Der Elefant reißt das Kommando an sich, stürmt zurück in den vertrauten Wald – dorthin, wo er Sicherheit kennt. Die bewusste Steuerung kippt aus der Kapazität, Emotionen und Affekte überwältigen den Organismus. Alles, was jetzt zählt, ist die Rückkehr in bekannte Sicherheit. Die alten Gehirnstrukturen schalten das Notprogramm ein und tun alles, was in ihrer Macht steht, um Überleben zu sichern. Jetzt übernimmt die Amygdala, unser Angstzentrum im evolutionär älteren Teil, das Kommando. Das Gehirn schaltet auf Alarm, der Körper geht in Kampf, Flucht oder Erstarren[4] – und der präfrontale Kortex, der Teil für Reflexion und nüchternes Denken, wird dabei regelrecht heruntergefahren.[5]

Mit diesem Verständnis wird klar, warum wir extreme Gefühle gegenüber unseren Partnern haben können, die vollkommen außer Proportion zu dem stehen, was eigentlich vorgefallen ist. Dein Gegenüber wird vielleicht lauter, ist traurig oder einfach nur müde. Innerhalb deiner Kapazität kannst du das erkennen, verstehen und mit Mitgefühl reagieren. In der Koregulation kannst du dich als

Gegenüber anbieten und deine Kapazität zur Verfügung stellen, um den Missstand auszugleichen. Du kannst reden, kuscheln oder eine Massage anbieten – und so den Elefanten beruhigen.

Überfordert dich jedoch eine Situation, kommst du aus deiner Mitte und mit dem entstehenden Stress schneller an den Rand deiner Kapazität. Wenn die Situation gefährliche Erinnerungen deiner Prägungen berührt, reagierst du sehr schnell und intuitiv. Jetzt übernehmen die älteren Gehirnteile, denn sie kennen das Drama, haben es oft genug bewältigt und leiten das Notfallprogramm ein. Sie fällen eine grobe Einschätzung: sicher oder gefährlich. Jetzt geht es nicht mehr um die objektive Situation – du wirst zum Elefanten, aktivierst den Alarmzustand und schlägst gegen die subjektive Gefahr um dich.

Als zwei Reiter auf zwei Elefanten haben wir nun eine Situation, die in viele Richtungen kippen kann. Selbst wenn du als Reiter auf deinem Elefanten ruhig und entspannt auf den Stress im Gegenüber reagierst, kann deine nüchterne Reaktion den anderen Elefanten weiter ins Ungleichgewicht bringen. Stell dir vor, dass deine erwachsene Antwort im Gegenüber die Erinnerung von kühler Ablehnung aktiviert. Wieder nicht gesehen und in der Not nicht verstanden, fühlt sich dieser weiter abgelehnt, gerade weil du ruhig und rational reagierst. Auch wenn du als logischer Reiter nicht diese Absicht hast: Der Elefant auf der anderen Seite ist in seine Reaktion verstrickt und reagiert in seiner Welt, auf seine Spiegel, nicht auf deine Welt – und greift vielleicht an, bis auch du in Rage bist.

Entweder sind jetzt zwei Elefanten im Ring, die gegeneinander um die Emotion streiten. Dann wird der Konflikt zum Krieg, Worte und Teller fliegen, denn die Emotionen sind außer Kontrolle. Oder ein Elefant beruhigt sich überraschenderweise. Sobald der eine in Rage ist, erreicht das andere Nervensystem einen Zustand, der es insgeheim beruhigt: Durch die rasende Emotion im Gegenüber findet es plötzlich Sicherheit. Es erlebt einen Zustand, der bekannt ist, der Kontrolle verleiht, den es oft überlebt hat. Paradoxerweise kommt dieser Elefant durch die Anspannung in die Entspannung: Auf die Überspannung folgt Abspaltung; scheinbar emotionslos kehrt Kontrolle zurück. Der Kreis schließt sich: Die Affekte haben ihr Muster bestätigt – aber Verbindung ist verloren.

EMOTION UND EXPRESSION

Das Spiel kennt viele Ausprägungen und alle haben einen zähen Klebstoff: Sie sind paradox und verstärken sich gegenseitig. Das ist es, was uns in wiederkehrenden Konflikten in den Wahnsinn treibt: Beide rationalen Reiter haben aus ihrer Sicht eine vollkommen berechtigte Position, während ihre Elefanten ihr altes, unbewusstes Schauspiel um Macht und Kontrolle inszenieren. Was wie *Überreaktion* wirkt, folgt einem inneren Drehbuch. Wer nur die Szene sieht, verpasst den Plot. Von der Neuro-Ebene wechseln wir deshalb auf die Gefühlsebene: Welche Schicht spricht da eigentlich?

Was neurobiologisch als Notprogramm startet, zeigt sich auf Gefühlsebene als Labyrinth der Gefühle. Wir erleben nicht nur eine Emotion, wir haben Schichten von Emotionen in uns, die sich Ebene um Ebene zu einem ganzen Komplex auftürmen. Sie alle haben ihre Entstehungsgeschichte, aufeinander aufbauende Wirkmechanismen und Bedeutungen, die durch Prägungen, Wunden oder Stress in unserer Lebensgeschichte entstanden sind. Am Anfang jeder Wunde stehen ein oder mehrere Erlebnisse, die auf unser System überraschend oder überwältigend eingewirkt haben. Sie sind das, was wir Trauma nennen: Es geht nicht darum, was objektiv mit uns passiert ist, sondern wie stark es uns innerlich überfordert hat.[6]

Die äußere Situation eines heutigen Konflikts berührt eine ursprüngliche Emotion, ein Gefühl, das genau auf diese damalige Überwältigung anspringt. Im Moment seiner Entstehung fühlten wir uns verlassen, wertlos, unbedeutend, allein. An einer zuvor unversehrten Grenze erinnert der Körper den Aufprall, der uns damals demoliert hat. Diese Stelle erlebt einen Bruch und dort entsteht die Wunde, für deren Verteidigung sich unser Nervensystem aktiviert. Die Wunde und die Aktivierung bleiben, bis sie vollständig mit anderen Menschen reguliert wurden. Regulation heißt in diesem Fall Expression – sie entsteht erst, wenn die zuvor mobilisierte Energie im Nervensystem einen Ausdruck findet – Zittern, Weinen, Sprechen, Atmen, Bewegung. Aktivierung braucht einen Ausgang, bevor das Nervensystem wieder zur Ruhe kommen kann. Erst nach dieser Entladung entsteht echte Regulation.[7] Wird dieser Zyklus unterbrochen, bleibt die Energie im System stecken und taucht später als Angst, Wut, Erschöpfung oder Beziehungsdrama wieder auf. Was passiert?

EBENE 1: DIE URSPRÜNGLICHE EMOTION

Die Emotionen, die wir beim Aufprall des Ereignisses erleben, reagieren direkt, spontan und angemessen auf die Situation. Sie entstehen aus gesunden, evolutionär angelegten Reaktionen auf bestimmte Auslöser. Diese Emotionen helfen uns, Bedürfnisse auszudrücken und uns an Herausforderungen anzupassen. Diese sogenannten adaptiven Emotionen[8] sind beispielsweise die Ohnmacht, die bei einer Grenzüberschreitung aufkommt, oder die Angst bei Verbindungsverlust.

Ein Beispiel: Beim Hausaufgabenmachen werden wir plötzlich bestraft, weil wir zu lange die Antwort auf eine Frage nicht wussten. Gerade eben haben wir uns noch verbunden gefühlt, plötzlich sind wir in der Ohnmacht. Gerade eben waren wir noch lieb und brav, kurze Zeit später sind wir das böse Kind, das nicht gut genug ist. Oder du erlebst eine Grenzüberschreitung. Dein Vater liebt es beispielsweise, mit dir zu raufen. Alles ist witzig, bis das Kitzeln dir die Luft nimmt – und weitergeht. Die Situation wird bedrohlich und die Ohnmacht in dieser Grenzüberschreitung ist ganz natürlich. An dieser Stelle ist der Verbindungsverlust, dort wohnt die adaptive Emotion, die erste und unmittelbare Emotion, die wahrhaftig zu dieser Situation gehört.

Wir kommen mit der Zeit nicht mehr so leicht an diese Emotion heran, denn sie wird in einem Tresor versteckt. Sie wird von unserem Nervensystem beschützt, im Schatten vergraben und mit dem Ego verteidigt. Denn egal wie dramatisch der Aufprall war, wir müssen schließlich weiterleben. Oft hat ein Elternteil mit genügend Ressourcen und Aufmerksamkeit gefehlt, um den ursprünglichen Schmerz zu verdauen. Alles Unverdaute wird zu einem Stein im Rucksack, mit dem wir weiter durchs Leben wandern. Dadurch geht der Schmerz nicht einfach weg, sondern er bleibt als Gewicht im System und wird zur Geschichte über uns – in uns. Die nicht geheilte Emotion bleibt in uns stecken und verlässt uns nicht. Über die Zeit wird der Rucksack zum gewohnten Gewicht und wir sagen Sätze wie *»Das Leben ist eben nicht einfach«* oder *»Andere haben es halt leichter«*.

EBENE 2: DIE VERKNÜPFTE EMOTION

Aus der Wut über die Grenzüberschreitung unseres Vaters, der uns zu Tode gekitzelt hat, wird die generelle Angst vor solchen Spielen. Wir verknüpfen die Situation mit einer sogenannten maladaptiven Emotion, beispielsweise mit Angst vor Situationen, die uns früher noch Freude bereitet haben. Der ursprüngliche Schmerz der Angst, bei den Hausaufgaben von deinen Eltern bestraft zu werden, wird zum Blackout in solchen Situationen. Auch diese Emotionen sind spontane, unmittelbare Reaktionen und sie basieren auf alten, verletzenden Erfahrungen. Sie fühlen sich echt an, aber sie aktivieren einen emotionalen Schutzfilter aus der Vergangenheit. Dadurch fühlst du dich als erwachsene Person beispielsweise in einer Diskussion abgelehnt, selbst wenn eine Kritik positiv und konstruktiv formuliert war. Es ist nicht das tatsächlich Gesagte, das dich berührt. Es ist die alte Kontur der Situation, auf die du emotional reagierst.

Das falsche Selbst baut auf dieser Energie auf. Wir erleben Emotionen, die oft das verdecken, was wirklich tief in uns verletzt ist.

Beide Ebenen von ursprünglicher und verknüpfter Emotion weisen auf einen unabgeschlossenen Zyklus hin, der eigentlich zum Ausdruck und damit zum Abschluss gebracht werden will. Gelingt uns das nicht, müssen wir mit dieser Energie in uns etwas machen. Die alte, in unserem System steckende Emotion, will zum Ausdruck gebracht werden und sie sucht sich ihren Weg. Der Organismus sagt weiterhin: »*Die Emotion ist da, weil sie das Ziel hat, unser Bedürfnis nach Sicherheit zu erfüllen.*« Sobald das Bedürfnis befriedigt ist, kann sie wieder gehen.

EBENE 3: DIE REAKTIVE EMOTION

Was aber tun, wenn Angst, Wut, Trauer und viele weitere Emotionen in einer Situation »unangemessen«, »nicht gewollt« oder »nicht erlaubt« sind? Was tun, wenn du die Wut über die ohnmächtige Situation von damals nicht ausdrücken kannst? Was, wenn die Angst über den Verbindungverlust nicht in der Diskussion bei der Arbeit gehalten werden kann? Dann legt sich die dritte Ebene von Emotion darüber: Sie ist gelernt, konditioniert oder hat sich als Abwehrmechanismus bewährt, denn sie verdeckt die eigentlichen schmerzhaften Emotionen darunter. Es ist die sogenannte sekundäre Emotion. Sekundäre Emotionen sind echt gefühlt – aber sie verdecken die ursprüngliche Wunde. Die drei bisherigen Ebenen der Emotionen rückwärts betrachtet (reaktiv > verknüpft > ursprünglich) lesen sich so:

- Wir schämen uns, weil wir wütend darauf sind, uns hilflos zu fühlen.

- Wir sind wütend, weil wir traurig darüber sind, uns verlassen zu fühlen.
- Wir sind ängstlich, weil wir uns schämen, uns ohnmächtig zu fühlen.

Du erkennst leicht, wohin das führt. Auf welcher Ebene verteidigt sich dein Gegenüber im Streit? Welche Emotion steht im Weg, die wahren Gefühle zu erkennen? Welche Emotion ist zweckdienlich, welche wird verdeckt und worum geht es wirklich? Die Antwort ist: Die Reihenfolge ist egal, das Wichtige ist, dass wir die Schichten entlüften, um zur tieferen Wahrheit zu kommen.

EBENE 4: DIE KONTROLLIERENDE EMOTION

Wenn die Ebene der reaktiven Emotion im Konflikt angegriffen wird, reagieren wir mit der Schutzmauer. Die Maske, die wir der Welt dann präsentieren, ist der Schutz für unser Ego: eine instrumentelle Emotion.[9] Diese Emotion hat eine bewusste Funktion für uns. Wir geben sie vor, um ein Ziel zu erreichen oder eine Wirkung zu erzeugen. Mit dieser Ebene haben wir gelernt, dass bestimmte emotionale Ausdrücke zu Kontrolle oder Einfluss führen. Und das ist es, was unsere Überlebensstrategien wollen:

- Weinen, weil Tränen andere handlungsunfähig machen.
- Wütend werden, weil Angriff andere einschüchtert.
- Enttäuscht sein, um Schuldgefühle zu geben.
- Lachen, um andere einzuschüchtern.

Mit instrumentellen Emotionen haben wir ein Gefühl von Kontrolle. Mit ihnen lenken Menschen vor den Emotionen ab, die eigentlich im Untergrund brodeln. Der ängstliche Hund bellt laut, doch das Bellen soll von seiner Angst ablenken. Was auch immer du oder dein Partner im Eifer des Gefechts nutzt, ist genau das Gegenteil von dem, was die Situation zur Auflösung bringen würde.

WAS DICH WIRKLICH RASEND MACHT

Was uns in Konflikten wirklich rasend macht? Die manipulative Natur der instrumentellen Emotion. Die Unfähigkeit unseres Gegenübers, ehrlich und transparent zu sein. Die Verzweiflung, die eigentliche Person hinter dem Schutz zu kennen, aber nicht mehr an sie heranzukommen. Wir schreien förmlich: *»Jetzt wirst du wütend, weil du mich einschüchtern willst!?«* oder *»Du willst mich bestrafen, aber eigentlich hast du Angst!«* Oder wir können es kaum glauben: Das Gegenüber wirkt übermächtig, obwohl es traurig ist – und zieht sich zurück, obwohl es wütend ist. Diese Botschaften sind nicht kongruent, Emotion und Person passen nicht deckungsgleich übereinander. Was wir sehen, passt nicht zu dem, was wir fühlen. Wir wollen unseren Partner wachrütteln und rufen: *»Hey, sei bitte ganz da, sei ehrlich, zeig dich mir!«*

Wir greifen diese Maske an, weil wir wissen, dass sie vom eigentlichen Thema ablenkt. Dass diese Person Angst vor ihren wahren Gefühlen hat. Dass sie uns antut, was ihr selbst angetan wurde: Bestrafung, Abwertung, Aufmerksamkeitsentzug, der blanke Horror. Das ist es, was uns maximal verunsichert, weil wir fühlen: Das hier ist nicht vertrauenswürdig, die andere Person ist nicht wirklich da, nicht mehr anwesend! Wir kämpfen mit Schattenspielen an der Wand, statt mit dem echten Menschen hinter der Maske. Wir wünschen uns die rohe Echtheit, die Wahrheit, die Transparenz, die wir brauchen, damit echter Kontakt überhaupt erst entstehen kann. Denn was uns über alle Emotionen hinweg unsicher macht, ist ein Fremder, der uns angreift. Sobald wir die Maske benennen, ohne zu beschämen, entsteht Wahlfreiheit. Nicht mehr »Gegenschlag«, sondern »gemeinsames Hinschauen« – und das beruhigt den Elefanten.

Zum Beispiel könnte es heißen: *»Ich spüre Druck in mir, wenn du lauter wirst – und ich ahne, dass darunter Angst liegt. Könnte das* *sein?«* Solche Sätze benennen die Maske, ohne den anderen zu beschämen. Sie öffnen einen Raum, in dem beide die eigentliche Emotion berühren können, statt sich in den Schutzmechanismen zu verlieren.

WAS STEHT DER EHRLICHKEIT IM WEG?

Je unbewusster eine Person ist, umso mehr glaubt sie, ihre kontrollierenden Emotionen zu sein, weil sie so lange gut für ihr Überleben funktioniert haben. Als wäre die instrumentelle Emotion das Echte, das wirklich Entscheidende – dabei ist es wirklich nur unsere inszenierte Maske. Wir sind identifiziert mit ihrer Schutzfunktion. Der eigentliche Kern rutscht in den Schatten, wo er vom Ego gut gedeckt wird. Dass diese erlernte Emotion auch dafür sorgt, dass wir keinen authentischen Kontakt mehr haben – auch mit uns selbst nicht – fällt uns nicht wirklich auf. Aber diese Emotion ist es, die unsere Wahrheit vor uns selbst verdeckt und uns im Leben unfrei macht.

Es ist ein Akt aus Mut und Hingabe, diese Ebene zu erkennen, die Masken fallen zu lassen und die Wahrheit dahinter zu fühlen. Das ist der einzige Weg, zur Ganzheit zu kommen, alle Schichten in uns zu sehen, zu fühlen und zu integrieren, um ein vollständiger Mensch zu sein. Oft genug brauchen wir dafür den Konflikt, denn er liefert uns erst den Spiegel, in den wir blicken können. Wenn wir davon sprechen, dass andere Menschen unsere Knöpfe drücken, dann sind es genau diese. Wir brauchen den Bruch, brauchen den Partner, der uns aus dieser Trance aufweckt und eine unangenehme Wahrheit so aufzeigt, dass wir nicht mehr anders können, als zu fühlen. Stell dir vor, du erahnst die Angst in deinem Partner, die er mit Wut kaschiert, und sagst: *»Ich glaube deiner Wut nicht. Ich denke, du bist traurig."* Wenn das stimmt, hat dein Partner keine andere Wahl mehr, als die Wahrheit seiner Emotionen zu fühlen. Du berührst dann das unabgeschlossene Thema, das scheinbar nur auf diese Worte gewartet hat. Wenn die Worte stimmen – wenn

Wahrheit gesprochen wurde –, folgt Resonanz und auf diese folgt der emotionale Release in dir und im Gegenüber.

Wenn wir es im Konflikt schaffen, zur eigenen tiefsten Ehrlichkeit vorzudringen, entlarven wir uns selbst. Wir entlüften die erlernte Emotion und sagen: *»Ich bin wütend, aber eigentlich habe ich Angst.«* Wir sehen das erste Mal in den Spiegel und sagen: *»Ja, das bin ich.«* Wir geben dem im Spiegel einen Namen, benennen unsere eigenen Schutzmechanismen, verlassen die notgedrungene Regulation um Verbindung oder Identität und fühlen unsere Emotionen bewusst. Dann ist es so, als würden wir Feuer machen. Alle emotionalen Schichten, die hinter dieser Fassade liegen, kommen zum Vorschein. Wir sind die Lava und der Vulkan. Der heiße Punkt ist offengelegt, unser Nervensystem aktiviert sich und wir beginnen zu schwitzen. Der wirkliche Code, mit dem unsere Beziehung geschrieben ist, liegt dann offen. Eine ungeahnte Möglichkeit zur Lebendigkeit und Verbindung tut sich auf. Hier entsteht der Kontakt, hier sehen sich gebrannte Kinder in die Augen und haben die Chance, zu heilen.

Der Konflikt ist nie ein äußerer Zustand, der durch einen Fingerzeig besiegt werden könnte. Es ist nicht möglich, die Wahrheit zu erkennen, wenn die Augen geschlossen sind. Der Konflikt ist das Echo eines inneren Kampfes um Sicherheit, Würde und Verbindung. Die Affekte, mit denen wir kämpfen, sind und waren nicht »falsch« – sie sind unsere bestmögliche Rettung aus Momenten, die wir früher nicht überleben konnten. Der Kampf auf den Achsen von Verbindung (Nähe herstellen) und Identität (Selbstbehauptung) ist der Versuch, im Hier und Jetzt das zu retten, was wir einst verloren haben. Mit der Hingabe an die Emotion verlassen wir das Schauspiel und entlüften die Umstände, die unsere emotionale Verteidigung notwendig gemacht haben. Echte Transformation findet statt, wenn das tiefe Thema gelüftet ist.[10] Einmal am Licht, kann es nicht wieder in den Schatten verschwinden. Wir werden uns selbst bewusster. Unsere unbewussten Lebensthemen erhalten neue Einsicht und wir können destruktive Muster besser erkennen. Wir lernen, mit ihnen umzugehen, und erfahren das erste Mal wirklich Heilung. Diese Heilung fließt warm über das innere Kind in uns, das Schicht um Schicht, Jahresring um Jahresring in uns lebt.

Im Streit begegnen sich keine Erwachsenen, sondern Kinder mit den alten Schutzstrategien ihrer Geschichte, die sie emotional geformt haben. Die Maske schützt das Ego, das Ego schützt das Herz – und sie alle schützen uns vor dem Schmerz, der eigentlich heilen will. Wenn wir aufhören, die Schutzschichten des anderen zu bekämpfen, und stattdessen die Emotionen in uns selbst anerkennen, entsteht echter Kontakt. Der Loop endloser Kriege schließt sich, wenn die alte Geschichte erkannt, gefühlt und in Anwesenheit eines anderen gehalten wird. Konflikt ist Kontakt – und gelebter Kontakt ist Heilung in Echtzeit.

11

ENGPASS

»BETWEEN STIMULUS AND RESPONSE THERE IS A SPACE. IN THAT SPACE IS OUR POWER TO CHOOSE.«
— VIKTOR FRANKL

MUT UND WILLE

Nun bist du bereit, in den Prozess zu starten. Du bist engagiert, ehrlich interessiert, hungrig nach einer Form von Beziehung, die echter, lebendiger und verbindlicher ist als das, was du gerade erlebst. Du spürst, dass da mehr sein muss – mehr als nur funktionieren, aneinander vorbeireden oder mit Kompromissen leben, die niemandem wirklich guttun.

Sicher hast du die Theorie verstanden, vieles hat dich berührt. Doch Verständnis allein verändert noch nichts. Jetzt beginnt ein anderer Teil der Reise – der, bei dem es nicht mehr nur ums Lesen geht, sondern um das echte Fühlen und Handeln. Wollen wir nicht alle in echter Verbindung sein? Sehen und gesehen werden, uns im Gegenüber wirklich begegnen, ohne Maske, ohne Kampf – für Liebe, Nähe, Sexualität und Vertrauen?

Vielleicht hast du dich beim Lesen immer wieder ertappt gefühlt. Vielleicht hast du gespürt: *»Ja, das bin ich«* oder *»Genau das passiert in unserer Beziehung«*. Jetzt bist du an einem Punkt, an dem du nicht nur verstehen, sondern auch etwas verändern willst.

Erkenntnis ist der erste Schritt, aber der nächste Streit entscheidet, ob ihr es schafft. Es ist immer der nächste Konflikt, der zeigt, ob ihr eure alten Muster wiederholt oder beginnt, neue Wege zu gehen. Es ist nicht die fortwährende Harmonie, die Transformation bringt, sondern euer neues Verhalten, wenn es schwierig wird. Wenn die Trigger auftauchen, die Nervensysteme anspringen, die Stimmen im Kopf laut werden und ihr die Not habt, euch zu schützen, zu fliehen oder anzugreifen – dann entscheidet sich, ob ihr gemeinsam wachst oder euch weiter voneinander entfernt.

Deshalb beginnt jetzt der Teil, der nicht nur gelesen, sondern gelebt werden will. Der Weg von der Theorie in die Praxis. Von der Idee in den Körper. Vom Wissen ins Fühlen. Willkommen im Feuer.

DAS ERSTE MAL

Es gibt eine wichtige Sache, die für den Erfolg im Prozess essenziell ist: die initiale Referenz.[1] Das ist das erste Mal, dass ein Konflikt anders als gewohnt ausgeht – nicht im Drama, nicht im Rückzug, nicht im Machtspiel. Zum ersten Mal kommt ihr durch den Konflikt zurück zur Verbindung. Dieses erste Mal ist wie ein Ankerpunkt im Nervensystem. Es ist der Moment, an den wir uns in späteren Konflikten erinnern können, wenn alles wieder zu eskalieren droht.

Wir brauchen dieses Erlebnis, weil unser System in Bildern, in Körperempfindungen und in emotionalen Erfahrungen denkt – nicht in Theorien. Wir brauchen einmal das echte Gefühl, dass unsere schlimmsten Befürchtungen nicht wahr geworden sind. Unser System muss erkennen: Der ganze Schutzpanzer, die Überlebensstrategien, die klugen Argumente und kalten Rückzüge waren in diesem einen Moment nicht nötig, um zu überleben. Wir haben es auch ohne Waffen geschafft, die Schutzstrategien sind hinderlich, um uns verbunden zu fühlen. Das ist der Moment, an dem unsere Kapazität wächst, wir unseren Affekten mitteilen: Die starke emotionale Reaktion war nicht nötig, hier ist nichts, was unser Überleben gefährdet.

Wir brauchen die körperlich und emotional verankerte Erfahrung, dass wir aus dem Stress im Streit zurück in die Verbindung finden können. Dass wir regulieren können, was uns früher noch komplett überfordert und allein zurückgelassen hat. Genau dieses neue Bild speichern wir ab: Es geht auch anders. Wenn wir es schaffen, am Punkt der maximalen Verdichtung – dort, wo sonst Kampf oder Rückzug einsetzen – bewusst zu bleiben, tief zu atmen, den Boden unter unseren Füßen zu spüren, dann bleiben wir in Kontakt mit der Realität und mit uns selbst. Das ist kein intellektueller Prozess. Es ist ein körperlicher. Ein feines, spürbares Dableiben, obwohl alles in uns schreit: *»Weg hier!«* Wir spüren den Herzschlag, die Enge in der Brust und den Druck im Bauch. Wir erleben die rohe, ungefilterte Emotion in ihrer ganzen Entfaltung, aber auch in ihrer Lebendigkeit. Genau dieser Moment ist gemeint, wenn etwas »noch zu Ende gefühlt werden muss«, damit Heilung geschehen kann. Du kannst tausend Bücher über Nähe lesen – aber dein Nervensystem entscheidet, ob du bleibst, wenn es eng wird. Das ist der Unterschied zwischen Verstehen und Verkörpern, zwischen Reiter und Elefant.

DER RAUM DES UNENDLICHEN POTENZIALS

Damit du an diesen Punkt gelangst, brauchst du einen klaren Fokus und die Präsenz, einen Trigger im Moment seines Entstehens zu erkennen. Du brauchst den Mut, dein System anzuhalten, noch bevor es in alte Verteidigungsmuster kippt. Wenn der Trigger einmal durchgeschlagen hat, ist die Abwehr schon in vollem Gange und der Konflikt rutscht in die alten, eingeübten Schleifen, die ihr eigentlich durchbrechen wolltet. Der Schlüssel liegt darin, zu erkennen, dass eine Reaktion nicht einfach nur eine Reaktion ist, sondern ein Schnittpunkt. Eine Kreuzung zwischen Auslöser und Handlung. Zwischen dem Reiz und deiner Reaktion liegt ein winziger Raum, den du wahrnehmen und halten kannst.[2] Diese Millisekunde entscheidet, welchen Weg die Energie nimmt: wie immer oder zum ersten Mal anders.

In diesem winzigen Raum entscheidet sich, ob du dich selbst verlässt – oder bei dir bleibst. Ob du anwesend bist oder in Reaktionen fliehst. Ob du dich selbst ganz fühlst oder dem Narrativ deines Egos glaubst. Wenn du es schaffst, im Raum zwischen Reiz und Reaktion zu verweilen, ohne zu verteidigen, was eigentlich geheilt werden will, ohne in Angst oder Angriff zu gehen, dann entsteht Kontakt mit deiner inneren Wahrheit. Du bist ganz im Jetzt, und das ist der einzige Moment, in dem echte Veränderung möglich ist. Deine Gedanken wollen dich in die Vergangenheit oder Zukunft ziehen – aber Wahrheit existiert nur in der Gegenwart. Kein Drama, kein Narrativ, keine Emotion, die du glaubst, zu sein. Nur du, dein Atem und deine Körperempfindungen.

DIE WICHTIGSTE BASIS IST BEREITSCHAFT

Bevor irgendetwas heilen, wachsen oder sich verändern kann, braucht es eines: Bereitschaft. Es geht nicht um das perfekte Kommunikationswerkzeug und nicht um die richtige Methode, sondern um die innere Haltung: Ja sagen, zu dem, was ist. Bereitschaft bedeutet Wille und Einwilligung. Ein Versprechen an dich und an deinen Partner, dass wir mit uns selbst einchecken, bevor wir auschecken. Innehalten statt draufhauen, wenn in uns alles nach Angriff, Rückzug oder Kontrolle verlangt. Es heißt, uns im Mini-Moment zwischen Reiz und Reaktion neugierig zu fragen: *»Was genau passiert da gerade in mir und zwischen uns?« und »Worauf reagiere ich und was daran ist mein Anteil?"*

Diese Haltung ist kein passives Ertragen. Es ist eine aktive Entscheidung, den Fokus von deinem Gegenüber zurück zu dir selbst zu holen. Nicht, weil du schuld bist, sondern weil du dich selbst an die Hand nimmst. Bereitschaft ist der Moment, in dem du aufhörst, gegen das Außen zu sein, und beginnst, dich dem Innen zuzuwenden. Du nimmst dein inneres Kind an die Hand und führst es als erwachsene Person durch die Unsicherheit hindurch. Du reifst nach, weil dein inneres Kind endlich die Ressourcen fühlt, die ihm in der Vergangenheit gefehlt haben. Du wirst zu deinem eigenen besten Elternteil. Das braucht genau den Mut, der vielleicht deinen Eltern damals gefehlt hat. Jetzt liegt es an dir, diesen Kreislauf zu brechen. Auf deinen Mut folgen Selbstrespekt und Selbstvertrauen. Du verbindest dich mit deiner Kraft. Diese Verbindung mit dir ist gleichzeitig das tiefste Angebot an deinen Partner, dass er oder sie ebenfalls die Mauern fallen lassen kann.

Bereitschaft ist der erste Schritt in Richtung Kontakt. An dem Punkt, an dem beide roh und echt in Kontakt sind, wird aus dem Konflikt eine produktive Auseinandersetzung. Was vorher nur zerstört hat, wird jetzt zum Wegbereiter für Bewusstsein. Ein Moment, der nicht trennt, sondern offenlegt. Eine Spannung, die nicht eskaliert, sondern euch der Wahrheit näherbringt. Deshalb ist es unbedingt notwendig, dass beide Partner diese Bereitschaft aufrichtig mit in eine Auseinandersetzung bringen. Du kannst den folgenden Prozess zwar in dir selbst tragen und anwenden, aber nichts ist so effektiv wie zwei Partner, die sich gemeinsam bemühen.

DIE REGELN PRODUKTIVER KONFLIKTE

Wie kommt der Fakir durch die Glut, ohne sich die Füße zu verbrennen? Wie kommst du über deine heißen Kohlen? Du brauchst Struktur, Orientierung und einen Kompass. Das sind die Grundlagen für produktive Auseinandersetzungen. Wenn wir in Konflikte geraten, ist es nicht die Eskalation, die uns trennt – sondern der Mangel an Bewusstsein darin. Mit der Bereitschaft, im Kontakt zu bleiben, öffnen wir die Tore zu neuen Erlebnissen. Doch Bereitschaft allein genügt nicht. Wir brauchen Orientierung, eine Art inneren

Kompass, um den Weg aus dem Chaos in eine bewusste Begegnung zu finden. Genau dafür dienen die 3 K – Kapazität, Kontakt und Klarheit. Diese drei Prinzipien wirken wie Leitplanken auf einem wilden Pfad – sie helfen dir, im emotional aufgeladenen Gelände die Spur zu halten. Sie bieten dir Orientierung inmitten von Triggern, Reaktionen und alten Mustern.

KAPAZITÄT

Kapazität ist das individuelle Pensum, wie viel Stress eine Person gerade aushalten und verarbeiten kann.[3] Wenn wir außerhalb dieser Kapazität sind, geraten wir aus unserer Balance und in eine Starre in Kopf und Körper. Erst dann verlieren wir die Fähigkeit, wirklich präsent zu bleiben – körperlich, emotional und mental.

Die Kapazität ist der Raum, in dem Emotionen verarbeitet werden können. Ohne sie fallen wir ins Reaktionsmuster und kämpfen um unser Überleben, nicht um die Beziehung. Wir können mehr Kapazität schaffen, indem wir achtsam und mitfühlend mit uns selbst und dem Gegenüber umgehen. Kapazität wird auch beeinflusst von äußeren Bedingungen: Zeit, Raum, Atmosphäre und Absicht. Kein großer Konflikt klärt sich zwischen Tür und Angel.

Empathie ist der Hebel, mit dem du deine Kapazität öffnest. Du bist empathisch mit dir selbst. Du stimmst dich ein, atmest, spürst den Körper und richtest den Blick auf dein Gegenüber. Du lässt die Themen in genau dem Tempo kommen, das beide Systeme halten können. Du atmest tiefer, spürst deinen ganzen Körper und bist präsent mit dir und deinem Partner. Du beobachtest deine inneren Reaktionen, ohne ihnen sofort zu folgen. Du betrittst den Raum des unendlichen Potenzials.

Ein zentrales Werkzeug innerhalb dieser Kapazität ist das verkörperte Sprechen als *»Ich«*. Kein *»Du«*, *»man«* oder *»es«*. Nur das Ich schafft Eigenverantwortung und lässt dich ganz fühlen. Statt zu sagen: *»Du machst mich wütend«*, sagst du: *»Ich fühle*

Wut«. Statt *»Das macht man nicht"*, sagst du *»Ich will es anders"*. Statt *»Es ist frustrierend"*, sagst du *»Ich bin frustriert"*.

Du übernimmst Verantwortung für dein Erleben und nimmst den Partner aus der Gleichung heraus. So bleibt dein Gegenüber offen und du selbst bleibst verbunden. Auch Antworten auf Aussagen sollten in Ich-Botschaften formuliert sein, sonst kippt das Gespräch leicht in Bewertung und Interpretation. Das ist der Paradigmenwechsel und genau hier scheitern die meisten Prozesse. Wenn beide innerhalb ihrer Kapazität bleiben, entsteht nicht nur Sicherheit – sondern ein Raum, in dem wahre Transformation möglich wird. Jeder hält seinen Elefanten auf dem neuen Pfad.

KONTAKT

Innerhalb der Kapazität ermöglichen wir uns gegenseitig den vollen Kontakt. Kontakt heißt: Ich bin da und du bist da. Beide im Körper voll online. Wir lassen zu, dass unsere Welten sich berühren. Es ist der Punkt, an dem sich unsere Grenzen nicht verwischen und nicht abschotten, sondern sich klar begegnen. Ohne diesen echten Kontakt geraten wir entweder in eine Verschmelzung oder in einen Rückzug – beides verhindert Begegnung.

Kontakt ist nicht bloß ein Zustand, sondern ein Ergebnis unserer Intention. Frage dich deshalb ehrlich: Will ich wirklich verstehen oder doch nur recht behalten? Will ich wirklich sehen oder doch wieder wegschauen? Wenn du mit dem Ego verschmolzen bist, wirst du nicht im echten Kontakt sein können. Dann willst du nur Beweise, aber keine Verbindung. Deine innere Haltung entscheidet, ob du das Gespräch nutzt, um dich in die vermeintliche Sicherheit oder euch miteinander in Verbindung zu bringen.

Echter Kontakt entsteht nur, wenn du bereit bist, dein Herz offen zu halten, auch wenn der andere dich gerade (noch) nicht versteht. Mit dem ehrlichen Wunsch nach Auflösung teilst du deine Wahrnehmung statt deine Interpretation. Du beschreibst, was du fühlst, siehst und wahrnimmst – ohne zu erklären, zu analysieren oder zu urteilen. Wenn dieser Kontakt steht, kann Heilung beginnen.

KLARHEIT

Je ehrlicher wir teilen, umso klarer werden die Emotionen. Klarheit ist wie Licht im Nebel. Sie hilft, beim eigentlichen Thema zu bleiben, statt in Ablenkungen, Vorwürfen oder alten Geschichten zu versinken. Denn je näher ein Thema an unseren Schmerz kommt, desto größer wird die Versuchung, auszuweichen – in Rechtfertigung, in Schuldzuweisung oder in Nebenschauplätze.

Doch genau an diesem Punkt passiert die Magie. Entweder wir halten die Spannung – oder wir vermeiden sie. Öffnen wir uns der Klarheit, beschreiben wir, was wirklich in uns lebendig sein will. Wir bleiben bei der Realität, bei genau dem Thema, um das es gerade geht. Wir benennen unsere Gefühle, unsere Sehnsüchte und unsere Grenzen. Der Mensch hinter der Mauer wird sichtbar – nicht als Gegner, sondern als Gegenüber.

Statt Vorwürfe zu machen, formulieren wir Wünsche, Bedürfnisse, Wahrnehmungen. Wir sagen: *»Ich wünsche mir …«* statt *»Du solltest …«*. Wir sagen: *»Ich fühle mich unsicher«* statt *»Du bist kalt«*. Wir ziehen nicht die Ungerechtigkeit von vor Monaten heran, weil wir das Gespräch über den heutigen Konflikt nicht ertragen. Wir bleiben so objektiv wie möglich bei der Realität, um die es jetzt gerade geht. Kein Flüchten in die Vergangenheit, kein Flüchten in die Zukunft. Kein Wechsel der Ebene und keine Vermeidung durch Interpretation, kein Ausweichen, indem du sagst, dass Freunde, Familie oder ChatGPT dir auch zustimmen. Mit dieser Klarheit schaffen wir Orientierung und volle Selbstwirksamkeit – für uns selbst und für die Beziehung.

AUF DIE 3 K ANTWORTEN

Wenn ihr euch einander öffnet, folgt der sensibelste Moment jeder Auseinandersetzung: die Antwort. Egal auf welcher Seite du in der Auseinandersetzung stehst, der Konflikt wird sich in einem Hin und Her entfalten, das aus Aussagen und Reaktionen, aus Offenbarung und Antwort besteht. Doch nicht nur das Sprechen selbst, auch die Art, wie wir antworten, ist ein entscheidender Moment in jeder Konfrontation. Denn vor kaum etwas fürchten wir uns mehr als vor der Reaktion auf unsere eigene Verletzlichkeit. War es nicht genau dieser Moment, in dem viele unserer Wunden entstanden sind? Der Augenblick, in dem wir echt, offen, kindlich ehrlich waren – und dafür verletzt, beschämt oder verlassen wurden?

Jede Antwort, die wir geben oder empfangen, kann somit zum erneuten Spiegel werden. Sie kann beruhigen oder retraumatisieren, verbinden oder trennen. Deshalb ist es so entscheidend, dass wir beginnen, nicht mehr im reaktiven Modus zu antworten, sondern in Resonanz gehen. Resonanz bedeutet: Ich bin nicht gegen dich, ich bin bei dir. Ich höre nicht, um zu bewerten oder zu kontern. Ich höre dich und fühle, was es mit mir macht. So kann ich dich wirklich erfassen.

Statt sofort zu widersprechen oder dein Gegenüber zu korrigieren, halte inne. Wenn dich etwas mit Wucht erwischt, dann staune darüber und wundere dich still in deinen Gedanken: *»Ach, so ist das bei dir? Ach, das macht es mit mir!"* In diesem Moment erkennst du die Realität deines Partners an und hast etwas Neues über ihn gelernt. Reagiere darauf mit absichtslosen Fragen: *»Magst du mir mehr dazu sagen?«* oder *»Was genau meinst du damit?«*. Antworte, indem du zuerst wiederholst, was dein Partner gesagt hat, und frage, ob du es richtig verstanden hast. Falls nicht, korrigiert euch so lange, bis ihr das gleiche Verständnis habt.

Euer Dialog braucht Authentizität und Ehrlichkeit – nicht als Waffe, sondern als Einladung. Sprich deine Wahrheit mit Mitgefühl, ohne Manipulation oder eine versteckte Agenda. Sage, was du wirklich fühlst, ohne es zur Erklärung, zum Vorwurf oder zur Schuldzuweisung zu machen. Bleibe konkret und objektiv. Statt Interpretationen über die Motive deines Partners zu formulieren wie *»Du willst doch nur ...«*, beschreibe die Situation, wie eine Kamera sie sehen würde: Was wurde gesagt? Was genau ist passiert? Welche Handlung fand statt? So bleibst du offen für tiefe Verbindung zwischen euch.

UNSER GEMEINSAMES ZIEL

Wir brauchen Übung darin, unsere alten Reaktionsmuster zu decodieren und in neue Reaktionen zu verwandeln, die für uns und die Beziehung besser und hilfreicher sind. Nicht jeder Versuch, über die heißen Kohlen zu kommen, wird uns erfolgreich über die glühende Teststrecke bringen. Wir springen auch mal beiseite und fallen aus unserer Kapazität. Nicht jede Begegnung mit komplizierten Gefühlen wird sofort Heilung bringen. Nicht jede Runde im Ring des Konflikts endet mit einer klaren Auflösung. Es ist ein Prozess für beide Reiter und beide Elefanten: lernen und fühlen, stehen bleiben oder wegrennen, aus der Deckung kommen, weiter lernen und fühlen.

Gerade die Fähigkeit, im Raum ohne klare Lösung präsent zu bleiben, ist ein essenzieller Teil der emotionalen Reifung. Es braucht Vertrauen in das, was noch nicht ist. Denn dieser Raum – ohne Ausweg, ohne Belohnung, ohne Happy End – ist gleichzeitig ein Raum, in dem sich etwas Neues formen kann. Die Übung selbst ist das Ziel. Nicht das eine Mal alles richtig zu machen, bringt Veränderung, sondern immer wieder gemeinsam zu üben. So, wie ein Muskel nicht durch einen einzigen Anlauf wächst, sondern durch Wiederholung und bewusste Anstrengung. Auch hier zeigt sich die Intention: Bist du ein Mal in der Präsenz, damit etwas endlich vorbei ist? Oder bist du ab jetzt immer präsenter, um dich und deinen Partner Stück für Stück besser zu erkennen?

Mit jeder Wiederholung, mit jedem ehrlichen Versuch entsteht etwas Neues: eine andere Haltung, eine neue Sprache, ein tieferes Verständnis. Es entsteht eine ganz neue Kommunikationskultur, in der eure Konflikte einen sicheren Raum haben. Was ihr jetzt beginnt, ist nicht weniger als ein anderes Miteinander. Kein Ziel, das man abhaken kann – sondern ein Weg, den man gemeinsam gehen lernt.

AUF DEN WEG MACHEN

Ihr seid bereit und an Bord, euch auf einen Prozess einzulassen, der nicht perfekt, aber ehrlich ist. Das ist ein Geschenk, das sich nur wenige Paare machen. Falls ihr (noch) nicht beide im Prozess seid, dann geh diesen Weg erst einmal für dich. Nicht, weil du mehr leisten musst, sondern weil es manchmal den ersten Anlauf braucht. Jemanden, der den Kreislauf unterbricht. Jemand, der neue Fragen stellt und neue Antworten gibt, wo sonst Verteidigung herrscht. Es ist zunächst ausreichend, wenn einer offen bleibt, wo sonst dichtgemacht wurde. Wenn du beginnst, in Resonanz zu gehen, anstatt reflexhaft zu reagieren, wirst du anders wirken. Vielleicht irritierst du dein Gegenüber. Vielleicht entsteht zunächst noch mehr Widerstand. Doch genau das kann der Anfang einer Veränderung sein. Denn nichts ist kraftvoller als ein Mensch, der nicht mehr im alten Drama mitspielt, sondern aus dem Schauspiel aussteigt und aufrichtig in Kontakt bleibt.

Was euch erwartet, ist keine Methode, um endlich harmonisch und konfliktfrei zu sein. Das ist eine alte Illusion, die dich vom Wesentlichen wegführt. Was euch erwartet, ist eine neue Art, gemeinsam durch Herausforderungen zu gehen, Seite an Seite. Ihr werdet Fehler machen. Ihr werdet stolpern, vielleicht auch wieder in alte Muster rutschen. Aber ihr habt jetzt eine Orientierung. Einen inneren Kompass. Du kannst nicht mehr nicht wissen, was du einmal verstanden hast. Das macht den entscheidenden Unterschied.

Dieses Mal geht es nicht darum, den Krieg zu gewinnen, Recht zu haben, mächtiger oder bewusster zu sein. Es geht darum, ob ihr bereit seid, die Waffen niederzulegen. Es geht darum, ob ihr fähig seid, euch gegenseitig nicht zu verlassen, wenn's brennt, und ob ihr dem Moment mehr vertraut als euren alten Geschichten. Darin liegt der Anfang einer neuen Beziehung: in Verbindung und Vertrauen in den Prozess. In eine Auseinandersetzung, die nicht mehr trennen muss, sondern einlädt. Und in einem Du, das dir erlaubt, wieder ganz bei dir anzukommen.

12

FEUER

»SAY WHAT IS TRUE, EVEN IF YOUR VOICE TREMBLES.«
— OSHO

FEUER UND FÜHLEN

Was uns in intensiven Streitsituationen fehlt, ist nicht Liebe. Es ist Sprache. Eine Sprache, so roh wie der Schmerz selbst. Klar genug für Wahrheit. Und durchlässig genug für Verbindung – selbst in der Eskalation.

Der Weg vom Feuer zum Fühlen heißt Emotive Relating. Dieses Modell verbindet einige der wirksamsten Werkzeuge und Erkenntnisse aus Gestalttherapie, emotionsfokussierter Prozessarbeit, radikaler Ehrlichkeit und Sprachwissenschaft. Sein Kern: die Botschaften unserer Emotionen zu entschlüsseln und ihnen Ausdruck zu verleihen – durch den Körper, über die Worte, in Beziehung. Wenn wir diese Emotionen im Beisein der Stellvertreter ihrer Entstehungsgeschichte fühlen und aussprechen – etwa mit dem Partner, der die Wunden unserer Eltern spiegelt –, enden alte Schutzsysteme, unabgeschlossene Themen und Narrative. Lebensenergie, die zuvor feststeckte, wird frei – durch authentischen Kontakt mit uns selbst und anderen.

So werden die zentralen Dynamiken unserer Geschichte – Bindungswunden und Prägungen, Kämpfe um Identität und Verbindung, emotionale Narrative und Masken – nicht länger nur verstanden, sondern im Körper erfahrbar und in Sprache übersetzt. Emotive Relating bringt Bewusstsein dorthin, wo bisher nur automatische Schutzmuster gewirkt haben. Indem wir die Emotionen benennen, spüren und im Kontakt ausdrücken, verliert das alte Drama seine Macht. Die Energie kann ihren Weg aus dem Körper hinausfinden, wo sie sich endlich lösen darf. Die starren Strukturen zerfallen, weil sie nicht länger im Schatten wirken, sondern ans Licht des Erlebens gebracht werden. Genau deshalb braucht es diesen Prozess: Er verbindet Gefühl, Sprache und Beziehung – und macht Heilung nicht nur denkbar, sondern fühlbar und lebbar.

DER KERN DES PROZESSES

Emotive Relating ist der Weg in die emotionale Verarbeitung. Es ist ein innerer Kompass für Auseinandersetzungen im Feuer der Emotion. Stell dir vor, du bist getriggert, aufgewühlt, die Luft ist raus oder zum Zerreißen gespannt – und du bleibst bewusst. Du sprichst die ehrlichste Ebene aus, die dir gerade zur Verfügung steht, fühlst alle Gefühle, die in dir auftauchen, und gehst durch den Punkt der maximalen Verengung. Emotive Relating ist ein radikal ehrlicher Prozess, der dir hilft, in den entscheidenden Momenten deine Wahrheit zu spüren, Worte dafür zu finden und damit das unbewusste Spiel der Masken zu beenden.

Der Prozess funktioniert, weil du deinem Nervensystem eine Stimme verleihst, die es normalerweise nicht hat. Es geht nicht um den Kopf, sondern um den Bauch. Du findest Worte für unbewusste Gefühle, alte Prägungen und emotionale Glaubenssätze. Du fühlst, benennst, regulierst und verarbeitest. So verändert sich nicht nur dein Erleben. Auch deine innere Geschichte wird neu geschrieben. Wenn du blockierte Emotionen durchfühlst, lösen sich damit auch

Denkblockaden. Deine Wahrnehmung wird klarer und die Reaktionen deines Partners verständlicher. Du siehst: Es ging nie nur um den Inhalt eines Streits, sondern um das Unaussprechliche.

DIE DREI EBENEN

Im Kern von Emotive Relating liegt ein einfacher, aber kraftvoller Weg: Wir gehen durch drei Ebenen der Wahrnehmung – Kopf, Herz und Bauch. Jede Ebene schenkt uns Zugang zu einer tieferen Wahrheit. Zusammen eröffnen sie den Raum, in dem wirkliche Veränderung geschehen kann.

BAUCH – DIE ROHE EMOTION

Im Körper beginnt alles. In der Enge im Bauch, im Feuer in der Brust und in der Hitze im Gesicht. Da ist der Kloß im Hals, das Flattern im Magen, der Schweiß in den Handflächen. Der Bauch ist unser Begriff für den Ort der tiefen, ungefilterten Wahrnehmung. Oft fehlen uns hier die Worte, weil sie ohne Sprache entstanden ist. Sie ist einfach da: als Druck, als Feuerball, als Leere, als Kälte. Als Impuls zu schreien, zu fliehen oder zu erstarren.

Diese Ebene zeigt dir nicht, *was* du fühlst, sondern *dass* du fühlst. Du musst nichts analysieren und nichts verstehen. Der Körper ist der direkte Spiegel deines emotionalen Gehirns und er lügt nicht. Diese Ebene beantwortet die Frage: Was ist gerade in mir – körperlich, roh, ungefiltert – genau jetzt los?

Ein Beispiel: Du spürst eine Enge in der Brust, während dein Partner über die Urlaubsplanung spricht. Du merkst: Da ist Druck im Bauch, Angst im Herzraum. Vielleicht ein *»Ich bin nicht wichtig«*-Gefühl, das aus deinem Becken hochwandert. Diese Ebene ist wortlos ehrlich. Sie kennt keine Strategie. Sie signalisiert nur: Da ist etwas in mir, das gesehen werden will.

HERZ – DIE BEZIEHUNGSEBENE

Das Herz gibt der Emotion eine Bedeutung. Nicht im Sinne von *»Warum passiert mir das?«*, sondern: *»Was sagt dieses Gefühl über meine Verbindung zu dir?«*

Im Herz liegt die zwischenmenschliche Wahrheit und deine Verletzlichkeit. Hier zeigt sich der Wunsch, gesehen zu werden. Hier wohnt die Angst, nicht wichtig zu sein, die Sorge, übersehen zu werden, und die Sehnsucht, gehalten zu sein. Hier gibt dir deine Emotion einen Hinweis auf ein menschliches Bedürfnis. Du erkennst, worum es dir in der Tiefe eigentlich geht – nicht nur um das Thema, sondern um das Gefühl dahinter.

Auf dieser Ebene beginnt die Sprache, die wirklich verbindet: Du teilst nicht mehr nur körperliche Symptome mit, sondern das, was darunterliegt – deine tieferen Sehnsüchte, Befürchtungen, Ängste, Bedürfnisse. Diese Ebene beantwortet die Frage: Was sagt mein Herz über mich und uns – in genau diesem Moment?

Ein Beispiel: Du spürst Trauer und offenbarst: *»Ich möchte mich gewollt fühlen.«* Diese Ebene gibt der Emotion Sinn. Sie zeigt dir: Das ist nicht nur ein Gefühl. Das ist meine Wahrheit in der Beziehung zu mir und zu dir.

KOPF – DAS BERICHTEN

Mit dem Kopf können wir aus dem gesamten System berichten. Aber nicht, um zu urteilen, zu analysieren oder zu rechtfertigen – sondern um zu beschreiben. Was passiert? Was hast du wahrgenommen? Wie erlebst du das?

Der Kopf benennt die Situation oder die Gefühle – nicht, um Schuld zu verteilen, sondern um Bedeutung zu entlüften. Wenn du beispielsweise sagst: *»Ich bin traurig darüber, wie du reagiert hast, als ich dir etwas erzählen wollte«*, dann entsteht ein Bild. Kein Vorwurf, kein Drama. Nur objektive Realität und deine Emotion dabei.

In diesem Schritt teilen wir die Basisemotionen von Angst, Wut, Trauer und Freude. Sie sind ein einfacher gemeinsamer Nenner – universell erkennbar, in jeder Kultur und jedem Nervensystem verankert.[1] Die meiste Kommunikation besteht aus Verzerrungen, Löschungen, Interpretationen oder Generalisierungen, die uns leicht in den Kopf ziehen und vom eigentlichen Erleben entfernen. Indem wir uns auf die Grundemotionen konzentrieren, finden wir schneller Zugang zum rohen Empfinden – ohne uns im Dschungel der Kommunikation zu verlieren. So verbinden wir uns direkter mit uns selbst und machen es unserem Gegenüber leichter, uns zu verstehen.

Diese Ebene macht Emotionen für uns selbst und andere greifbar. Sie sagt beispielsweise *»Ich habe Angst«* und verbindet dadurch die vorherrschende Emotion mit einer Übersetzung. Und sie gibt deinem Gegenüber die Chance, dich zu sehen – jenseits von Bewertung. Diese Ebene beantwortet die Frage: Wie kann ich so direkt wie möglich berichten, was in mir ist?

Zum Beispiel: *»Ich spüre Wut. Wenn du deine Augenbrauen hochziehst, während ich nach den richtigen Worten suche, kommt Wut in mir auf«* – oder, einfach verknappt: *»Ich fühle Wut!«*. Diese Ebene schafft Verständlichkeit. Sie formuliert das Erlebte so, dass es geteilt werden kann.

DREI EBENEN, ZWEI WEGE

Diese drei Ebenen von Bauch, Herz und Kopf bilden gemeinsam das Rückgrat des Emotive-Relating-Prozesses. Wenn du sie wie auf einer inneren Leiter vom Gefühl zur Bedeutung zur Sprache durchschreitest, entsteht etwas Kostbares: Integrität. Du bist mit dir verbunden, du bist berührbar und dadurch wirst du auch für dein Gegenüber verständlich.

Doch wann genau ist dieser Prozess notwendig? Wann und wie wende ich ihn in welcher Situation an? Der Emotive-Relating-Prozess kennt zwei grundlegende Wege: aktiv und aktiviert. Beide haben ihre eigene Anwendung, erfordern unterschiedliche Voraussetzungen und führen dich auf verschiedenen Pfaden zur emotionalen Klarheit.

Aktives Emotive Relating ist der bewusste und (pro)aktive Prozess für das Aussprechen emotionaler Themen, die dich beschäftigen. Du hast ein Thema auf dem Herzen. Vielleicht ist das ein schwelender Konflikt, ein Missverständnis oder ein Bedürfnis, das bisher nicht gehört wurde. Du bist nicht akut überwältigt, sondern spürst die Bereitschaft, das Thema in Ruhe und Tiefe anzugehen. Aktives Emotive Relating ist ideal, wenn du innerlich hinreichend reguliert bist, der Fokus auf Verbindung liegt und du gemeinsam mit deinem Gegenüber nach einer Lösung oder einer neuen Perspektive suchen willst. Dieser Modus ist präventiv, strukturierend und bindungsfördernd. Du kannst ihn im Gespräch mit deinem Partner nutzen oder als Leitfaden für deine Auseinandersetzung in einem Tagebucheintrag.

Themen, die sich für aktives Emotive Relating eignen:

- Gespräche über gemeinsame Zukunftspläne
- Verschiedene Bedürfnisse bei der Work-Life-Balance
- Themen wie Beziehungsform und -führung
- Unterschiedliche Kommunikationsstile und -bedürfnisse
- Finanzielle Entscheidungen und Prioritäten
- Verschiedene Ansichten zur Freizeitgestaltung
- Unterschiedliche Erwartungen an Nähe und Distanz

Aktiviertes Emotive Relating ist der Prozess für den emotionalen Sturm. Dein Herz rast. Du bist getroffen, verletzt, wütend, überfordert – dein System ist im Überlebensmodus. Eine Situation hat eine alte Wunde in dir berührt. Egal, ob du weißt, welche Wunde das ist oder nicht – alle Systeme für deine Verteidigung springen an, emotionale Turbulenzen rasen durch deinen Körper, die Stimme in deinem Kopf wird laut und unerbittlich. Dieser Modus ist hoch aufgeladen und bringt dich in Kontakt mit dem rohen, ursprünglichen Kern deiner Reaktionen. Wenn du es schaffst, in dieser Aktivierung bewusst zu bleiben und durch die drei Ebenen zu gehen, kann wirkliche Heilung und Transformation passieren.

Der aktivierte Modus eignet sich besonders für Themen, die dich zutiefst berühren:

- Alte oder akute Verletzungen oder Vertrauensbrüche
- Gefühle von Ablehnung, Verlassenheit oder Entwertung
- Wenn du dich klein, ausgeliefert, ungesehen fühlst
- Trigger, die dich in deine Geschichte zurückwerfen
- Vergangene Erlebnisse, die eure Beziehung belasten
- Wertkonflikte mit hoher emotionaler Bedeutung

Beide Wege brauchen Achtsamkeit – doch sie fordern Unterschiedliches von dir.

Aktives Emotive Relating braucht vor allem Klarheit, Präsenz und die Bereitschaft, dich bewusst auf ein Gespräch einzulassen. Es geht darum, dich zu öffnen, deine Wahrnehmung zu ordnen und Worte zu finden, bevor ein Streit eskaliert. Dafür braucht es Mut zur Ehrlichkeit, aber auch Struktur und die Fähigkeit, beim Thema zu bleiben, ohne in alte Strategien auszuweichen.

Aktiviertes Emotive Relating arbeitet mit intensiven Emotionen. Hier brauchst du Erdung, Raum und Zeit, damit du tiefer in die Emotionen kommst, ohne dich erneut zu überfordern. Dein Nervensystem muss spüren: Ich bin sicher zu fühlen. Erst dann kannst du die rohen Emotionen in Sprache verwandeln, statt sie in Angriff oder Rückzug zu verlieren.

Der nächste Abschnitt zeigt dir, wie du die Voraussetzungen für beide Wege schaffst – und worauf du achten solltest, bevor du überhaupt beginnst.

DER PROZESS DURCH DIE EBENEN

Der Emotive-Relating-Prozess folgt einer körperbasierten Abfolge: Gefühle steigen aus dem Bauch auf, haben ihre Bedeutung auf der Herzebene und finden im Kopf ihre Sprache. Der Weg durch diese drei Ebenen bildet den inneren Weg deiner emotionalen Klarheit. Doch je nachdem, ob du dich in einem aktiven oder aktivierten Zustand befindest, durchläufst du diesen Pfad in unterschiedlicher Reihenfolge:

Im ativen Zustand beginnst du unten: Du spürst deinen Körper (Bauch), dann offenbarst du deine Beziehungsebene (Herz), dann formulierst du Worte und Bedürfnisse (Kopf).

Im aktivierten Zustand gehst du den Weg von oben nach unten: Du beginnst mit dem Kopf – berichtest die Basisemotion in deiner Wahrnehmung, offenbarst die Bedeutung auf der Herzebene und fühlst schließlich die rohe Emotion im Bauch, die die tiefste Wahrheit trägt.

Diese Flexibilität macht den Prozess lebendig und anpassbar, doch das Grundprinzip bleibt: Emotionale Wahrheit zeigt sich durch Resonanz. Du spürst, wenn du auf dem richtigen Weg bist, wenn dein System vibriert und dein ganzer Körper *»Ja, so ist es«* sagt.

DIE ANWENDUNG IM MODUS »AKTIVIERT«

Es gibt Momente in Beziehungen, in denen unser Nervensystem die Führung übernimmt. Das Herz rast, die Hände zittern, der Blick wird eng. Vielleicht spürst du Hitze oder Kälte. Vielleicht willst du weglaufen, schreien oder dich vollständig zurückziehen. Genau hier – mitten im Sturm – beginnt die Praxis des Emotive Relating im aktivierten Modus.

Der aktivierte Modus ist nicht rational, er ist irrational wie der Konflikt selbst. Du bist berührt, getriggert, verletzt oder rasend. Dein System fährt in den Kampf-, Flucht- oder Erstarrungsmodus. Das Thema ist entweder gerade eben entstanden oder ist eine Situation aus der Vergangenheit, die jetzt aufkommt. Wenn du lernst, in diesen Momenten nicht zu explodieren oder zu implodieren, sondern im Kontakt zu bleiben, verändert sich alles. Dann beginnst du, inmitten der Aktivierung den neuen Weg zu gehen.

Und jetzt kommt der entscheidende Punkt: Du musst nicht vollkommen ruhig oder reflektiert sein, um mit Emotive Relating zu arbeiten. Du musst nur bereit sein, nicht aus der Aktivierung heraus zu reagieren, sondern mit ihr zu sprechen. Dazu führen dich die Schritte durch die drei Ebenen: Kopf, Herz, Bauch.

NEHMEN WIR ALSO AN, EIN STREIT ZÜNDET.

Heftige Emotionen kochen auf, deine Mauern fahren hoch. X sagt Y und du bist on fire. Jetzt ist der Moment für den unendlichen Raum des Potenzials zwischen Reiz und Reaktion. Statt in den Kampfmodus zu flippen, erkennst du das aufsteigende Gefühl, atmest tiefer und bleibst mit deinen Sinnen in der Realität: spürst die Füße am Boden, das Feuer in der Brust, das Loch im Bauch. Das Herz pocht, das Blut kocht. Du reagierst nicht, sondern agierst mit Kapazität, Kontakt und Klarheit.

Du sagst zum Beispiel:
»Moment, ich muss das kurz da sein lassen.«
»Würdest du mir zuhören, ohne zu reagieren?«

1. KOPF: BERICHTEN AUS DEM KÖRPER

Wenn du getriggert bist, brauchst du Orientierung. Du beginnst mit dem Kopf – aber nicht, um zu analysieren oder recht zu haben, denn dein altes Gehirnsystem hat längst übernommen. Was du jetzt tun kannst, ist, das für dich Offensichtliche auszusprechen. Es ist wie ein Innehalten inmitten der Welle. Du nimmst wahr, was in dir geschieht, und benennst es. Du spürst alle Körpersensationen absichtlich und unmittelbar: vom engen Punkt im Körper bis zu den rasenden Gedanken in deinem Kopf. Dann sprichst du entweder nur die Basisemotion (Wut, Angst, Trauer, Freude) aus, die du beobachten kannst, oder benennst die Körpersensationen mitsamt der Emotion.

Beispiel:
»Ich merke, dass ich angespannt bin. Mein Herz schlägt schnell, ich spüre Druck in meiner Brust, mein Atem ist flach und ich spüre Wut.«

Du musst noch nicht wissen, was dich so triggert. Du beschreibst nur, dass du getriggert bist und an welcher Stelle im Körper das spürbar ist. Es geht nicht um Schuld oder Inhalt – es geht um deine Wirklichkeit. In dem Moment, wo du benennst, was ist, holst du dein Bewusstsein zurück ins Hier und Jetzt. Du gibst deinem Körper eine Stimme und die Emotionen werden aktiviert.

Tipp: Wenn du nicht weiterkommst, beginne mit:
»Ich merke, dass ich gerade ...«
»Mein Körper fühlt sich an wie ...«
»Mir fällt es schwer zuzugeben, dass ich ...«

Bleibe in jedem Fall nur bei der Basisemotion von Wut, Angst, Trauer oder Freude und nutze keine Abweichung. Du sagst nicht »Ich bin frustriert, weil ...« – du sagst direkt »Ich fühle Wut«. Du sagst nicht »Ich bedauere deine Einstellung ...« – du sagst »Ich fühle Trauer«. Du sagst nicht »Ich bin besorgt wegen ...« – du sagst »Ich fühle Angst".

Warum das so wichtig ist? Jede Form von Interpretation, Deutung oder Verzerrung führt uns weg vom eigenen Erleben in eine Geschichte, die zwangsläufig in eine Diskussion mündet. Sobald eine Person im Dialog in einen Rahmen gedrängt wird (z. B.: »Ich spüre, wie du mich verletzt ...«) muss diese Person Stellung dazu nehmen und kann nicht anders, als zu re-agieren. Ganz wichtig ist: Dieser Prozess ist zunächst nur für dich. Es gibt für die andere Person nichts zu tun. Das Ziel in diesem Einstieg ist, dass der Zugang in deine emotionale Welt offengelegt ist. Du kannst dich spüren und dein Gegenüber kann dich spüren. Der Prozess ist angestoßen.

2. HERZ: DIE ZWISCHENMENSCHLICHE BEDEUTUNG

Sobald du deine Körpersensationen und/oder die Basisemotion benannt hast, senkt sich der Fokus. Vom Kopf wanderst du ins Herz – dorthin, wo Bedeutung entsteht. Jetzt fragst du dich nicht mehr: *»Was passiert?«*, sondern: *»Was bedeutet das – in Bezug auf mich, uns und unsere Verbindung?«*

Hier zeigt sich deine Verletzlichkeit. Deine Angst, nicht gesehen zu werden. Dein Wunsch, sicher zu sein. Deine Trauer, wenn Nähe fehlt. Die Scham, dass dir etwas so nahegeht.

Beispiel:
»Ich habe Angst, dir egal zu sein. Als du gerade weggeschaut hast, kam in mir der Gedanke auf, dass du mich nicht brauchst.«

Die Herzebene ist keine Anklage. Du zeigst nicht deine Meinung, sondern deine Beziehung zur Situation. Auf dieser Ebene forschen wir nach der Bedeutung in dir, daher kann es sein, dass du mehrere Sätze aussprechen musst, bis die wahre Emotion dazukommt. Dann öffnet sich die Tür zur Resonanz.

Tipp: Nutze Sätze wie:
»Ich spüre (Basisemotion), und was das in mir auslöst, ist …«
»Ich befürchte in dieser Situation …«
»Ich habe Angst, dass …«

Auch hier ist Vorsicht geboten, um mit deiner Emotion in Kontakt zu bleiben. Vor allem bei der Bedeutung auf Herzebene bleibst du bei dir und sprichst nur von deinem inneren Erleben. Du sagst nicht *»Wenn du mir mehr zuhören würdest, dann …«*, sondern *»Ich habe Angst, nicht gehört zu werden«*. Du sagst nicht *»Ich bin unzufrieden, weil du so viel arbeitest …«*, sondern *»Ich fühle Trauer, so wenig Zeit mit dir zu verbringen«*. Du sagst nicht *»Du machst mich wütend, weil du …«*, sondern *»Ich fühle Wut, wenn ich …«*.

Bemerkst du den Unterschied? An der Oberfläche könnte man meinen, dass doch das Gleiche gesagt wird – die Worte fließen jedoch in eine ganz andere Richtung. Nimm dir deshalb auch für diese Ebene Zeit, bis du die richtigen Worte gefunden hast. Sie werden in dir Resonanz erzeugen und sich wie eine transparente, verletzliche Offenbarung anfühlen. Die richtigen Worte sind frei von Vorwurf. Indem du innehältst, wirst du weicher und fühlender. Oftmals kommen Tränen oder starke Gefühle in Brust und Bauch dazu. Jetzt hast du die Schutzschicht durchbrochen. Jetzt bist du da. Jetzt bist du echt. Du beginnst zu schwitzen, dein Herz pocht, deine Hände werden feucht und das Gesicht wird stärker durchblutet.

3. BAUCH: DIE TIEFE WUNDE FÜHLEN

Wenn du bereit bist, folgt der verletzlichste und gleichzeitig heilsamste Teil. Du senkst dich noch eine Etage tiefer. Du hörst auf zu erklären. Du hörst auf zu hoffen, dass dich jemand repariert. Du beginnst, die rohe Wahrheit zu fühlen.

Weil uns hierfür oft die Worte fehlen oder die Gefühle lange Zeit verschüttet waren, greifen wir auf eine Sammlung an Aussagen zurück, die uns diese Aufgabe erleichtern. Diese neun Aussagen beziehen sich auf die Grundgefühle, die wir aus einer kindlichen Perspektive zum Lebensskript unserer Wahrnehmung gemacht haben. Sie sind der gemeinsame Nenner vieler möglicher Gefühle. Sie nehmen uns die Arbeit ab, nach Worten zu suchen, wenn wir endlich bereit sind zu fühlen und nicht mehr in den Kopf flüchten wollen.

Während du mit der aktivierten Emotion aus der Herzebene kommst, sprichst du folgende Sätze einen nach dem anderen laut aus und fühlst jeweils nach, wie der Satz in dir wirkt. Es wird ein, zwei oder drei Aussagen geben, die das bereits brodelnde Gefühl in dir verstärken. Diese Emotion will verarbeitet werden. Sie intensiviert sich, verdichtet sich und steigt auf. Du spürst die richtigen Worte, wenn die Emotion auf einer Skala von 0 bis 10 (nichts bis intensiv) in deinem Körper weiter ansteigt und die 7, 8, 9 oder 10 erreicht.

Sprich jeden Satz laut und vollständig aus. Fühle für einige Sekunden nach, was in dir geschieht und welche Worte einen großen Ausschlag in den Emotionen erzeugen. Das ist kein Moment, um schnell über die Aussagen und damit die Gefühle hinwegzugehen. Sprich jeden Satz daher mehrmals aus und spüre nach, was in dir in Bewegung kommt.

Ich fühle mich unbedeutend.
Ich fühle mich verlassen.
Ich fühle mich schlecht.
Ich fühle mich allein.
Ich fühle mich hilflos.
Ich fühle mich hoffnungslos.
Ich fühle mich verloren.
Ich fühle mich minderwertig.
Ich fühle mich wertlos.

Wenn du den Satz gefunden hast, der dich am meisten bewegt, sprich ihn wieder und wieder aus. Gib dich dem Gefühl ganz hin, lass dich in die aufsteigende Emotion hineinfallen. Fühle alles vollständig. Manchmal kommt ein Satz oder ein Wort dazu, das noch besser zu deinem inneren Erleben passt. Vielleicht sagst du automatisch *»Ich fühle mich ausgeliefert«* oder *»Lass mich nicht allein«* und dann steigt die Emotion wirklich an. Dein Körper beginnt vielleicht zu zittern. Deine Stimme schlottert. Knie und Hüfte werden wackelig. Vielleicht kommen kindliche Sätze aus dem Unterbewusstsein einfach nach oben. Tränen kommen dazu. Du vibrierst. Du bist im Heilungsprozess. Das ist das Nadelöhr. Das ist die maximale Verdichtung, der kleine Tod. Du gehst hindurch – indem du bleibst. Und fühlst. Und bleibst. Und fühlst. Und bleibst. Und fühlst. Und bleibst.

Hier gibt es nichts mehr zu tun. Nur zu fühlen. Wenn du es schaffst, in der Situation zu bleiben, beginnt etwas Magisches: Die Emotion bewegt sich. Sie wird gesehen. Sie wird breiter und größer. Sie beginnt zu fließen. Von den Beinen über den Bauch in Brust, Hals, Kopf, hoch und runter. Sie fließt durch dich hindurch. Endlich kommt die Emotion zum Ausdruck. Endlich kann sie dich verlassen. Das ist Heilung.

Tipp: Sag dir im Prozess innerlich:
»Ich bin hier. Ich bleibe.«
»Ich lasse dieses Gefühl da sein.«
»Ich muss nichts tun.«
»Ich erlebe das alles.«

Dein Partner muss dich nicht trösten. Er hält dich mit Präsenz, bleibt im echten Kontakt wirklich da. Denn so geschieht Heilung: nicht durch Lösungen, sondern durch Dasein im Schmerz.

UND DANN?

Bleibe. Atme. Halte den Kontakt. Nimm die Resonanz wahr, wenn dein Gegenüber ebenfalls bleibt. Wenn ihr euch seht, jenseits der Maske. Nicht im Streit, sondern in der Wahrheit. Emotive Relating ist keine Technik, um dich besser zu kontrollieren. Es ist ein Weg, um deine Kontrolle loszulassen, damit dich jemand endlich auffangen kann – selbst in dem Moment, in dem du glaubst, das nicht zu können.

Dein Gegenüber ist und war für den Moment dein Raumhalter, im besten Fall in voller Präsenz, aufrecht, emphatisch, fühlend und in Kontakt mit seiner Erdung. Denn was die eine Emotion im Ausdruck auslöst, ist die Schwingung im Gegenüber. Jetzt wendet sich der Fokus dem Gegenüber zu. Sobald deine Emotion abgeflacht ist, hast du sie ein Stück weit verdaut. Dein Partner hat nun die gleiche Gelegenheit, in diesem Prozess zu sprechen und sich weich und verletzlich zu machen. Schafft er oder sie es, ebenfalls in den emotionalen Prozess zu gelangen, könnt ihr euch beide in die Heilung heben und den heiligen Gral der Auflösung gemeinsam erleben. Das verändert alles.

ZUSAMMENFASSUNG

So funktioniert Emotive Relating im aktivierten Modus.

EBENE	SPRACHE	WIRKUNG
1 **Kopf** *Gefühl*	»Ich fühle Angst / Wut / Trauer / Freude.«	Wahrnehmung berichten
2 **Herz** *Beziehung*	»Ich bin (Basisemotion) darüber, wie/dass …«	Bedeutung benennen
3 **Bauch** *Emotion*	»Ich fühle mich …« unbedeutend verlassen schlecht allein hilflos hoffnungslos verloren minderwertig wertlos	Emotion durchleben

▶ WARUM GERADE DIESE 9 SÄTZE?

Ergänzende Materialien und vertiefende Modelle auf unserer Website als Download: **www.reinundraus.com/match**

DIE ANWENDUNG IM MODUS »AKTIV«

Nicht jeder Konflikt schleudert uns sofort in den Abgrund. Es gibt auch die leisen Reibungen, die wiederkehrenden Unstimmigkeiten, die kleinen Differenzen im Alltag. Themen, bei denen wir wissen, dass sie relevant sind, aber noch nicht von einer emotionalen Lawine überrollt werden. Das ist der ideale Moment für aktives Emotive Relating.

Im aktiven Modus bist du bei klarem Verstand. Du bist innerlich präsent, vielleicht aufgebracht, aber nicht überwältigt. Es gibt ein Thema, das zwischen euch steht, und du willst es ansprechen, bevor es zum Pulverfass wird. Vielleicht geht es um Gerechtigkeit in der Aufgabenverteilung, um unterschiedliche Bedürfnisse bei Nähe und Freiraum oder um wiederkehrende Kommunikationsprobleme, die nie richtig besprochen wurden. Die größte Gefahr in diesen Situationen ist, dass wir sie herunterspielen. Dass wir Konflikte »nicht so wichtig« nehmen. Dass wir das Gespräch aufschieben und damit einen kleinen Riss in einen zukünftigen Abgrund verwandeln.

Aktives Emotive Relating ist dein Werkzeug, um diese Situationen nicht nur sachlich zu klären, sondern emotional ehrlich zu betreten. Klar, liebevoll und verbunden. Auch hier führt dich der Prozess durch drei Schritte – diesmal in einer anderen Reihenfolge: Bauch, Herz, Kopf. Warum diese Reihenfolge? Weil du nicht aus der Not, sondern aus der Wahl heraus sprichst. Du beginnst nicht mit Analyse, sondern mit Wahrnehmung. Nicht mit Erklärung, sondern mit Präsenz.

1. BAUCH: DAS GEFÜHL IM KÖRPER FINDEN

Bevor du ein Thema ansprichst, halte inne. Richte deine Aufmerksamkeit nach innen. Fühle.

- *Was spürst du in deinem Körper, wenn du an das Thema denkst?*
- *Vielleicht zieht sich dein Magen zusammen?*
- *Vielleicht ist da ein Druck in der Brust?*
- *Vielleicht ein leichtes Frösteln, Hitze, Herzklopfen, ein inneres Ziehen?*

Dann bitte deinen Partner um seine Aufmerksamkeit. Es ist wichtig, dass auch diese Themen einen Rahmen erhalten, damit sie nicht aus der Anspannung in die Aktivierung kippen, weil eine Person ungeduldig ist, keine Zeit hat oder auf andere Dinge fokussiert ist. Auch dieses Setting funktioniert am besten gegenübersitzend, mit vollem Blickkontakt und ohne jegliche Ablenkung. Formuliert einen klaren Zeitrahmen für die Übung. Sage beispielsweise »Kann ich für zehn Minuten etwas mit dir teilen?« Wenn die volle Präsenz hierfür gegeben ist, steigst du in die Übung ein.

Sprich das Gefühl im Körper aus, zum Beispiel:

»Ich spüre einen Druck auf meiner Brust und ein Ziehen im Bauch.«
»Ich fühle Enge im Hals und meinen Herzschlag in der Brust.«
»Ich habe ein Zittern in den Beinen und feuchte Hände.«

Damit gibst du deinem Gegenüber einen Zugang zu deiner inneren Welt und ermöglichst, dass die folgenden Ausführungen empathisch verstanden werden. Außerdem ebnest du den Weg, dass dein Besprochenes auch mit dieser Emotion durch dich fließt und das Thema – einmal geklärt – dich für diesen Moment verlassen kann. Du schaffst Transparenz und Verbindung. Dein Gegenüber ist mit dir im Kontakt und hört dich, ohne sofort zu reagieren.

Tipp: Wenn du keine klaren Worte hast, versuche:

»Ich spüre ... in meinem Körper, wenn ich an das Thema denke.«
»Da ist eine Spannung, ein Unbehagen – ich will das nicht übergehen.«
»Ich merke, dass mein System brodelt, obwohl ich ruhig wirke.«

2. HERZ: HOFFNUNG, SORGE ODER BEDEUTUNG

Jetzt gehst du eine Ebene tiefer. Du fragst dich: Was bedeutet dieses Thema für mich: emotional, zwischenmenschlich und persönlich? Es geht noch nicht um Inhalt, sondern um das, was potenziell zwischen euch steht und dich deshalb stumm oder nervös macht.

- *Was ist mir wichtig?*
- *Wovor habe ich Angst?*
- *Welche Sorgen habe ich?*

Hier wird aus dem Bauchgefühl eine Beziehungsaussage. Du teilst nicht nur Fakten, sondern Bedeutung. Du tust das, bevor sich Schmerz in Anklage verwandelt, also ohne Vorwurf, Erwartung oder Flucht. Das bedeutet, dass du wieder den Raum und deine Kapazität hältst. Du teilst dich und dein Innerstes mit.

Beispiel:

»Ich habe Angst vor Ablehnung, wenn ich dir von (...) erzähle.«
»Ich hoffe, dass wir ohne Streit über (...) sprechen können.«
»Ich wünsche mir, dass wir uns verbunden fühlen, wenn ich (...)«

Tipp: Nutze diese Fragen für dich:

- *Welche mögliche Reaktion macht dich unsicher?*
- *Was ist deine größte Hoffnung, wenn du dich mitteilst?*
- *Welche Befürchtung hast du bei diesem Thema?*

3. KOPF: DIE SITUATION KLAR BERICHTEN

Jetzt, erst jetzt, kommt der Verstand ins Spiel. Jetzt beschreibst du den Kontext – ohne Drama, ohne Schuld und ohne Überhöhung.

Du sagst, was geschehen ist. Was dich beschäftigt. Was du wahrnimmst. Was du brauchst. Es folgt der Inhalt, den du mit einem Bedürfnis zum Ausdruck bringst.

Beispiel:
„Kann ich dir sagen, was ich mir gerade von uns wünsche, ohne dass du es als Kritik an dir verstehst?"

»Kannst du mir sagen, was es bedeutet, dass du mehr Zeit für dich brauchst? Ich habe das gehört – und merke, dass mich das innerlich verängstigt.«

»Können wir für unsere Pläne im nächsten Jahr einen Austausch haben? Ich würde gerne genauer wissen, wann wir gemeinsame Zeit einplanen.«

Du schilderst den Sachverhalt eingebettet in Gefühl und Beziehung. Nach dieser Offenbarung des Themas kannst du deine Wünsche und Bedürfnisse positiv formulieren und somit sicherstellen, dass sie mit mehr Mitgefühl und Verständnis beim Gegenüber ankommen. So entsteht ein Gespräch, das nicht trennt, sondern verbindet.

Tipp: Nutze diese Strukturen:
»Ich fühle ..., wenn ..., und ich wünsche mir ...«
»Ich möchte gern ... und befürchte, dass ...«
»Mir ist wichtig, dass ... und ich will gern ...«

Du bringst alles zusammen: Bauch, Herz und Kopf. Aktives Emotive Relating ist wie ein präventives Gespräch mit Tiefe. Du nutzt die Chance, bei klarem Himmel über das Wetter zu sprechen, bevor der Sturm ausbricht. So wachsen Vertrauen, Intimität und Respekt.

UND DANN?

Dann hör dir und deinem Partner zu. Atme. Bleib im Kontakt. Vielleicht muss die andere Person nachfühlen. Vielleicht entsteht Stille. Genau diese Stille kann wieder eine wertvolle Form von Verbindung sein. Es geht nicht um Argument und Gegenargument, es geht in jeder Aussage um das Berichten aus dem jeweils eigenen Zentrum heraus. Berichte dein Fühlen und deine Wahrnehmung.

Wichtig ist, dass ihr beide diesen Ablauf kennt und das Gespräch immer wieder in diesem Format durchführt. Mit der Zeit wird der Prozess immer intuitiver. Ihr müsst euch die einzelnen Schritte nicht mehr merken – es wird zu einer natürlichen Form, in der beide in der Kapazität bleiben und produktive Gespräche über wichtige Themen führen. So entsteht eine neue Art des Miteinanders: Ehrlichkeit, bevor es eskaliert. Fühlen, bevor es verletzt. Verbundenheit, bevor es auseinanderdriftet.

ZUSAMMENFASSUNG

So funktioniert Emotive Relating im aktiven Modus.

EBENE	SPRACHE	WIRKUNG
1 **Bauch** *Gefühl*	»Ich fühle (Basisemotion), wenn ich an ... denke.«	Emotionale Verbindung
2 **Herz** *Beziehung*	»Ich hoffe / befürchte / wünsche mir, dass wir...«	Bedeutung benennen
3 **Kopf** *Bedürfnis*	»Kann ich ...?« »Können wir ...?« »Würdest du ...?« »Können wir ...?« »Möchtest du ...?«	Bedürfnis aussprechen

▶ WEITERE BEISPIELE

Ergänzende Materialien und vertiefende Modelle auf unserer Website als Download: **www.reinundraus.com/match**

WAS SICH IN DIR UND EUCH VERÄNDERT

Wenn du den Emotive-Relating-Prozess praktizierst, geschieht Transformation nicht nur auf der Beziehungsebene. Sie wirkt auch tief in deinem Nervensystem. Denn jedes emotionale Muster, jeder Rückzug, jedes Überschäumen an Wut oder Tränen ist nicht nur ein psychologisches Phänomen, sondern eine körperliche Reaktion. Dein autonomes Nervensystem kann neu lernen, wie du dich im Kontakt sicher und verbunden fühlst.

Die gleichzeitige Koregulation von Kontakt und Gefühl mit einem Gegenüber aktiviert den zentralen Vagusnerv, einen Teil des parasympathischen Systems. Er sorgt für Sicherheit, Erdung, emotionale Regulation und soziale Verbundenheit.[2] Je öfter du diesen Weg gehst, desto stärker wird dein System darin. Du kannst intensivere Gefühle halten, ohne überwältigt zu werden. Das ist die Grundlage, um immer bedeutsamere Ebenen eurer Beziehungskommunikation zu erreichen.

Gleichzeitig beginnt eine tiefe psychologische Neubewertung. Gefühle, die früher wie Bedrohungen wirkten, dürfen jetzt da sein. Du musst dich nicht mehr schützen, du darfst erleben. Der Elefant rennt nicht mehr in den Wald zurück, weil alte Prägungen ihre Ladung verloren haben. Emotionen, die bisher abgespalten waren, sortieren sich. Deine Geschichte beginnt sich umzuschreiben – nicht inhaltlich, sondern durch das gelebte Gefühl, dass du dich wirklich veränderst. Du reifst nach, dein inneres Kind heilt.

So verändert sich nicht nur dein inneres Erleben, sondern auch deine äußere Realität. Was gestern noch Drama war, wird heute eine Durchgangsstation. Was dich früher getriggert hat, entschlüsselt alte Muster deiner Lebensgeschichte. Was einst Distanz geschaffen hat, wird zum Anfang echter Nähe. Das ist die Magie. Die innewohnende Fähigkeit deines Systems, sich neu zu schreiben – und emotionale Reife in Aktion.

BEISPIELE FÜR TRANSFORMATION

Sicher erinnerst du dich an unser Paar Tom und Ina. Früher war ihre Situation immer wieder folgende: Tom kommt nach einem langen Tag spät nach Hause. Ina sitzt bereits auf der Couch, das Essen ist kalt und sie sagt kein Wort. Tom wirft seine Tasche in die Ecke, murmelt ein genervtes *»Sorry, war länger«* und geht direkt ins Wohnzimmer. Ina fühlt sich übergangen, ungeliebt und unsichtbar. Ihre Brust ist eng, der Magen verkrampft sich. Sie sagt nichts, bis später im Bett der Satz fällt: *»Interessierst du dich überhaupt noch für mich?«* Tom reagiert defensiv: *»Du weißt doch, wie stressig mein Job ist! Was soll ich denn noch alles machen?«* Beide ziehen sich zurück. Beide fühlen sich allein. Wieder einmal.

Jetzt stell dir vor, Tom und Ina praktizieren Emotive Relating und haben eine neue Art der Kommunikation für sich entdeckt. Ein Thema kommt auf, das sie direkt mit dieser Struktur angehen. Tom kommt spät. Ina spürt die altbekannte Welle von Traurigkeit und Anspannung. Aber dieses Mal bleibt sie bei sich. Sie setzt sich bewusst aufrecht hin, atmet und sagt:

»Ich merke gerade, wie eng meine Brust wird ... «(Bauch)
»Ich fühle mich traurig und irgendwie nicht verbunden.« (Herz)
»Ich sehne mich danach, dass du dir mehr Zeit für mich nimmst. Würdest du mit mir darüber reden?« (Kopf)

Tom hält inne. Diese Worte treffen etwas in ihm. Er spürt seine eigene Reaktion – seine Schultern sacken leicht. Er sagt:

»Ich wusste nicht, wie sehr du das brauchst. Es tut mir leid, dass ich einfach ins Wohnzimmer gegangen bin. Ich hab mich überfordert gefühlt und es tut mir leid«

Ina kann mit einem positiven Bedürfnis antworten:

»Würdest du mit mir etwas kuscheln und wir schauen einen Film?«

Die Luft ist plötzlich anders. Weicher. Beide sind nicht mehr in ihrer Verteidigung, sondern in ihrer Wahrheit. Die Emotion durfte sprechen – nicht als Drama, sondern als Brücke.

Lass uns einen Schritt weiter gehen: eine intensive emotionale Auseinandersetzung kommt auf – es braucht aktiviertes Emotive Relating.

Tom hat sich nach einem hitzigen Wortwechsel zurückgezogen und Ina fühlt sich abgelehnt. Sie steht vor ihm, ihre Stimme zittert. Beide sind aufgeladen. Die Kapazität droht zu kippen.

Ina spürt ihren Herzschlag. Alles fühlt sich eng an, ihr Bauch zieht sich zusammen, sie atmet und blickt Tom in die Augen.

Ina (leise, bleibt bei sich, berichtet aus sich):
»Ich fühle Angst ... ja, da ist Angst in mir.«

Tom blickt sie skeptisch an.

Ina (ihr Kinn zittert, sie atmet weiter und spricht aus der Herzebene (Beziehung)):
»Ich habe Angst, dass du mich nicht mehr willst ... Ich habe Angst, dass ich dir nicht wichtig genug bin ... Ich habe Angst, dass du mich verlassen wirst ..."

Tom atmet durch, schaut weg, kämpft mit sich.
Ina bleibt trotzdem in Kontakt mit sich (schluckt, spürt Trauer, spricht die 9 Sätze aus dem Bauch):
»Ich fühle mich ... verlassen. Ich fühle mich ... unbedeutend. Ich ... fühle mich allein ... allein ... allein ...«

Sie hält die Intensität, Tränen laufen ihr übers Gesicht.

Tom sieht, dass sie weint, etwas bricht in ihm auf. Er weicht innerlich zurück von seiner harten Haltung. Er senkt den Blick, spricht langsam, berichtet aus sich:
»Ich hab grad so 'n Druck auf der Brust ... mein Bauch ist angespannt ... ich spür Wut ...«

Der Prozess greift, er bleibt dran, spricht aus der Herzebene:
»Ich bin wütend, weil ich ... mich missachtet fühle ... Ich hab Angst, dass ich ... dir nicht fröhlich genug bin.«

Ein Moment der Stille. Beide spüren die Schwere, niemand flieht.

Tom (die Stimme bricht, er spricht die 9 Sätze aus dem Bauch):
»Ich fühl mich ... hilflos ... Ich fühle mich ... minderwertig ...«

Beide bleiben. Keine Lösung, kein Happy End. Nur echte, rohe Begegnung. Beide zittern leicht. Die Luft ist dicht. Tränen fließen. Aber das System reguliert langsam. Atem.

Tom (flüstert mit zittriger Stimme):
»Ich will nicht kämpfen ... Ich hab nur Angst, wieder so klein zu sein ...«

Tom (schlottert, wird verletzlicher):
»Ich fühle mich ... so ausgeliefert. Wie früher, wo ich immer wieder niedergemacht wurde.«

Ina (leise, mit zittriger Stimme):
»Ich ... Ich hab nur Angst, nicht mehr zu zählen ... ich will nicht so allein sein ...«

Tränen fließen über ihr Gesicht, sie stottert, während sie spricht. Sie atmen gemeinsam. Die Körper beruhigen sich. Kein Urteil. Kein Drama. Nur die nackte, ungeschönte Wahrheit im Raum.

Was nun folgen kann, sind sehr essenzielle Gespräche und ehrliches Mitteilen über wirklich wichtige Lebensereignisse. Plötzlich sprechen Paare über Erlebnisse ihrer Kindheit, Prägungen mit den Eltern oder Situationen in der Schulzeit. Das ist kein Zufall, es ist das Ergebnis aus der Öffnung in das Unterbewusstsein, wo jetzt die entscheidenden Momente der Persönlichkeit zum Vorschein kommen. Die Transparenz, die hier entsteht, gibt uns oft zum ersten Mal einen tieferen Einblick in das, womit unser Partner vielleicht schon ein Leben lang ringt. Was geschieht, ist ein natürlicher Dialog von Herz zu Herz, Mensch zu Mensch, ohne die Schichten, die uns früher noch so sehr getrennt haben. Echte Nähe, Verständnis und Mitgefühl sind das, was daraus resultiert. Ein einziges Gespräch in dieser Dimension kann eine Person von so viel altem, tonnenschwerem Ballast befreien, der von den Schultern schmilzt.

WAS SICH DADURCH VERÄNDERT? ALLES!

Es ist die Wirkung, die bleibt, und die Verbindung, die heilt. Was im Moment von echtem Emotive Relating geschieht, geht weit über das Gespräch hinaus. Es ist ein seelischer Abdruck, der sich in deinem Nervensystem verankert: Ich bin da. Ich fühle. Ich werde gesehen – und ich fliehe nicht mehr. Wenn du inmitten der Aktivierung bleibst, dich selbst nicht mehr verlässt und deine Wahrheit sprichst, beginnt etwas Uraltes, sich neu zu schreiben. Dein System erfährt Sicherheit durch den Kontakt. Die Überlebensmuster, die dich früher in Flucht, Angriff oder Erstarrung gezwungen haben, beginnen zu weichen. Dein Körper merkt: Ich kann fühlen, ohne zu zerbrechen. Ich kann mich zeigen, ohne verloren zu gehen.

Wenn das Feuer deiner Emotionen einmal durch dich durchgegangen ist, verändert sich auch die Maske, die du all die Jahre getragen hast. Sie fällt nicht einfach ab – sie wird durchsichtig. Dort, wo sie früher starr verteidigt, gekämpft, verführt, gefallen oder sich zurückgezogen hat, öffnet sie sich nun. Die Rolle verliert ihre Härte, weil die Angst darunter ihren Griff verliert. Aus dem Rückzug wird Klarheit. Aus Kontrolle wird Verantwortung. Aus Nettigkeit wird echte Güte. Aus Stolz wird Würde. Aus Verführung wird Präsenz. Aus Trotz wird lebendige Kraft. Du bist nicht länger die Maske, du nutzt sie bewusst – als Qualität, nicht als Schutz. Sie ist nicht mehr dein Überleben, sondern dein Ausdruck.

Das Feuer entlarvt, was du nicht mehr brauchst – und legt frei, wer du bist. Die Maske wird nicht zerstört, sie wird integriert. Sie hört auf, dich zu steuern, und beginnt, dir zu dienen. Das ist der Kern der Transformation: Die Energie, die früher in Abwehr gebunden war, steht dir jetzt als Stärke zur Verfügung. Deine Maske wird zu deiner Ressource. Nicht als Fassade, sondern als gelebte, verkörperte Wahrheit.

So verändert sich die Realität. Es gibt jetzt eine authentische Verbindung zwischen deinem Gefühl und deinem Ausdruck. Du erfährst den Kontakt zwischen deinem Innersten und der Welt. Du baust eine Brücke zwischen dir und deinem Partner. In dieser Brücke liegt Heilung. Oft beginnt genau hier die sanfte Korrektur der alten Wunde und damit eine neue Dynamik in der Beziehung. Das heißt nicht, dass von hier an alles für immer harmonisch verläuft, dafür braucht es viele solcher Momente, die zur Auflösung finden. Aber es kann der Anfang einer neuen Beziehungsqualität sein, die ihr vertiefen wollt.

13

WAHRHEIT

»RADICAL HONESTY IS THE HIGHEST FORM OF INTIMACY.«

— BRAD BLANTON

DER GEFÄHRLICHSTE PUNKT DER ÖFFNUNG

Lass uns den Elefanten im Raum ansprechen. Die Ideen im vorherigen Kapitel gefallen dir vielleicht gut. Hast du beim Lesen Nervosität und eine leichte Aktivierung gespürt? Hast du darüber fantasiert, wie es wohl wäre, mit deinem Partner so zu sprechen? Hast du aufgebrachte Emotionen, Herzschlag, feuchte Hände? Bist du etwas überrascht? Ja, diese Energien leben tief in dir. Das sind die Emotionen, die im Konflikt ihren Spiegel erhalten und zum Vorschein kommen. Das Lesen zeigt dir bereits, dass dein System in Resonanz geht und dass es da eine Wahrheit gibt, die viel tiefer in dir wohnt, als wir im normalen Wachzustand wahrnehmen. Wenn wir Emotion bewusst einladen, öffnen wir Pandoras Box und erleben das, was normalerweise im Keller schlummert und nur im Streit aktiviert wird.

Emotionale Transformation fühlt sich gleichzeitig gut und beängstigend an. Da ist die lebendige, aufregende Seite von Gefühlen und unsere Neugier. Welchen Code gibt es zu entschlüsseln? Welches Wissen und welche Wahrheiten gibt es über mich und über uns zu entdecken? Und da ist auch die Angst, dass das, was in uns aufgewühlt wird, etwas Unbekanntes und Gefährliches ist, das wir nicht wirklich erleben wollen. Doch unser System will durch die Emotion zurück in die Balance und zur Zufriedenheit kommen. Wir brauchen die Vergebung und den ehrlichen Kontakt für unsere eigene Lebendigkeit. Wir sehnen uns nach Vertrauen und Rückverbindung zu dem, was einst verloren ging. Und wir befürchten, dadurch auch das zu verlieren, was wir als Schutz für unser Überleben entwickelt haben.

Die Narrative haben uns Halt gegeben, als wir mit Vertrauens- und Verbindungsverlust klarkommen mussten. Die Wut auf die Umstände hat uns in einen sicheren Abstand gebracht. Die Reaktion auf unsere Emotion hat uns vorsichtig und aufmerksam für unsere Grenzen gemacht. Der ganze Schmerz hat uns scheinbar effektive Werkzeuge beschert, die uns sicher vor Verletzlichkeit, aber getrennt von echter Lebendigkeit gemacht haben.

KOREGULATION BRAUCHT VERTRAUEN, NICHT KONTROLLE.

Emotionale Prozessarbeit hat zwei Seiten. Einerseits stürzt damit unser Narrativ, das uns einen sicheren Erzählstrang gegeben hat – warum, wie, wer gut oder böse im Konflikt ist. Wir verlassen die sichere Position von gut und schlecht, richtig oder falsch und entziehen so dem Verstand das Futter. Andererseits ist da das Ego, das mit dem Narrativ auch die fiktive Macht über unseren Partner aufgeben müsste. Was, wenn er oder sie genau das ausnutzt, um sich selbst als Gewinner zu fühlen? Wieder ist es das Ego, das die Bedeutung nicht loslassen kann und seinen Untergang befürchtet. Unser emotionaler Prozess ist also nicht nur abhängig von uns, sondern auch von unserem Partner. Denn er oder sie ist auch die große Gefahr: der Stellvertreter für das Gegenüber, mit dem der ursprüngliche Schmerz entstanden ist. Dieser Schmerz kann alles sein – der Betrug vor ein paar Monaten bis hin zum Verbindungsverlust vor Jahrzehnten.

Du bist in deiner Selbstoffenbarung im Prozess deshalb mit der Frage konfrontiert: Will mein Partner überhaupt auch? Auch so tief gehen? Auch so transparent und verletzlich sein? Wollt ihr beide vergeben oder will einer von euch beiden insgeheim doch gewinnen? Das sind keine Fragen, die wir uns unbedingt bewusst stellen. Es sind die Fragen, die sich unser gesamter Organismus stellt, wenn er die Herzöffnung riskiert. Denn von der Weite der Öffnung hängt ab, ob du an die tieferen Schichten der Heilung gelangst oder an einem weiteren Punkt großer Verletzlichkeit den nächsten Schlag kassierst.

Das alles fühlt sich an wie ein Duell, bei dem zwei Menschen gleichzeitig mit den Waffen aufeinander zielen. Einer von uns muss zuerst ins Vertrauen gehen, die Waffe fallen lassen, ohne zu wissen, ob er dann erschossen wird, ob das Gegenüber sein Versprechen auch einhält. Die Situation ist brenzlig, denn die Regulation, die wir erleben müssen, ist eine Koregulation von zwei Menschen. Das ist keine Einbahnstraße, sondern eine wechselseitige Beeinflussung, bei der eine Person die andere in ihrem emotionalen Prozess aus ganzem Herzen unterstützt.

Die Regulation funktioniert nur, wenn keiner von beiden eine geheime Agenda verfolgt, in der er oder sie nur so weit geht, wie das jeweilige Kontrollmuster es zulässt, und dann doch wieder dichtmacht. Dein Partner könnte das als eine *»gesunde Distanz«* bezeichnen, was in Wirklichkeit eine Form von Misstrauen ist, die wiederum ihre eigene Regulation braucht. Dieser Prozess legt Schicht um Schicht frei und erreicht automatisch tiefer liegende Themen menschlicher Emotion.

DIE VERBORGENE AGENDA UNTER DER EMOTION.

Wir alle haben stillschweigende Hoffnungen und Absichten. Viele davon sind uns oft selbst nicht bewusst. Das bedeutet, dass unter dem Schutzmantel der einen Emotion die tiefere Emotion liegt. Zum Beispiel kann hinter der laut gezeigten Wut über eine vermeintliche Kränkung die eigentliche Angst stecken, verlassen zu werden. Oder hinter der kühlen Distanz, mit der wir uns zurückziehen, verbirgt sich die Trauer darüber, uns nicht geliebt zu fühlen. Solche Emotionen sind es, die wir durch die äußeren Schichten beschützt und gemieden haben. Es sind die tieferen Themen, auf die wir noch stärker reagieren, weil sie sich gefährlicher anfühlen und uns dadurch noch schneller in die Vermeidung gehen lassen.

Diese Vermeidung kommt früher oder später in den Mix dazu. Sie äußert sich mit einem noch größeren Widerstand am Punkt intimster Verletzlichkeit. Wenn dieser Widerstand früh kommt, dann lesen wir beispielsweise die Beziehungsratgeber nur, ohne zu handeln. Das ist der Punkt, an dem wir Konzepte nur verstehen, in der Fantasie durchspielen, aber das Erlebnis des Gelesenen schon an die Angst stößt. Wir sagen *»Mein Partner, der macht da eh nicht mit«* und versinken wieder in der alltäglichen Vermeidung. Wenn der Widerstand später im Prozess kommt, haben wir vielleicht schon einen Fortschritt erreicht und ein paar emotionale Blöcke verarbeitet – doch dann kommt der wirkliche Endgegner, der schon lange in uns lebt. Es braucht Mut, zu handeln, wenn wir den größten Widerstand spüren.

Wenn sich alles eng anfühlt und du das Gefühl hast, es geht ums nackte Überleben, stehst du an einem inneren Engpass. Genau dort haben sich viele deiner alten Muster aufgebaut – um dich vor diesem einen starken Gefühl zu schützen – und das oft in mehreren Lebensbereichen. Aber gerade diese Muster halten dich davon ab, wirklich frei zu sein.

Mit genügend Übung und dem ersten Durchbruch im Prozess des letzten Kapitels wird es wahrscheinlicher, dass sich eure Streite weniger oft verhaken. Euer Bewusstsein wächst, ihr erhaltet mehr Einblicke in euch selbst und euer Gegenüber. Ihr wachst bestenfalls in eurer emotionalen Kapazität und entwickelt Mut und immer mehr Bereitschaft, den Themen zu begegnen.

DIE EIGENTLICHE HERAUSFORDERUNG: GESEHEN WERDEN.

Wenn ihr es schafft, in den ehrlichen Dialog miteinander zu kommen, fällt dir auf: Es ist eine Sache, mit dem Prozess in die Emotion zu kommen – aber eine ganz andere, in der Verletzlichkeit von einem Gegenüber gesehen und gehalten zu werden. Dafür braucht es viel Vertrauen in die guten Absichten und die Bereitschaft unseres Partners. Ohne diese Grundlage passiert es leicht, dass wir den aufkommenden Emotionen und unserer Kapazität doch nicht ganz trauen. Das alte Gefühl, das wir so lange vermieden haben, ist wirklich erschreckend, übermächtig und überwältigend. Wir fürchten uns vor der eigenen Unfähigkeit, uns wirklich durch dieses Gefühl hindurcharbeiten zu können. Und wir fürchten, im Moment der größten Verletzlichkeit erneut von unserem Gegenüber verletzt zu werden. Wir haben Angst vor seiner Reaktion, während wir uns ganz zeigen.

Das ist der heiße Punkt, an dem alle unsere Themen in erster Linie entstanden sind. Der Verbindungsverlust mit den nahestehenden Personen hat den Schmerz begründet. Ihre Reaktion auf unsere Verletzlichkeit hat uns dichtgemacht. Das Ziel im ehrlichen Dialog ist es, durch den Schmerz zurück in das Vertrauen und damit in die Vergebung zu kommen, wenn wir lernen: Ich kann vollkommen verletzlich und transparent sein und mein Gegenüber bleibt dieses Mal bei mir. Ich kann meine größten Befürchtungen aussprechen und mein Partner beschämt mich nicht. Ich kann meine Ängste,

Lügen und Fehler zugeben und ich werde von meiner Partnerin nicht bestraft. Gehalten werden wie ein Baby, das sich vollkommen angenommen, geliebt und als zweifellos gut fühlt, wie es ist – hier hat unsere Reise ursprünglich begonnen. Das ist der Punkt, an dem wir uns wieder mit dem Universum und dem zweifelsfreien Sein verbinden. Alles, was ist, darf gerade sein – und deshalb kann es sich verändern.

TOD UND NEUGEBURT

Der Moment der Transformation schafft Wahrheit und diese ist relativ zu unseren Emotionen. Das heißt, dass es die eine große, objektive und gleichbleibende Wahrheit nicht gibt. Dass sie immer nur die Wahrnehmung in einem Moment ist, der in unserem Fall zwischen zwei Nervensystemen stattfindet. Wir können nie zu einer konstanten und zufriedenstellenden Antwort kommen, wo beide sagen: *»So ist es und so bleibt es für immer.«* Das gilt genauso wenig für die Liebe zueinander wie für die Art unserer Beziehungsführung. Zwar können wir eine Übereinkunft über die Wahrheit im Moment finden, aber wir ernten zwangsläufig Enttäuschung und Frustration, wenn wir daran zukünftige Erwartungen knüpfen.

In Beziehungen brauchen wir die Flexibilität, mit der gemeinsamen Entwicklung zu tanzen und immer wieder einer neuen Wahrheit zu begegnen, um lebendige Menschen in lebendigen Veränderungsprozessen zu bleiben. Was uns sonst bleibt, ist der Versuch, die Entwicklung einer Person zu mindern, damit sie nicht unserer starren Wahrheit entwächst. Denn selbst wenn wir es schaffen, dass sich eine Person unseren Limitierungen unterwirft, töten wir genau das Wesen, das vor Jahren unsere Aufmerksamkeit und Liebe durch ihre Lebendigkeit gewonnen hat.

Die Wahrheit ist, dass die Wahrheit sich ständig verändert. Was gestern wahr war, kann heute schon ganz anders sein. Es sind oftmals nur unsere rigiden Erwartungen, die sich wünschen, dass das, was gestern war, auch heute noch gilt, damit wir den Autopiloten nicht verlassen müssen. Wenn es aber das Muster ist, das die Wahrnehmung bestimmt, kommen wir nicht umhin, das Muster zu unterbrechen, um die eigene Wahrnehmung zu erneuern. Das fühlt sich an wie ein gutes Stretching, bei dem wir unsere Muskeln und Sehnen absichtlich in einen Bereich dehnen, der sich etwas unangenehm anfühlt, aber langfristig wertvoll für unsere Beweglichkeit ist.

In einer Beziehung – und im Emotive-Relating-Prozess – heißt das: Wir lassen eine alte Wahrheit sterben, damit eine neue entstehen kann. Indem wir Ängste, Befürchtungen und Zurückhaltungen aussprechen, öffnen wir einen Raum, in dem sich die Verbindung verändert. Oft zeigt sich dann, dass bedrohlich wirkende Geständnisse zu tieferer Wahrheit führen. Es kann sein, dass ich meinem Partner sage: *»Ich denke über Trennung nach«* – und im Aussprechen spüre, wie sehr ich ihn liebe, gerade weil ich mich so ehrlich zeigen darf. Es kann sein, dass ich meine Wut auf die Beziehung bekenne – und erkenne, dass sie eigentlich meiner Arbeit gilt. Es kann sein, dass ich eine Affäre gestehe – und begreife, dass ich unbewusst die Geschichte meiner Eltern wiederhole.

Das ist nicht immer angenehm, aber es ist die bessere Wahl. Denn mit der Emotion leben, ohne sie zu lüften, ist, wie verstopft zu sein. Die Emotion ist bereits da und es braucht den Mut, sie in Kontakt zu bringen. Fehlender Mut ist das, was uns in alternativen Ideen und Fantasien hängen lässt. Die schlechtere Wahl ist, dem Partner nichts von der Fantasie zu erzählen, die Wut nicht zu gestehen oder die Affäre nicht zu entlüften. Wohin das führt? Verstopfung durch Unausgesprochenes, durch Lügen und Fantasiewelten, die vor anderen geheim gehalten werden müssen. Der Preis dafür ist eine beschwerte Beziehung, bei der sich beide fragen, wo die Lebendigkeit hingegangen ist. Die Antwort? Nirgendwohin, außer in den Kopf der Person, die ihre innere Welt nicht teilen kann. Dann werden Vermeidung bis Trennung zum geheimen Heilsversprechen, mit einem Problem: Die Person nimmt ihre Lügen, Vermeidungen und Fantasien mit sich. Wir können nicht vor unseren eigenen Themen flüchten. Das Muster bleibt gleich, wenn wir es nicht in uns auflösen. Andere Menschen, bessere Beziehungen oder verständnisvollere Partner sind dann die Fantasien, die sich in unserer Realität selten bestätigen. Du bist die Variable, die du in jede deiner Beziehungen mitbringst.

Die Bindung zwischen uns verändert sich, wenn wir tiefer gehen. Wenn du am Ende einer Auseinandersetzung die gleichen Gefühle wie zu Beginn hast, hast du dich nicht vollständig ausgedrückt. Dann hast du deine Wahrheit nur halb ausgesprochen, geschönt oder verzerrt, damit die Botschaft »besser« beim Partner ankommt oder deine Selbsterkenntnis nicht so schmerzt. Wenn du deine Geschichten, Interpretationen und Projektionen jedoch ehrlich zum Ausdruck bringst, kollabieren alte Gedankengebäude und eine neue Wahrnehmung entsteht. Mit dieser Wahrheit können wir umgehen, egal wie schmerzhaft sie ist. Denn immerhin ist sie das, was längst schon war. Menschen wollen Fantasie, aber sie brauchen Realität. Nicht selten sagen Partner, dass sie erleichtert sind, von der Affäre zu hören, weil sie es insgeheim schon lange vermutet haben. Das ist nur eines von Hunderten Beispielen, wie gut die direkte Ehrlichkeit tut. Oft sagen sie: *»Endlich ist die Wahrheit auf dem Tisch, auch wenn es schmerzt.«*

Paradoxerweise entsteht genau hier die Möglichkeit zur Vergebung, weil wir die Angst, Trauer und Wut aus dem Weg schaffen, die die Liebe verdeckt hatten. Der Prozess, der sich anfühlt, als würde er uns weg von der Verbindung bringen, schafft die Verbindung, die wir für die Heilung brauchen. Dieser Prozess ist gleichzeitig ein Test für unsere Verbindung und der Beweis für unser Vertrauen.

Intensive Auseinandersetzungen sind immer ein Teil von lebendigen Beziehungen. Der Versuch, eine Beziehung ruhig und konstant zu halten, ist wie der Versuch, den Atem anzuhalten, weil wir den Sauerstoff beim Einatmen zu aufregend finden. Das funktioniert für den Moment und vielleicht noch ein wenig darüber hinaus, wenn wir ab sofort flacher atmen. Das funktioniert aber nicht, wenn wir uns vollständig erleben wollen.

KONTROLLE VERLIEREN, FREIHEIT GEWINNEN.

Egal, wo ihr in eurem Prozess steht: Es gibt immer eine Person, die mehr von etwas oder weniger von etwas will. Die etwas verändern will, damit mehr Balance oder weniger Streit zwischen euch stattfindet. Damit alte Schleifen und Verletzungen aus der Vergangenheit enden, um eine neue Realität wahrzunehmen. Damit sie vollständiger atmen kann. Mit der Absicht, eine bessere Wahrheit zu finden, zweifeln wir die Wurzel an, an der die Themen entstehen. Worauf wir auf diesem Weg vertrauen müssen, ist auch die gute Absicht unseres Gegenübers. Mit unseren Partnern kommen die Themen auf und mit ihnen finden wir bestenfalls die Lösung. Zwar können wir vor einem Partner flüchten, wenn wir bemerken, dass wir in unserem Prozess nicht weiterkommen, aber vor dem Partner, der mittlerweile in uns existiert, schaffen wir das nicht. Es bleibt so oder so in unserer Eigenverantwortung, die Themen zu verarbeiten, mit oder ohne den Partner. Der beste Weg ist mit dem Partner, weil er unseren Spiegel triggert und die Abkürzung zu unseren Themen ist.

Wenn der Prozess ins Stocken gerät, ist es entweder Kontrolle oder Wahrheit. Die Kontrolle behalten ist das, was das Ego will. Die Wahrheit finden ist das, was die Seele braucht. Dass der emotionale Prozess manchmal ins Stocken kommt, ist vollkommen normal. In solchen Momenten behält jede Person ihre Kontrolle, nichts bringt uns dann aus der Sicherheit der eigenen Geschichte. Niemand kommt dir dann jemals zu nahe – mit dem Nachteil, dass auch du niemandem nahe sein kannst. So kannst du immer nur den geschönten Teil zeigen, wirst aber auch nie vollständig gesehen und bleibst nur eingeschränkt authentisch in der Scheinsicherheit.

Wenn die Wahrheit sich zeigt, dann manchmal auch darin, dass es mit diesem Partner nicht weitergeht. Du konntest mit diesem Menschen nur bis zu einem bestimmten Punkt wachsen. Dein emotionaler Prozess kommt an genau dieser Grenze zum Stillstand, egal, wie sehr du dich bemühst. Manchmal bedeutet Erschöpfung nicht, dass du mehr Abstand oder Geduld brauchst. Manchmal bedeutet diese Erschöpfung, dass du etwas versuchst zu reparieren, das dir nicht mehr guttut. Lange glaubst du vielleicht, dass die Anstrengung nur die Hürde ist, die es zu nehmen gilt. Dass du genau jetzt dranbleiben musst, um zum Durchbruch zu kommen. Du ermüdest beim Versuch, alles richtig zu machen, und bemerkst nicht, dass die Beziehung nicht mehr heilsam für dich sein kann.

Oft hoffen wir lange auf den Moment, in dem alles Sinn ergibt. Auf das Gespräch, das alles klärt, und auf die eine Antwort, die uns erlaubt, endlich loszulassen. Doch nicht jede Geschichte liefert eine Antwort. Manche Geschichten hinterlassen offene Fragen – ohne dass wir verstehen, warum eine Beziehung zerbricht. Dann bleibt uns nur übrig, den Abschied selbst zu vollziehen. Nicht, weil wir es nicht verdient hätten, dass jemand bleibt. Sondern weil das Leben nicht jeden Abschied für uns vorbereitet. Und das ist in Ordnung. Du musst nicht alles verstehen, um weiterzugehen. Vielleicht hast du gelernt, dass wahre Liebe Arbeit bedeutet. Dass du kämpfen musst, damit sie hält. Doch zwischen Hingabe und Selbstaufgabe liegt eine schmale Grenze – zwischen Loyalität und dem Moment, in dem du dich selbst verlierst.

Liebe darf dich nicht kleinmachen und nicht verbiegen. Wenn du nicht mehr weißt, wer du bist, wenn du dich kaum noch erkennst – dann ist es Zeit, zu gehen oder an dir selbst – für dich – zu arbeiten. Du musst irgendwann entscheiden, dass dein innerer Friede wichtiger ist als das ewige Warten auf Antworten. Manche Beziehungen haben ein Limit – nicht, weil jemand schlecht ist, sondern weil die Konstellation nicht weiter trägt. Vielleicht, weil wir an unterschiedlichen Stellen unserer Entwicklung stehen. Vielleicht, weil unser Nervensystem das Gegenüber nie als wirklich sicher erleben konnte. Vielleicht, weil wir aus alten Wunden heraus zusammengefunden haben, aber nicht gemeinsam in die Heilung kommen. Vielleicht, weil unser Gegenüber nie die Kapazität oder die emotionale Intelligenz hatte, sich seiner persönlichen Entwicklung zu stellen. Unser Wille allein hat nicht die Macht, die Bereitschaft und den Mut anderer Menschen zu entfachen.

Diese Erkenntnis tut weh. Sie zerreißt die Hoffnung, dass wir einander helfen oder retten könnten. Aber genau das ist Wahrheit: erkennen, dass der Weg hier endet. Dass ich den Rest dieses Weges mit mir und mit jemand anderem gehen werde. Dass mein Wachstum, meine Ganzheit und meine innere Wahrheit größer sind als das, was diese Beziehung halten kann. Und so bitter das ist – es ist ein Akt der Ehrlichkeit mir selbst gegenüber. Ein Aufwachen aus dem Versuch, etwas festzuhalten, das sein Ende längst erreicht hat.

DIE RADIKALE WAHRHEIT ERMÖGLICHT VERGEBUNG.

Wie auch immer unser Prozess verläuft – das große Ziel ist die Vergebung. Ohne sie sind wir belastet, stecken in Gedanken fest und kommen nicht weiter. Wenn am Ende einer intensiven Auseinandersetzung nicht mehr Wertschätzung und Verbindung das Ergebnis sind, haben wir es nicht bis zur Wahrheit aus dem Herzen geschafft. Dann sind wir zwar frustriert über unseren Partner, nehmen den Frust jedoch als weiteren Beweis dafür, dass er oder sie das Problem in unserer Beziehung ist. Wieder zeigt der Finger auf das Gegenüber. Wieder sind wir abhängig von der Veränderung des Partners. »*Wenn er oder sie nur endlich verstehen würde, was dieses Verhalten mit mir macht!*« ist eine weitere emotionale Geschichte über eine Person statt ein Prozess für mich. Wir kommen niemals in die Vergebung, solange wir in der Geschichte hängen.

Unser Prozess geht nur dann weiter, wenn wir auch unsere Ohnmacht und Abhängigkeit unserem Partner gegenüber offenbaren und diese Emotionen entlüften. Wieder braucht es unsere Verletzlichkeit. Wieder müssen wir in unsere Emotionen kollabieren, statt diese Aufgabe an den Partner abzugeben. Statt »*Siehst du nicht, was Du mir antust?*« sagen wir »*Ich erkenne, was ich mit mir mache*". Mit diesem Level an Transparenz geben wir auch das letzte Ass im Ärmel preis und behalten nichts zurück, was uns im Verlauf als Waffe dienen würde. Wir bleiben nicht verletzt, um beschuldigen zu können. Wir bleiben nicht wütend, um im Recht zu bleiben. Wir versuchen, uns zu zeigen, damit unser Partner uns sieht, statt nur die Teile aufzuzeigen, die repariert werden müssen. Wir wollen vollständig gesehen werden, auch in unseren Abhängigkeiten, ohne bewertet zu werden. Wir wollen insgeheim für die Person geliebt werden, für die wir befürchten, am meisten abgelehnt zu werden. Wieder müssen wir dem Prozess das Vertrauen voranstellen, das wir eigentlich erst nach dem Prozess haben.

Selbst die Vergebung, die wir für unsere Heilung brauchen, liegt nicht in unserer Kontrolle. Sie ist eine Einladung an das Gegenüber und an uns selbst. Vergebung ist kein Gedanke, den ich irgendwann wähle, wenn eine Person nur lange genug darum gebeten hat. Sie ist das, was ganz natürlich in mir entsteht, wenn die alte Emotion aus dem ganzen System geflossen ist. Ein Gefühl auf der Herzebene, das sich von selbst einstellt, wenn die Mauern um das

Herz abgebaut sind. Vergebung entsteht von selbst, wenn nichts mehr versteckt werden muss.

Wenn wir diesen Weg der radikalen Ehrlichkeit gehen, verändert sich auch unsere Beziehung zu den Masken. Die Maske war nie der Feind – sie war die beste Idee unseres Systems, um Engpässe zu überstehen. In dem Moment, in dem du deine Wahrheit aussprichst, entlarvst du die Maske nicht nur, du erlöst sie. Du erkennst: *»So habe ich mich früher geschützt. So habe ich Nähe kontrolliert, Distanz organisiert, Liebe verhandelt.«* Die Maske wird vom heimlichen Regisseur zur sichtbaren Rolle. Du kannst über sie sprechen, statt aus ihr zu handeln: *»Ein Teil in mir will dich gerade bestrafen.«* Oder: *»Mein stolzer Anteil will jetzt abhauen, damit ich mich nicht klein fühlen muss.«* Genau das ist Integration: Du bist nicht mehr die Maske – du bemerkst sie, benennst sie, übernimmst Verantwortung für sie.

Was dann geschieht, ist die eigentliche Magie: Die Energie der Maske bleibt, aber ihre Richtung ändert sich. Die kontrollierende Seite kann auf einmal für Klarheit und Grenzen sorgen, statt Nähe abzuwürgen. Die angepasste Seite wird zu echter Empfänglichkeit, nicht mehr zu Selbstverrat. Die verführerische Seite wird zu Präsenz und magnetischer Lebendigkeit, nicht mehr zu Spielchen. Die wütende Seite wird zu Mut, dein Herz offen zu halten, statt sich auf den nächsten Schlag vorzubereiten. Wahrheit macht die Maske durchlässig. Aus einem harten Schutz wird eine tiefere Qualität deiner Persönlichkeit. Deine Maske bleibt als Fähigkeit, aber sie hört auf, dein Schicksal zu sein.

DAS HERZ OFFEN HALTEN

Was ich in den Prozess gebe, ist mein offenes Herz mit aller Transparenz und Verletzlichkeit. Ich gebe mich preis und riskiere die momentane Wahrheit für eine bessere Wahrheit, die zwischen uns entsteht. Die große Frage ist: Kann ich das offene Herz halten, auch in der größten Verwundbarkeit? Oder kippe ich zurück in alte Muster, um doch einen Teil von mir über die Ziellinie im Verstand zu retten? Die stärkere Person stellt das Vertrauen, das beide wachsen lässt.

Wirst du dein Herz als Erstes offen halten – auch im Schmerz? Je mehr wir uns öffnen, desto mehr kann eine neue Welt zwischen uns entstehen. Je mehr wir voneinander wissen, desto mehr können wir mitfühlen und koregulieren. Das geht aber nur, wenn wir ganz auf den Prozess vertrauen – selbst dann, wenn das Ergebnis ungewiss ist. Auch wenn wir zittern. Auch wenn wir nicht wissen, ob wir gehalten werden. Echte Nähe ist niemals garantiert. Sie ist immer ein Risiko und immer ein Akt des Mutes. Genau darin liegt ihre Schönheit: sich trotzdem zu zeigen. Und zu sagen: *»Ich bin hier. Ich bin bereit. Ich möchte heilen."*

Genau hier vollendet sich auch die Transformation der Maske. Dein offenes Herz braucht keinen Schutz mehr, wenn die Verletzlichkeit zu deiner wahren Stärke wird. Die Maske verliert ihre Funktion, wenn du lernst, dich in der Wahrheit zu halten, auch wenn es weh tut. Sie bleibt als Fähigkeit, nicht mehr als Rüstung. Und damit beginnt das, was wir Heilung nennen: Du bist nicht länger die alte Rolle – du wirst die Person, die diese Rolle einst erschaffen hat.

14

HEILUNG

»YOU CAN'T HEAL WHAT YOU DON'T FEEL.«
— JOHN BRADSHAW

ALLES HAT DEINE ZEIT

Es war einmal ein Schüler, der fragte den Zen-Meister: »*Wenn ich mich anstrenge – jeden Tag meditiere, alle Bücher lese und keine Zeit verschwende –, wie lange dauert es dann, bis ich zur Erleuchtung gelange?*« Der Meister blickte ruhig auf und sagte: »*Zehn Jahre.*«

Der Schüler überlegte kurz und sagte dann: »*Okay, und wenn ich mich noch mehr disziplinere? Doppelt so hart arbeite? Morgens, mittags und abends meditiere, alles andere aufgebe und mein ganzes Leben darauf ausrichte?*« Der Meister antwortete gelassen: »*Dann wird es zwanzig Jahre dauern.*«

Was wir von dieser kleinen Anekdote lernen? Alles hat deine Zeit. Spirituelle Disziplin kann zur Kompensation werden, zum Versuch, Kontrolle über das Unkontrollierbare zu gewinnen. Wir haben eine Idee vom Endpunkt, der irgendwo »dort drüben« ist, aber nie hier, wo wir gerade stehen. Und hier, wo wir gerade sind, ist meistens etwas, das wir überkommen wollen. Der Engpass im Kalender, die nörgelnden Kinder, der Partner, der nervt. Oder viel größer: die Angst vor dem Alter, ein schleichendes Bewusstsein von ungelebten Potenzialen, der zermürbende Gedanke, Jahrzehnte mit dem falschen Menschen verschwendet zu haben. Solche Gedanken sind nicht unüblich und sie werfen Beziehungen in existenzielle Krisen. Kein Wunder, wollen wir da schnell wieder raus. Nur ein bisschen mehr Glück. Genau wissen, was wir wollen. Uns aus dem Nebel der Ungewissheit befreien.

Der Wunsch nach der Abkürzung, nach *»dort drüben«* entsteht aus der Hoffnung an eine Zukunft, in der wir anders sein werden, als wir es jetzt sind. Doch Abkürzung ist Schmerzvermeidung. Ein Versuch, der schwierigen Situation von heute zu entkommen, ohne durch sie hindurchwachsen zu müssen. Wir blenden das Bewusstsein aus, dass diese Situation unsere Situation ist, dass sie ein Teil unserer eigenen Kreation ist. Dass wir durch die Vermeidung der Konfrontation auch uns selbst vermeiden. Flucht scheint in solchen Momenten ein guter Ausweg zu sein. Gern nehmen wir unsere Zuversicht in kommende Momente mit und hoffen, durch die Kombination mit anderen Menschen andere Menschen zu sein. Was viele dabei vergessen: Sie sind es, die sich selbst in neue Beziehungen und Begegnungen mitnehmen. Wir sind die Konstante all unserer vergangenen und zukünftigen Beziehungen. Waren es nicht wir, die sich anders erleben wollten?

Heilung als Idee vom Ziel führt in eine Sackgasse: Du versuchst dem zu entfliehen, was gerade schon ist. Wachstum ist jedoch paradox. Es bedingt zwei Zustände gleichzeitig: die Hingabe an das, was ist, und die Anstrengung, das zu verändern. Wir können uns selbst nicht entfliehen, indem wir unsere heutige Version ablehnen und gleichzeitig versuchen, eine andere Version zu werden, die wir dann später lieben werden. Denn das Ergebnis in der Zukunft wird wieder der gleiche Moment im Hier und Jetzt sein. Unsere Entwicklung ist ein ewiges Kontinuum, das keinen Zeitraum zwischen jetzt und später kennt. Deshalb gibt es auch keine Version von dir, die getrennt von heute in der Zukunft existiert.

Transformation geschieht paradox: Wenn du aufhörst, dich zu optimieren, beginnt der echte Wandel. Wenn du dich vollständig akzeptieren kannst, wie du gerade bist, erreichst du den Zustand, in dem sich etwas verändert. Wenn du dich jetzt liebst, liebst du praktisch dein zukünftiges Ich. Dieses Paradox durchbricht den ewigen Kreislauf der Selbstverbesserung und öffnet die Tür zu tiefgreifender, nachhaltiger Veränderung. Es ist wie das Anzünden eines Feuers – manchmal musst du aufhören zu pusten, damit die Flamme wirklich auflodern kann.

AUSHALTEN STATT AUSATMEN

In der Beziehung begegnen wir dem gleichen Phänomen. Ohne Kontakt zu dem, was zwischen zwei Menschen stattfindet, leben wir in der Abstraktion. Wir haben dann zwar die Idee einer besseren Beziehung, lehnen aber die Version von uns selbst ab, die wir durch die Beziehung geworden sind. Diese Abstraktion existiert nicht im Erleben zwischen uns, sondern in der Fantasie von uns. Für ein glückliches Ich braucht es den ehrlichen Blick auf das, was wir heute leben, und die Liebe für das, was ist. Es ist wie bei einem Tanz – nur wenn beide Partner bereit sind, den gegenwärtigen Rhythmus anzunehmen, können sie gemeinsam neue Schritte lernen. Diese Akzeptanz schafft einen Raum, in dem Veränderung nicht erzwungen werden muss, sondern natürlich entstehen kann. So wandelt sich das »Müssen« in ein »Dürfen« und aus Widerstand wird Wachstum.

Wenn wir nicht genau hinschauen, gibt es viele Gründe, warum wir nicht handeln können, warum Situationen scheinbar ausweglos sind. Sie alle haben das eine Zentrum: die Idee, dass ich es bin, die nicht handeln kann. Da sind die Umstände, das Haus, die Kinder und das Unbehagen, ein eigenständiges Leben leben zu müssen.

Das alles ist anstrengend, weil wir damit die Verantwortung für uns selbst, die viele mit der Zeit ihrer Beziehung auf den Partner übertragen haben, ins Zentrum stellen. Es ist schön, im breiteren Strom des Beziehungsalltags zu treiben, nicht immer alles für mich selbst entscheiden zu müssen. Es ist eine ganz eigene Form von Regulation, wenn wir uns in die Verantwortung von anderen mit hineinentspannen. Diese Form von Regulation ist eine Beruhigung, die uns sicher fühlen lässt, aber immer wieder durch wechselnde Bedürfnisse und entstehende Konflikte gestört wird.

Es ist wie eine Trance, in die wir uns hineinträumen und aus der wir ungern aufgeweckt werden. Wir machen die Ausrede wichtiger als unser eigenes Aufwachen, denn damit kommt die Verantwortung zurück. Wie viele Kinder sind beispielsweise der externalisierte Grund für die interne Bequemlichkeit, keine besseren Alternativen und Lebensmodelle finden zu müssen? Erst quälen wir Kinder, die extrem feinfühlig alles wahrnehmen, was zwischen den Partnern längst kaputt ist. Und dann belasten wir sie noch mit der Bürde, der Grund für unsere fehlenden Möglichkeiten zu sein. Damit geben Eltern genau das unbewusst weiter, was sie selbst als Kinder so geformt und limitiert hat – ein ungebrochener Kreislauf geht weiter.

Wenn wir die aufkommenden Reibungspunkte unserer Beziehungen wegatmen, bringt das keine Heilung – es ist Beruhigung und Vermeidung. Es gibt einen großen Unterschied zwischen »Ich beruhige mich, um zu funktionieren« und »Ich fühle mich, um zu wachsen«. Die unterdrückte Expression von Gefühlen und Bedürfnissen wird zwangsläufig zur Depression – wir unterdrücken uns selbst – im Körper, im Geist, in der Beziehung. Die Regulation, die wir damit erleben, ist eine Bewältigungsstrategie, die immer nur kurzfristig funktioniert, aber langfristigen Schaden anrichtet. Früher oder später sind wir bei andauernder Unzufriedenheit oder unlösbaren Konflikten mit der Frage konfrontiert: Ist meine Form von

Bewältigung authentische Disziplin oder eine subtile Vermeidung des Wesentlichen? Unser Organismus kennt die Antwort intuitiv.

Ein Drama, das immer wieder in Dauerschleifen abläuft, ist zudem ein ganz eigener Zwang. Personen, die immer wieder den Ablauf von Streit und Versöhnung erleben, ertragen ihn nicht – sie erleben insgeheim einen positiven Nutzen. Der Mehrwert von Reibung in der Beziehung kann vieles sein: eine dürftige Form von Verbindung, ein Wegstoßen, um herangezogen zu werden, ein *»Ich liebe mich nur, wenn du mich ablehnst«* und vieles mehr. Sie alle befriedigen etwas in uns, indem wir immer wieder eine Wunde aufreißen, weil wir Erfüllung darin empfinden, sie zu verarzten. Dass das nicht Liebe, sondern ein interner Machtkampf ist, erkennen wir nicht, wenn wir auf dieser kindlichen Ebene unsere psychologischen Bedürfnisse unbewusst befriedigen.

Fühle selbst in dich hinein, ob sich ein überstandener Konflikt für dich insgeheim wie Erleichterung oder Triumph anfühlt. Wenn das der Fall ist, wird es zur eigentlichen Aufgabe, den endlosen Suchtzyklus von Stresshormonen (Konflikt) und Glücksgefühl (Versöhnung) zu heilen. Echte Heilung besteht nicht darin, immer wieder den alten Kampf zu gewinnen. Die Heilung besteht darin, dass die Muster endlich aufhören. Dass wir aus der Schleife aussteigen. Das ist der Beweis für wirklichles Wachstum. Nicht wenn der Partner oder der Streit sich verändern, sondern wenn wir uns verändern.

BEZIEHUNGEN WACHSEN ODER WELKEN

Beziehungen ermöglichen entweder unsere Entwicklung oder sie machen uns leblos und leer. Wie alles in der Natur wachsen oder welken wir, einen konservierten Zustand von »immer gleich" gibt es nicht. Wachstum ist das, was der niemals endende Antrieb bleibt. Konflikte in Beziehungen sind der Beweis für diesen Wachstumsschmerz. Liebe, die keine Heilung erlaubt und das Wachstum unterbindet, ist keine Liebe. Sie wird zur Strategie des Festhaltens. Partner, die sich nicht gegenseitig in die Tiefe begleiten und immer wieder neue Lebendigkeit entdecken, halten sich in der emotionalen Enge fest. Selbst wenn beide behaupten, nie zu streiten, ist das ein Zeichen von Erstarrung und nicht unbedingt von Harmonie. In dieser Erstarrung verkümmert das Potenzial der Beziehung, während echte Transformation genau dort beginnt, wo wir den Mut haben, uns den Spannungen zu stellen und sie als Wachstumschance zu begreifen.

Unser freier Ausdruck ist der Kanal, durch den unterdrückte Emotionen ihren Weg finden. Sie sind es, die es ermöglichen, uns zu erneuern, bevor wir die Verbindung zu uns allmählich verlieren. Ohne diesen Ausdruck – durch Sprache, Bewegung, Körperlichkeit – halten wir das System in einer unnatürlichen Starre fest. Wenn wir unsere Bedürfnisse zugunsten des Friedens anderer nicht ansprechen, verlieren wir auf Dauer unser eigenes. Das ist welken. Wir vergessen, wie es ist, für unser Glück und unsere Befriedigung einzustehen. Was wir am ehesten verlieren, ist die Wahl zu wählen. Dann ist unser Glück vom Glück anderer abhängig, dann sind wir nur zufrieden, wenn es der Partner ist. Wir bekommen nur so viel, wie vom anderen für uns abfällt. Depression ist mit der Zeit nur ein Symptom für gestaute Wahrheiten. Nicht alle Depressionen sind emotional, aber viele sind Ausdruck unterdrückter innerer Kämpfe und Ambivalenzen. Wenn du in Urlaub oder Freizeit plötzlich glücklich bist, hast du keine Depression, sondern ein schlechtes Lebensmodell. Wenn du dir selbst nicht mehr erlaubst, den Frieden für deine Wahrheit zu gefährden, dann zerstörst du dich in der Implosion dieser Wahrheit. Oft zeigt sich das nur als energetische Blockade. Das ist das Gefühl von »Ich weiß nicht mehr, was ich eigentlich will«. Das ist keine »Schwäche«, sondern ein intelligentes System, das dich schützt – aber den Preis dafür einfordert.

Unausgedrückte Emotionen manifestieren sich in chronischer Erschöpfung, Antriebslosigkeit und Leere. Ihre Symptome im Alltag sind dann Rückzug, sexuelle Lustlosigkeit, Kontrollverhalten, Gleichgültigkeit oder Zynismus. Die Beziehung wird zum Schattenspiel. Man bleibt zusammen, aber immer nur als Abbild an der Wand. Die Wahrheit wird geopfert, um Harmonie zu erhalten, und die Rechnung kommt später. Doch was wir nicht fühlen, tragen wir in uns – in Körpersymptomen, im Verhalten und in Beziehungsmustern. Unsere Verdrängung ist nie kostenlos. Sie erzeugt Zinsen in Form von Müdigkeit, Entfremdung und Reizbarkeit. Unsere Sexualität wird flach oder verschwindet, weil Intimität zu gefährlich geworden ist. Die Lust verliert ihren Anlass und verschwindet wie ein Feuer, das keinen Sauerstoff mehr zum Brennen hat. Der Alltag wird zur Bühne des Aushaltens und die Beziehung zum Ort der Vermeidung. Viele glauben, sie hätten sich »entliebt« – in Wahrheit haben sie nur das Fühlen eingestellt. Doch genau diese Symptome haben eine positive Absicht. Müdigkeit wünscht sich Lebendigkeit, Entfremdung wünscht sich die Verbindung, Reizbarkeit wünscht sich die Entladung. Das ist Wachstum: wenn wir uns durch die Schattenseite der Symptome arbeiten und am anderen Ende das Licht wiederfinden.

WAS DU NICHT LEBST, LÄSST DICH NICHT LEBEN.

Die wirkliche Heilung, die wir uns in diesen Momenten wünschen, ist das Fühlen statt das Funktionieren. Was du unterdrückst, bestimmt dein Leben. Was du aussprichst, wird transformierbar. Du wirst handlungsfähig, weil du als Mensch auf das unmittelbare Umfeld ausgelegt bist. Du kannst nie mit etwas zurechtkommen, was in der Vergangenheit oder Zukunft liegt, weil es entweder längst vorbei oder eine künftige Fantasie ist. Mit allem, was jetzt gerade passiert, kannst du wachsen. Was auch immer in deinem Leben bisher geschehen ist – du hast es überlebt. Du bist daran gewachsen, und so wird es auch weiterhin sein. Dieses bewusste Wissen im Hier und Jetzt ist der Schlüssel zu deiner inneren Freiheit. Wenn du dich traust, jeden Moment vollständig zu erleben, ohne Ausweichen, ohne Betäubung, öffnet sich der Raum für echte Transformation.

Heilung ist auch, wenn unser Körper Ja sagt, obwohl der Verstand Nein ruft. Wenn wir durch den Widerspruch die eigentliche Ambivalenz unterbrechen und in der Unsicherheit schwimmen lernen. Wenn wir dahin gehen, wo die Angst ist. Wenn wir bewusst kleine und große Mutausbrüche wagen, weil wir die Grenzen unserer Realität herausfordern wollen. Wenn wir durch die Wahrheiten sterben. Der Ausdruck bringt die Energie zurück – in den Körper, in die Beziehung und ins Leben. Der neue Mensch, der du dadurch wirst, ist kein Upgrade, sondern der, der du ohne Schutzpanzer längst bist. Heilung ist die Expression von dem, was ist und was war. Es ist eine Art von Re-Expression: Das, was bisher nicht gefühlt oder gesagt werden durfte, bekommt heute seinen Platz. In einer bewussten Beziehung bedeutet das: *»Ich halte dir den Raum für deine Gefühle – und du mir den meinen.«* Damit werden wir zu der Person, die wir in den schwierigsten Momenten unserer Verwundung gebraucht hätten: eine mutige und mitfühlende Person, die uns so lange hält, bis wir wieder ganz sind. Ein Mensch, der uns liebevoll sieht und uns versichert, dass alles gut ausgehen wird. Du darfst heute dieser Mensch sein.

Wenn du heute dieser Mensch für dich bist, verändert sich auch der Blick auf deine Vergangenheit. Alle Anpassungen, Rollen und Masken waren nie der Feind, sondern der beste Schutz, den ein jüngerer Teil von dir damals finden konnte. Die kontrollierende Maske hat Ordnung in das Chaos gebracht. Die angepasste Maske hat Verbindung gesichert, als du allein nicht überlebt hättest. Die verführerische Maske hat dir Macht über Nähe und Distanz gegeben. Die kämpferische Maske hat dich verteidigt, wenn niemand sonst da war.

Heilung bedeutet nicht, diese Masken loszuwerden, sondern sie zu reifen Archetypen werden zu lassen. Aus den Prinzen und Prinzessinnen werden Königinnen oder Könige: eine innere Führung, die klare Grenzen setzt, ohne Liebe abzuwürgen. Aus den Netten wächst die Liebhaberin oder der Liebhaber: ein Herz, das tief fühlen, empfangen und sich hingeben kann – ohne sich selbst zu verraten. Aus den Verführern werden Magier: eine kreative, verspielte, erotische Kraft, die nicht mehr manipuliert, sondern das Leben verzaubert. Aus den Rebellen entsteht der Krieger oder die Kriegerin: mutig, präsent, bereit, das Wesentliche zu schützen – nicht aus Panik, sondern aus Klarheit.

Durch Klarheit und Präsenz erkennst du die Maske als Teil deiner Geschichte, nicht als deine Identität. Du kannst sagen: *»Ein Teil in mir will dich gerade wegstoßen – aber ich entscheide mich zu bleiben.«* Du spürst die alte Schutzbewegung, nimmst sie ernst, aber du lässt sie nicht mehr bestimmen. Genau das ist Reife: Deine Archetypen stehen dir als Kraft zur Verfügung, statt dich aus dem Untergrund zu steuern. Die Masken, die dich früher noch getrennt haben, werden zu Qualitäten, mit denen du liebst, führst, spielst und kämpfst – mit offenem Herzen.

Durch den ehrlichen Ausdruck in der heutigen Beziehung entsteht Resonanz – eine tiefe, schwingende Verbindung. Erst mit dir selbst, dann mit dem Gegenüber. Der Körper erinnert sich und du teilst dich mit. Was du verschluckt hast, findet endlich den Weg hinaus. Es entsteht eine neue Tiefe in der Beziehung. Zwei Menschen, die sich den Raum geben, um den unausgesprochenen Schmerz zu verarbeiten – sie sind der lebendige Prozess der Selbstaktualisierung, des *»sich immer wieder neu Kennenlernens«*. Solche Beziehungen sind dann auf der Herzebene wahrhaftig treu, weit über alle möglichen Beziehungsmodelle hinaus.

Das ultimative Commitment für die Beziehung ist das Versprechen, sich morgen weiter kennenlernen zu wollen. Das bedeutet: Ich halte dich, auch wenn du dich veränderst. Ich liebe dich für die Person, die du heute bist. Ich bleibe offen für die Person, die du morgen sein wirst. Ich werde nicht klein, wenn du groß wirst – und umgekehrt. Ein echtes »Ja« zur Entwicklung bedeutet: Ich liebe dich, weil du dich bewegst – nicht, weil du bleibst, wie du bist. Weil du mich bewegst. Weil wir in Bewegung sind.

LIEBE DEN WEG, NICHT DAS ZIEL.

Wenn wir eine Emotion regulieren, bevor wir sie fühlen, vermeiden wir ihre eigentliche Weisheit. Es ist die eine Sache, in diesen Momenten das Nervensystem zu regulieren, um zu verändern, wie wir uns fühlen. Es ist eine ganz andere, die Fähigkeit zu entwickeln, mit unseren Gefühlen zu sein. Es geht nie darum, etwas wegzuatmen oder Emotionen zu umgehen, die gefühlt werden wollen. Gemeinsames Wachstum ist der Weg, unser Toleranzfenster zu erweitern, um präsent mit den Empfindungen in unserem Körper zu sein und die emotionale Fluidität zu erweitern. Sie ist die Fähigkeit, alle Emotionen in ihrer Bandbreite zu fühlen. Wenn wir das nur oft genug erlebt haben, geschieht emotionale Reife und Transformation immer schneller. Was früher noch wochenlang für Wut und Groll gesorgt hat, kann sich mit der Zeit immer schneller in Selbsterkenntnis verwandeln. Allmählich bedeutet die Liebe zwischen zwei Menschen dann, jeden emotionalen Zustand zu erkennen und mit der Emotion den gemeinsamen Weg zu gestalten. Regulation ist dann nicht das Ziel, sondern das Werkzeug unserer Wahl. Die Frage ist dann nicht mehr *»Wie beruhige ich mich?«*, sondern *»Was will gerade durch mich fließen?«*. Und was fließt, das findet seinen Weg wie Wasser.

Liebe ist nicht das Ziel, sondern der Weg selbst. Ähnlich wie Heilung ist sie ein fortwährender Prozess ohne eindeutiges Ende.

Liebe ist eine lebendige Energie, die nicht kontrolliert oder portioniert werden kann. Sie muss immer wieder durch ihre alte Form sterben, um in neuer Gestalt wiedergeboren zu werden. Unsere Verletzungen müssen ans Licht kommen, damit sie überhaupt verarztet werden können. Der Schlüssel liegt darin, den Prozess selbst zu lieben, anstatt nur auf ein erhofftes Ergebnis hinzuarbeiten. Denn ein Ergebnis erreichen zu wollen, setzt den Verstand voraus – und Verstand ist Ego, nicht Transzendenz.

Wenn wir die Limitierungen des alltäglichen Bewusstseins von Kontrolle, Macht und Abhängigkeit überwinden wollen, entsteht der Weg nicht durch mehr Kontrolle, mehr Macht oder mehr Abhängigkeit, sondern durch ein freieres Bewusstsein. Der Weg entsteht, indem wir uns weiter öffnen, tiefer fühlen, Liebe riskieren und den Schmerz dafür akzeptieren. Dafür braucht es den Bruch mit alten Strukturen. Wir müssen das ängstliche Ego töten, um eine neue Realität wahrnehmen zu können. Der Bruch im Ego ist der Riss in seiner Fassade, durch den Licht hindurchscheint. Dieses Licht ist die Liebe selbst.

Unser Herz bricht auf, damit mehr Leben hineinpasst – mehr Freude, mehr Schmerz, mehr Wirklichkeit. Damit wir weicher werden, echter, menschlicher und den Mut entwickeln, diese Lebendigkeit auszuhalten. In diesem Licht liegt der Sinn des Lebens darin, ein gebrochenes Herz zu riskieren. Wir hören auf, Schmerz als Fehler zu sehen, und beginnen, ihn zu lieben – als eine weitere Intensität des Lebendigseins. Wir nehmen die Amplitude nach oben und unten bewusst an – und sagen Ja zu den großen Gefühlen, zu den Höhen und Tiefen. Wir lassen zu, dass wir so oft Herzschmerz erleben, bis der Nektar aus der Tiefe unser Leben mit Wahrheit und Weisheit durchdringt. Das gebrochene Herz ist ein größeres Herz, ein weiseres, ein ehrlicheres. Ein Herz, das das Leben nicht mehr meiden muss, weil es beschlossen hat, es ganz zu fühlen. Das große Ja zu allem, was uns lebendig macht.

Wir können Liebe und Heilung genauso wenig abkürzen wie der Zen-Schüler den Weg zur Erleuchtung. Die kleine Geschichte ist eine verdichtete Wahrheit über den größten Irrtum auf dem inneren Weg, wir könnten Heilung erreichen, wenn wir uns nur genug anstrengen. Dabei vergessen wir, dass die Anstrengung selbst geheilt werden muss. In Anhalten liegt die größte Weisheit: Wenn wir aufhören, nach Heilung zu streben, beginnt sie uns zu finden. Es ist wie das geduldige Warten auf die Blüte einer Knospe: Nicht das Ziehen an den Blättern beschleunigt ihr Öffnen, sondern das Schaffen der richtigen Bedingungen. In diesem Loslassen findet dich genau das, was du gesucht hast.

Wie heilst du also? Indem du aufhörst, dich zu verbessern – und anfängst, dich zu fühlen. Indem du nicht schneller wirst, sondern tiefer gehst. Indem du nicht nach »richtig« suchst, sondern nach Resonanz. Indem du erkennst, dass Heilung nicht das Gegenteil von Schmerz ist, sondern unsere Reifung im Prozess. Die Reifung der Emotion ist ihre Integration – nicht ihr Verschwinden. Dieser Weg beginnt dort, wo du innehältst. Wo du nicht mehr versuchst, anders zu sein, sondern bereit bist, dich in genau dem Zustand zu erleben, vor dem du bisher am meisten Angst hattest. Genau dort findet Heilung statt. Dort wohnt die Liebe.

15

LIEBE

»TO LOVE WELL IS TO RISK.
TO LOVE SAFELY IS NOT TO LOVE AT ALL.«
— ROLLO MAY

Im letzten Kapitel hast du eine ungewöhnliche Definition von Liebe gelesen: dass sie eine momentane Wahrheit ist, die immer wieder sterben muss, damit sie weiterleben kann. Dass sie weniger ein Zustand ist als ein innerer Weg – ein Prozess deiner Transzendenz und Bewusstwerdung. Dass sie so lange deine Wunden berührt, bis du ganz wirst. Diese Sichtweise bricht mit dem Idealbild, das wir von »echter« Liebe gelernt haben: dass sie plötzlich eintritt und dann für immer bleibt. Weil Seelen sich erkennen. Weil Amors Pfeil trifft. Weil danach alles verzaubert ist.

Vielleicht hast du eine leidenschaftlichere Geschichte erwartet, die Achterbahn von herzzerreißendem Drama aus Aufbruch, Einbruch und Durchbruch, die im Film immer mit Happy End ausgeht. Die Geschichte des romantischen Traums, die Hoffnung auf die eine Person, die uns für immer ganz macht. Die endlich ihre Hälfte in unser Leben bringt, damit aus zwei Halben ein Ganzes wird. Wir sind an diesen Traum gewöhnt, denn er ist das große Versprechen unserer Kultur. Durch Märchen, Lieder und Filme wohnt tief in uns ihr Zauber: Irgendwo da draußen wartet jemand, der alle alten Schmerzen auslöscht, der jede Lücke füllt, die Sehnsucht stillt.

Die romantische Idee erzählt uns, dass wir durch Verschmelzung ganz werden – doch in Wahrheit fordert sie uns auf, uns selbst zu verlieren. Sie nährt die Illusion, dass die Liebe im Außen uns retten kann, während sie in Wirklichkeit genau das Gegenteil tut: Sie ruft unsere alten Geschichten wieder hervor. Hinter dem romantischen Traum steht kein Happy Ever After, sondern die Einladung, uns endlich dem zu stellen, was uns zu Suchenden macht.

Die Suche bestätigt das Fehlen und so werden wir zum Bettler um die andere Hälfte. Wir sehnen uns nach der Erlösung, suchen die Person, die sich ebenfalls unvollständig fühlt. Und wir finden uns – jeder Partner eine neue Lernerfahrung auf dem Weg der Selbsterkenntnis. Eine Zeit lang teilen wir uns das Steuer auf unserer Reise namens Beziehung, wachsen und welken, lieben und leben, streiten und sterben.

Ohne neue Wahrheiten wissen wir irgendwann nicht mehr, ob die Konflikte unserer Liebe die eigentlichen Liebesbeweise oder Warnsignale sind, die uns so vertraut geworden sind, dass wir ihre Botschaft nicht mehr erkennen. Wir sind nicht in einer Beziehung mit einer Person, sondern mit einer Idee, wer sie für uns sein soll. Vor uns steht ein Mensch – einst so neu und fremd, doch mit der Zeit immer mehr eine Kategorie in unserem Kopf.

Wenn wir diese Kategorie im Kopf loslassen, stirbt die momentane Wahrheit für einen frischen Start. Dann riskieren wir vielleicht, dass alles Ersehnte doch nur Trugschluss war, dass unser Hoffen auf ein anderes Morgen das eigentliche Leid produziert hat. Wir riskieren aber auch, dass die Liebe sich erneuert, das Herz weiter wird, wir das Gewohnte mit neuen Augen sehen. In beiden Fällen riskieren wir. Denn ob und wie sich die neue Liebe zwischen uns formt, liegt nicht mehr in unserer Hand, kann durch keine Anstrengung kontrolliert werden. Wir sprechen aus, was ist, und lassen die Würfel des Universums fallen.

Wenn das Herz in Wahrheit explodiert, sprengen wir die Mauern, die es sicher vor der wahren Liebe beschützt haben. Wir gehen durch den Schmerz, durch das Tal der Tränen, um endlich frei zu werden von allen Blockaden, die die Liebe von uns ferngehalten haben. Wir werden verletzlicher und gleichzeitig stark. Die große Intensität dieser Energie kann endlich in uns fließen, ohne die Angst davor, dass wieder Schmerz folgt. Liebe ist in diesem Zusammenhang wirklich Mut, denn ich muss sie erlebt haben, um sie zu kennen.

Der Preis für die Liebe ist ein Sprung ins Ungewisse. Es ist das wirkliche Vertrauen, dass etwas Gutes auf uns wartet, während wir im Sturzflug nicht wissen, ob uns ein Netz auffängt. Der Sprung aus dem Flugzeug, ohne zu wissen, ob im Rucksack auch wirklich ein Fallschirm auf uns wartet.

Ohne dieses Vertrauen kann die Energie nicht fließen. Ohne Fluss gibt es nur die Kontrolle. Die fühlt sich sicher an, aber sie tötet uns langsam. Selbst im Bewusstsein, sich selbst zu schaden, ertragen viele Menschen jahrzehntelang das, was sie nur noch welken lässt. Die späteren Diskussionen in der Paartherapie führen nicht selten Menschen, die nur noch Feinde sind. Wir sprechen in Therapie nicht mehr über die Liebe zur, sondern über die Abhängigkeit von der Beziehungsperson. Wir sprechen über die Gewohnheit, über die Sucht zur Droge. Wir sagen *»Wenn Du nur …«* und verstehen schon wieder nicht, wen wir im Spiegel sehen. Der Suchtstoff ist wieder einmal der Sprengstoff in uns selbst.

Es ist diese Erkenntnis, die so schmerzt, dass wir häufig die Vermeidung der Bewusstheit vorziehen. Wir alle sind getrieben von der Angst, dass das offene Herz zu schmerzhaft sein könnte. Dass wir auf dem Weg zu uns selbst nicht überleben könnten. Dass wieder etwas auf uns wartet, das so verletzend wird, wie wir es einst erlebt haben.

Erst haben wir Angst, für immer allein zu sein.
Dann haben wir Angst, wieder verlassen zu werden.
Dann gehen wir, aus Angst, nicht glücklich zu werden.
Danach haben wir Angst, dass der andere glücklicher wird.
Dann haben wir wieder Angst, für immer allein zu sein.

Ein voller Kreislauf beginnt von vorn, jedes Mal mit dem gleichen Antrieb aus Angst und Hoffnung. Immer abhängig von jemand anderem, der uns die Liebe bringen soll. Die Welt ist randvoll von Menschen auf der Suche nach dem, was sie selbst nicht in sich tragen. Wir machen die Liebe zum Handelsgut mit Gegenwert. Etwas, das ein anderer in uns hineingeben soll, weil wir es scheinbar verdient haben. Doch Liebe dringt nur dort in uns ein, wo wir durchlässig sind. Wenn wir echt sind. Weil wir sie erst dann empfangen können.

Liebe ist nichts, was mir von jemandem gegeben werden kann. Sie ist das, was ich in mir annehmen kann, wenn ich tief in mir weiß, dass mein Partner mich genau für meine Echtheit, Ehrlichkeit und Authentizität liebt. Ohne mein authentisches Ich gibt es zwar die Oberfläche, die vielleicht beliebt ist – mein Lächeln, meine Stärke, meine Rolle, meine Anstrengung –, aber ein Teil in mir weiß genau, dass ich nicht für meinen wahren Kern geliebt werde.

Das ist der Grund, warum Liebe sich oft schal anfühlen kann: Wir spüren, dass wir es sind, die nicht echt und authentisch sind. Dass die Liebe, die uns gesendet wird, im Widerspruch zu unserer inneren Wahrheit steht und deshalb nicht vollständig in uns eindringen kann.

Liebe wird vollständig, wenn sie echt gesendet und empfangen werden kann. Sie ist das, was in uns lebendig wird, wenn wir wagen, echt zu sein – und der andere bleibt. Bis dahin ist es unsere Aufgabe, diesen Kreislauf mit uns selbst zu schließen: unsere Arbeit zu machen, damit wir ehrlich mit uns selbst werden und uns genau dafür annehmen und lieben können. Dann wirst du die

Liebe irgendwann aus dem Überfluss geben – und es wird immer genug für alle da sein.

Sei du selbst die Liebe, die du suchst. Gib, bevor dir gegeben wird. Liebe dich selbst, damit ein anderer dich lieben kann.

Das ist nichts, was du »irgendwann später« kultivieren kannst. Es ist der Aufruf, das jetzt zu sein, so viel du kannst. Und dann immer mehr. Bis dahin gibt es viele Lernaufgaben: das Erkennen, wo in uns die Liebe fehlt. Wirklich sehen, wie wir bewusstlos einem alten Pfad unserer Liebenswürdigkeit folgen. Mit Erschrecken feststellen, dass wir die Liebe für uns selbst üben müssen.

Das alles ist ein Prozess und du kannst nicht nicht auf diesem Weg sein, denn der Fluss des Lebens reißt nie ab – selbst wenn du dich irgendwo am Rand festhältst. Emotive Relating versucht dich in den Fluss der Erneuerung zu werfen, indem du loslässt. Mit jeder neuen Mutprobe werden wir selbst unsere Neugeburt, jedes Mal eine bewusstere Version von uns selbst. Du kannst nicht zweimal in denselben Fluss springen – weder das Wasser ist dasselbe noch bist du derselbe Mensch. Jede Situation ist immer neu. Du bist immer neu. Dein Partner auch.

Niemand weiß wirklich, wie es in dir aussieht, was deine wahren Wünsche und Bedürfnisse sind. Nicht dein Partner. Nicht ich. Oftmals du selbst nicht. Keiner kann sagen, ob deine Empfindungen, deine Bedürfnisse in Beziehungen und Konflikte mit anderen Menschen die gleichen sind wie meine. Auf diesem Weg sind wir alle allein. Das Beste, was wir haben, sind Annäherungen, indem wir unsere Gefühle in Worten teilen und damit mit anderen in Resonanz gehen, unsere inneren Welten abgleichen. Dadurch verändert sich die Wahrheit, die zwischen uns existiert. Die Wahrheit ist, dass alle Wahrheiten nur Durchgangsstationen sind, bis eine neue Wahrheit kommt. So lernen wir alle, und nur wenn wir keine neuen Erfahrungen zulassen, wiederholen wir unsere unbewussten Muster.

Auf der anderen Seite der Angst ist das offene Herz. Nicht das romantisch verliebte, sondern das rohe und echte Pulsieren in unserer Brust. Das, was uns so hoch und so tief fühlen macht. Ohne die Definition von oben und unten. Einfach nur Lebendigkeit.

Liebe ist aus dieser Sicht keine Magie, die zwischen zwei Menschen einfach nur entsteht. Sie ist ein Prozess, ein Weg, den wir zusammen gehen. Ein Pfad, auf dem wir uns gemeinsam nach Hause bringen. Ein ewiger Kreislauf der Menschwerdung, der Versuch, uns dem Göttlichen anzunähern – vielleicht sogar der Erleuchtung, wenn wir uns trauen, das Herz nur weit genug zu öffnen.

Und genau hier, in diesem Mut zur vollkommenen Offenheit, erfahren wir die tiefste Wahrheit: Wir sind nie getrennt, nur manchmal allein. Jeder Schritt, den wir in Richtung Liebe wagen, ist ein Schritt in unsere ureigene Kraft. In diesem Augenblick des totalen Annehmens verwandelt sich alles – unsere Ängste werden zu Lehrern, unsere Wunden zu Quellen der Weisheit, aus Schmerz wird Echtheit. Am Ende ist es nicht die Perfektion, zu der die Liebe findet, sondern die Echtheit.

Dein höheres Selbst ist nie nicht echt. Es vibriert mit deiner inneren Wahrheit. Was dich in diesem Buch bewegt hat, dem gehe nach. Mache es zu deiner Aufgabe, alles zu erneuern, worin du dich getäuscht hast, damit du dich am Ende nicht selbst enttäuschst. Damit du für dich selbst so viel Liebe und Respekt hast, um die wirklich wichtigen Entscheidungen für dein Leben zu treffen. Damit du die eine Person bist, die dich für immer ganz macht.

Wenn du aus der Liebe für dich handelst, zeigt sich der Weg durch deinen nächsten Schritt. Wie würdest du wählen, wenn die Liebe nicht von außen kommen muss? Was würde dein höchstes Selbst tun, wenn du dich selbst vollkommen liebst? Wie willst du lieben? Mach genau das.

»JEDE WAHRE LIEBE UND FREUNDSCHAFT IST
EINE GESCHICHTE VON UNVORHERSEHBARER
TRANSFORMATION.
WENN WIR DIESELBE PERSON SIND, BEVOR UND
NACHDEM WIR GELIEBT HABEN, BEDEUTET DAS,
DASS WIR NICHT GENUG GELIEBT HABEN.«

– ELIF SHAFAK

LITERATURVERZEICHNIS

Kapitel 2: Anfang

1 – Schore, A. N. (2003). Affect regulation and the repair of the self. New York, NY: W. W. Norton.

2 – Porges, S. W. (2011). The polyvagal theory: Neurophysiological foundations of emotions, attachment, communication, self-regulation. New York, NY: W. W. Norton.

3 – Johnson, S. M. (2019). The practice of emotionally focused couple therapy: Creating connection (3rd ed.). New York, NY: Routledge.

4 – Herman, J. L. (2015). Trauma and recovery: The aftermath of violence—from domestic abuse to political terror. New York, NY: Basic Books.

5 – Hendrix, H. (2001). Getting the love you want: A guide for couples (Rev. ed.). New York, NY: Owl Books.

6 – Schore, A. N. (2001). The effects of early relational trauma on right brain development, affect regulation, and infant mental health. Infant Mental Health Journal, 22(1–2), 201–269.

Kapitel 3: Bindung

1 – Bowlby, J. (1969). Attachment and loss: Vol. 1. Attachment. New York, NY: Basic Books.

2 – Rosenberg, K. & Trevathan, W. (2002). Birth, obstetrics and human evolution. British Journal of Obstetrics and Gynaecology, 109(11), 1199–1206.

3 – Schore, A. N. (2001). The effects of early relational trauma on right brain development, affect regulation, and infant mental health. Infant Mental Health Journal, 22(1–2), 201–269.

4 – Ferster, C. B., & Skinner, B. F. (1957). Schedules of reinforcement. New York, NY: Appleton-Century-Crofts.

5 – Orekhova, E. V., Stroganova, T. A., Posikera, I. N., & Elam, M. (2006). EEG theta rhythm in infants and preschool children. Clinical Neurophysiology, 117(5), 1047–1062.

6 – Ainsworth, M. D. S., Blehar, M. C., Waters, E., & Wall, S. (1978). Patterns of attachment: A psychological study of the strange situation. Hillsdale, NJ: Erlbaum.

7 – Brennan, K. A., Clark, C. L., & Shaver, P. R. (1998). Self-report measurement of adult attachment: An integrative overview. In J. A. Simpson & W. S. Rholes (Hrsg.), Attachment theory and close relationships (S. 46–76). New York, NY: Guilford Press.

8 – Sibley, C. G., & Overall, N. C. (2010). Modeling the hierarchical structure of personality–attachment associations: Domain diffusion versus domain differentiation. Journal of Social and Personal Relationships, 27(1), 47–70.

9 – Schore, A. N. (2003). Affect regulation and the repair of the self. New York, NY: W. W. Norton.

Kapitel 4: Ego

1 – Bowlby, J. (1969). Attachment and loss: Vol. 1. Attachment. New York, NY: Basic Books.

2 – Walby, S. (1990). Theorizing patriarchy. Oxford, UK: Basil Blackwell.

3 – Brown, B. (2012). Daring greatly: How the courage to be vulnerable transforms the way we live, love, parent, and lead. New York, NY: Gotham Books.

4 – Jung, C. G. (1969). The archetypes and the collective unconscious (R. F. C. Hull, Trans.; Vol. 9, Pt. 1). Princeton, NJ: Princeton University Press.

5 – Schore, A. N. (2003). Affect regulation and the repair of the self. New York, NY: W. W. Norton.

6 – Moore, R., & Gillette, D. (1990). King, warrior, magician, lover. New York, NY: HarperCollins.

7 – Lyon, B. (2018). From romance to reality. Vortrag anlässlich des Tantra Festivals in Byron Bay 2018. https://www.youtube.com/watch?v=IUIFChmgV9U

8 – Pollack, W. (1998). Real boys: Rescuing our sons from the myths of boyhood. New York, NY: Owl Books.

9 – Lamb, M. E. (Hrsg.). (2010). The role of the father in child development (5th ed.). Hoboken, NJ: Wiley.

Kapitel 5: Duo

1 – Young, J. E., Klosko, J. S., & Weishaar, M. E. (2003). Schema therapy: A practitioner's guide. New York, NY: Guilford Press.

2 – Statistisches Bundesministerium bzw. Sozialpolitik-Aktuell. (Stand 26.08.2025). Scheidungshäufigkeit 1970–2024. https://www.sozialpolitik-aktuell.de/files/sozialpolitik-aktuell/_Politikfelder/Bevoelkerung/Datensammlung/PDF-Dateien/abbVII15.pdf

3 – Hendrix, H., & Hunt, H. L. (2019). Getting the love you want: A guide for couples (3rd ed.). New York, NY: St. Martin's Griffin.

4 – Lazarus, R. S. (1991). Emotion and adaptation. New York, NY: Oxford University Press.

Kapitel 6: Wunde

1 – Johnson, S. (2004). Hold me tight: Seven conversations for a lifetime of love. New York, NY: Little, Brown.

2 – Bowlby, J. (1988). A secure base: Parent-child attachment and healthy human development. New York, NY: Basic Books.

3 – Porges, S. W. (2011). The polyvagal theory: Neurophysiological foundations of emotions, attachment, communication, and self-regulation. New York, NY: W. W. Norton.

4 – Siegel, D. J. (2012). The developing mind (2nd ed.). New York, NY: Guilford Press.

5 – Bandura, A. (2006). Toward a psychology of human agency. Perspectives on Psychological Science, 1(2), 164–180.

6 – Erikson, E. H. (1968). Identity: Youth and crisis. New York, NY: W. W. Norton.

7 – Mikulincer, M., & Shaver, P. R. (2007). Attachment in adulthood: Structure, dynamics, and change. New York, NY: Guilford Press.

8 – Illouz, E. (2012). Why love hurts: A sociological explanation. Cambridge, UK: Polity Press.

Kapitel 7: Konflikt

1 – Stanton, A. L. (2002). Emotional approach coping: Theoretical foundations, measurement, and links to adjustment. In C. R. Snyder & S. J. Lopez (Hrsg.), Handbook of positive psychology. New York, NY: Oxford University Press.

2 – Frijda, N. H. (1986). The emotions. Cambridge, UK: Cambridge University Press.

3 – Zeigarnik, B. (1927). Das Behalten erledigter und unerledigter Handlungen. Psychologische Forschung, 9, 1–85.

4 – Gottman, J. M., Katz, L. F., & Hooven, C. (1997). Meta-emotion: How families communicate emotionally. Mahwah, NJ: Lawrence Erlbaum.

5 – Young, J. E., Klosko, J. S., & Weishaar, M. E. (2003). Schema therapy: A practitioner's guide. New York, NY: Guilford Press.

6 – Luo, S., & Klohnen, E. C. (2005). Assortative mating and marital quality in newlyweds: A couple-centered approach. Journal of Personality and Social Psychology, 88(2), 304–326.

7 – Scheinkman, M., & Fishbane, M. D. (2004). The vulnerability cycle: Working with impasses in couple therapy. Family Process, 43(3), 279–299.

8 – Hendrix, H. (1988). Getting the love you want: A guide for couples. New York, NY: Henry Holt.

9 – Fisher, H. (2004). Why we love: The nature and chemistry of romantic love. New York, NY: Henry Holt.

10 – Beck, A. T. (1979). Cognitive therapy and the emotional disorders. New York, NY: Penguin.

Kapitel 8: Krieg

1 – Perel, E. (2006). Mating in captivity: Unlocking erotic intelligence. New York, NY: HarperCollins.

2 – Mikulincer, M., & Shaver, P. R. (2016). Attachment in adulthood: Structure, dynamics, and change (2nd ed.). New York, NY: Guilford Press.

3 – Karpman, S. (1968). Fairy tales and script drama analysis. Transactional Analysis Bulletin, 7(26), 39–43.

4 – Johnson, S. M. (2019). The practice of emotionally focused couple therapy: Creating connection (3rd ed.). New York, NY: Routledge.

5 – Karney, B. R., & Bradbury, T. N. (1995). The longitudinal course of marital quality and stability: A review of theory, methods, and research. Psychological Bulletin, 118(1), 3–34.

Kapitel 9: Masken

1 – Johnson, S. M. (2019). The practice of emotionally focused couple therapy: Creating connection (3rd ed.). New York, NY: Routledge.

2 – Mikulincer, M., & Shaver, P. R. (2007). Attachment in adulthood: Structure, dynamics, and change. New York, NY: Guilford Press.

3 – Ekman, P. (1992). An argument for basic emotions. Cognition & Emotion, 6(3–4), 169–200.

4 – Hazan, C., & Shaver, P. R. (1987). Romantic love conceptualized as an attachment process. Journal of Personality and Social Psychology, 52(3), 511–524.

5 – Fraley, R. C., & Shaver, P. R. (2000). Adult romantic attachment: Theoretical developments, emerging controversies, and unanswered questions. Review of General Psychology, 4(2), 132–154.

6 – Perel, E. (2006). Mating in captivity: Unlocking erotic intelligence. New York, NY: HarperCollins.

Kapitel 10: Emotion

1 – LeDoux, J. E. (1996). The emotional brain: The mysterious underpinnings of emotional life. New York, NY: Simon & Schuster.

2 – Miller, E. K., & Cohen, J. D. (2001). An integrative theory of prefrontal cortex function. Annual Review of Neuroscience, 24, 167–202.

3 – Haidt, J. (2006). The happiness hypothesis: Finding modern truth in ancient wisdom. New York, NY: Basic Books.

4 – Porges, S. W. (2007). The polyvagal perspective. Biological Psychology, 74(2), 116–143.

5 – Arnsten, A. F. T. (2009). Stress signalling pathways that impair prefrontal cortex structure and function. Nature Reviews Neuroscience, 10(6), 410–422.

6 – van der Kolk, B. A. (2014). The body keeps the score: Brain, mind, and body in the healing of trauma. New York, NY: Viking.

7 – Levine, P. A. (1997). Waking the Tiger: Healing Trauma. Berkeley, CA: North Atlantic Books.

8 – Greenberg, L. S. (2011). Emotion-focused therapy. Washington, DC: American Psychological Association.

9 – Campos, J. J., et al. (2011). Emotion and socialization. In M. Lamb & C. Garcia Coll (Hrsg.), Handbook of child psychology and developmental science (7th ed.). Hoboken, NJ: Wiley.

10 – Pascual-Leone, A., & Greenberg, L. S. (2007). Emotional processing in experiential therapy. Journal of Consulting and Clinical Psychology, 75(6), 875–887.

Kapitel 11: Engpass

1 – Alexander, F., & French, T. M. (1946). Psychoanalytic therapy: Principles and application. New York, NY: Ronald Press.

2 – Frankl, V. E. (1959). Man's search for meaning. Boston, MA: Beacon Press.

3 – Siegel, D. J. (1999). The developing mind: Toward a neurobiology of interpersonal experience. New York, NY: Guilford Press.

Kapitel 12: Feuer

1 – Ekman, P. (1992). An argument for basic emotions. Cognition & Emotion, 6(3–4), 169–200.

2 – Porges, S. W. (2011). The polyvagal theory: Neurophysiological foundations of emotions, attachment, communication, and self-regulation. New York, NY: W. W. Norton & Company.

Photo by Felix Rödiger

ÜBER DEN AUTOR

Jones Bolt ist Autor, Coach und Entwickler des Emotive-Relating-Ansatzes. In seiner Arbeit verbindet er moderne Psychologie, Nervensystemforschung und Sexualität mit radikal ehrlicher Sprache, um Menschen aus Beziehungsroutine, Anpassungen und Mustern in lebendige, wahrhaftige Verbindung zu führen. Mit MATCH legt er eine Landkarte vor, wie Eros, Konflikt und Emotion zu Kräften werden, die Identität und Liebe von Grund auf erneuern.

Alle Infos zu den Angeboten und Workshops von Jones Bolt:

www.reinundraus.com